结构面及深部高应力影响下隧道破裂过程及机理

贾 蓬　王述红　著

北 京
冶 金 工 业 出 版 社
2018

内 容 提 要

本书系统叙述了作者在浅部结构面控制型和深部应力控制型隧道破裂机制方面的研究成果。全书共分为8章，主要内容包括RFPA数值方法在隧道稳定性研究中的应用、层状岩体隧道破裂机制、节理岩体隧道的破坏机理、隐含断层对隧道稳定性的影响、深部隧道典型破裂模式的发生机制、深部隧道围岩分区破裂机制和影响因素等。

本书可供岩石力学与工程、隧道与地下工程、工程力学、采矿工程等相关领域的科研人员、高校研究生和本科生参考。本书提供的数值试验思路和方法也可为岩石力学、隧道与地下工程等相关课程开展数值试验教学提供思路。

图书在版编目(CIP)数据

结构面及深部高应力影响下隧道破裂过程及机理/贾蓬，王述红著. —北京：冶金工业出版社，2018.9
ISBN 978-7-5024-7879-7

Ⅰ.①结… Ⅱ.①贾… ②王… Ⅲ.①隧道施工—研究 Ⅳ.①U455

中国版本图书馆CIP数据核字（2018）第209582号

出 版 人 谭学余
地　　址 北京市东城区嵩祝院北巷39号 邮编 100009 电话 (010)64027926
网　　址 www.cnmip.com.cn 电子信箱 yjcbs@cnmip.com.cn
责任编辑 徐银河 美术编辑 彭子赫 版式设计 孙跃红
责任校对 卿文春 责任印制 牛晓波
ISBN 978-7-5024-7879-7
冶金工业出版社出版发行；各地新华书店经销；三河市双峰印刷装订有限公司印刷
2018年9月第1版，2018年9月第1次印刷
169mm×239mm；10.75印张；1彩页；208千字；161页
68.00元
冶金工业出版社 投稿电话 (010)64027932 投稿信箱 tougao@cnmip.com.cn
冶金工业出版社营销中心 电话 (010)64044283 传真 (010)64027893
冶金书店 地址 北京市东四西大街46号(100010) 电话 (010)65289081(兼传真)
冶金工业出版社天猫旗舰店 yjgycbs.tmall.com

前　言

由于工程岩体被各种结构面所切割，使得工程岩体的性质具有明显的不均匀性。在浅部围岩中开挖隧道时，围岩的稳定性往往受到结构面控制，常常出现隧道大变形、支护破坏，甚至隧道整体失稳破坏。而近20年来，随着包括我国在内的世界许多国家的铁路（公路）隧道、水利水电、采矿及重要的国防工程等开挖深度越来越深，其围岩的力学行为表现出较浅部围岩诸多显著不同的力学特点，工程灾害也更加明显。由于工程岩体及深部地应力场的复杂性，充分认识并了解隧道开挖后的力学响应及围岩的破裂机理，是岩石力学与工程研究的重要内容之一，对于围岩稳定性控制具有重要意义。

由于工程岩体表现出强烈的非均质性、各向异性和非连续性，在深部条件下地应力具有各向异性特征，采用解析的方法显然已经无法满足围岩稳定性分析的需要，现场监测和相似材料模拟试验已成为研究围岩稳定性及其破裂机制的重要手段。然而其不足之处在于，这些方法多数只能给出最终结果，而无法进行破坏过程及演化机理的分析，从而使许多理论与工程分析停留在“结果分析”上。尽管物理模型试验是工程结构破坏的主要研究手段之一，但物理模型试验成本高、周期长，且模型参数难以在有限个物理模型中调整，因此大大限制了物理模型试验在隧道稳定性研究中的应用。更大的困难还在于，许多地质和工程诱发的灾害难以在实验室条件下进行物理模型试验研究。尽管国内外学者在围岩稳定性方面已经做了大量的工作，但是由于地下工程的复杂性，对于围岩的破坏机理至今并没有完全认识清楚，尤其是对受结构面影响的隧道渐进性破坏规律以及深部复杂三向应力下围岩的破裂演化过程及破裂机理的认识仍然比较模糊。随着高速计算技术和数值计算方法的快速发展，采用数值试验方法开展隧道的破裂过程分析，对于深入认识隧道的破裂机制不失为一种有效的方法和手段。

本书主要介绍了作者在结构面及深部高应力影响下隧道破裂过程及机理方面的研究成果。全书共分为8章，前5章的内容主要针对结构面对隧道破裂过程及破裂机理的影响开展了较为系统的研究；后3章针对深部复杂三向高应力环境下围岩的破裂演化特性、破坏机制及主要影响因素进行了物理试验和数值模拟分析。第1章绪论部分对结构面控制的围岩破坏以及深部高应力环境下岩体力学响应进行了介绍，对相关研究成果进行了综述；第2章在现有理论基础上，将不良地质构造、地应力等因素与围岩的变形和损伤演化联系起来，将RFPA强度折减法应用于岩石隧道稳定性分析中，在数值模拟中考虑围岩力学性质的逐步弱化，研究了卸载作用下围岩变形、损伤与逐渐失稳破坏的机理和演化规律，并对强度折减法在隧道稳定性分析中应用的可靠性进行了分析并阐明了其优势；第3章针对不同侧压、不同厚跨比条件下层状顶板的破坏机理、不同倾角结构面切割的岩体隧道的变形破坏特征和隧道的安全储备问题以及水平地应力对深埋垂直板裂结构岩体中隧道围岩破坏机理的影响开展了研究；第4章阐述被两组交叉节理切割的岩体中隧道围岩的稳定性及围岩破坏机制，研究了交叉节理的产状以及节理贯通程度对隧道破坏机制的影响，分析了在不同侧压力系数下，隧道围岩的破坏机制和安全储备问题；第5章探讨了隐含断层的分布位置和倾角对隧道围岩变形破坏机理及安全储备的影响，讨论了断层厚度和地应力对隧道破坏失稳机制的影响，给出了含隐含断层岩体中隧道稳定性判别的方法；第6章探讨了深部隧道典型破裂模式的发生机制以及各破裂模式间的相互演化过程，分析岩石非均匀性对深部围岩层状破裂模式的影响；第7章分析了深部隧道发生分区破裂的三向应力条件及深部围岩破裂的空间演化特征，给出了判定环状分区破裂模式出现的概念性判定方法；第8章深入分析了深部围岩分区破裂的主要影响因素，探讨了隧道尺寸、隧道形状对分区破裂的影响，分析了层状岩体中的分区破裂和近距离平行隧道的分区破裂模式、深入讨论了岩石材料非均匀性对分区破裂的破裂尺度和破裂机制的影响，并开展了相似材料试验验证。

本书可供岩石力学与工程、隧道与地下工程、工程力学、采矿工程等相关领域的科研人员、研究生和本科生参考；本书提供的数值试验思路和方法也可为岩石力学、隧道与地下工程等相关课程开展数值试验教学提供思路。

本书的内容来自作者近年来主持和完成的一系列科研项目。包括国家自然科学基金项目（51304036、51474050、U1602232）、中央高校基本科研业务专项资金项目（90401004、N17010829）、辽宁省自然科学基金指导计划项目（201602251）、中国博士后科学基金特别项目（201104572）、中国博士后基金面上项目（20100471465）等。本书的出版得到了东北大学的资助，在此一并表示感谢。

由于作者水平有限，书中难免存在疏漏之处，敬请读者批评指正。

作　者

2018年6月

目 录

1 绪 论

1.1 隧道围岩稳定性的主要影响因素

隧道处于复杂的地质环境中，在隧道开挖前，岩体处于一定的应力平衡状态，隧道开挖后，围岩发生了卸载回弹和应力重分布，隧道周边的岩体由原来的三向应力状态变为二向应力状态甚至单向应力状态。当围岩中重新分布的应力超过了围岩的极限承载能力，则这部分岩体将发生破坏引起围岩失稳。影响隧道围岩稳定性的因素可归纳为两大类：一类是客观存在的地质环境因素或称为内在因素；另一类是人为的主观因素或称为外部环境。内在因素是影响隧道围岩稳定的基本决定因素，主要包括：围岩初始应力场状态、岩石的基本性质和地下水状态、围岩的结构状态等。外部环境是通过内在因素的作用而起作用的，主要包括：施工方法、支护措施、隧道的形状和尺寸及隧道的埋深等。

地下工程的一个重要的力学特征是：地下工程都是修筑在应力岩体之中的，也就是在有一定的应力历史和应力场的岩体中修建的。所以岩体应力状态会极大地影响在其中所发生的一切力学现象[1]。围岩的初始应力场经历了漫长的应力历史而形成并处于相对稳定和平衡的状态，当隧道开挖后，围岩在开挖边界处解除了约束，失去平衡，此时隧道周边应力重分布，其结果引起周围岩体的变形或破坏，形成围岩新的应力场。这种应力传播等一切岩石力学现象无不与围岩的初始应力场密切相关，都是初始应力发展的延续。可以说，不了解围岩的初始应力状态就无法对隧道开挖后的一系列力学过程和现象做出正确的评价。

地下水活动可能导致某些岩体的结构强度降低，有些岩石吸水后，还会产生大的膨胀应力，造成缩径和围岩稳定性的破坏；松散岩石、断层破碎带和岩溶洞隙中的充填物有时会随着地下水形成泥石流大量涌入隧道，威胁施工安全。岩体内存在着大量的孔隙、节理、裂隙等，它们不仅严重影响着岩体的力学特性，还降低了其强度指标和变形模量，同时也严重影响着岩体的渗透特性[2]。在大部分的围岩分类方法中都考虑了地下水的作用，如《工程岩体分级标准》中对围岩分级时采用系数 K_1、Q 系统中的节理渗水折减 J_w 等。

开挖方法对隧道围岩稳定性的影响较为明显。在同类岩体中，采用普通爆破法施工和控制爆破法施工，采用矿山法施工和盾构法施工或掘进机施工，采用大断面开挖和小断面分步开挖，对隧道稳定性的影响都不相同。例如，小断面分布开挖会造成围岩多次扰动，极易塌方。因此，目前大多数围岩分级都是建立在相应的施工方法的基础上的。

隧道的形状和尺寸，尤其是跨度对隧道稳定性的影响较为显著。实践证明，在同类围岩中，跨度越大，隧道围岩的稳定性就越差。因为岩体的破碎程度相对增大了。例如，大块状岩体是指裂隙间距在0.4~1m的岩体。这是对中等跨度隧道（B=5~15m）而言的。若跨度较大（大于15m）或较小（小于5m），岩体的破碎程度就不同，或者变为碎块状，或者变成巨块状，围岩稳定性就不同。

坑道的形状主要影响开挖隧道后围岩的应力状态。圆形或椭圆形隧道围岩应力状态应以压应力为主，这对维持围岩的稳定性是有好处的。而矩形或梯形隧道，在顶板处的围岩中将出现较大的拉应力，从而导致岩体张裂破坏。

随着埋深的增加，初始应力场会随之增大，在围岩强度不变的情况下，围岩的围压比也发生了变化，可能会出现高应力场或极高应力场的问题，因而在施工过程中易出现诸如岩爆或大变形等现象。

1.2　结构面对围岩稳定性的影响

岩体是经过漫长的地质演化过程而形成的复杂结构，在其形成和存在的整个地质历史过程中，经受了各种复杂的地质作用，无论是岩石还是岩体，均具有明显的结构特征[3]。一方面，作为构成岩体一部分的岩石，其内部存在大量的微裂隙和孔洞；另一方面，岩体在各种复杂的地质作用下，产生永久的变形和构造破坏形迹，形成如褶皱、断层、节理、层理、劈理、隐微裂隙、假整合和不整合等结构弱面。这些弱面的存在，不仅削弱了岩体和岩石的力学强度，而且控制着岩体的变形、破坏机制和力学法则[4]。

工程岩体的变形破坏一般受结构面控制，结构面的分布、特征及组合关系是岩体稳定的内在因素，它决定岩体的稳定程度，可能变形破坏的边界条件、方式、规模及特征等[4]。《工程岩体分级标准》[5]对岩体结构面的定义为：岩体结构面（structural plane，discontinuity）是指岩体内开裂的和易开裂的面，如层理、节理、断层、片理等，又称不连续面。工程岩体往往被各种结构面所切割，使得工程岩体的性质具有明显的不均匀性。这些结构面按照地质成因可以分为沉积结构面、火成结构面、变质结构面、构造结构面、次生结构面。其中断层、沉积结构面、火成结构面等，其规模有大有小，大的可达几百千米[3]。

工程实践表明，在被结构面切割的岩体中开挖隧道后，常常出现隧道大变形、支护破坏，甚至隧道整体破坏失稳。由于岩体形成的条件千差万别，结构面的情况复杂多变，研究结构面的方位、密度、组合关系及力学特性，对岩体变形和破坏规律的影响远较岩石性质的影响更为重要[6]。

岩体当中存在的各种结构面，使岩体形成特定的结构，不同结构的岩体又具有不同的稳定性，不同的应力传播和分布，并且处在一定地应力和渗流场当中，因而岩体结构稳定性主要受这方面的影响和控制。

工程结构的失稳破坏有相当一部分是沿软弱结构面发展的。调查资料显示：大瑶山隧道施工过程中出现的29次塌方，有22次与结构面有关，占塌方总数的75.9%[7]；国内外矿山开采中发生的突水事故中有90%与断层有关[8]；辽宁抚顺地区75%的瓦斯动力现象发生在断裂带；山西阳泉二矿较大的瓦斯突出有56%发生在断裂附近[9]。大量的工程实践证明，围岩的失稳破坏大多可沿岩体不连续面产生，因此，研究结构面对岩体工程结构稳定性的影响尤为重要。受断层带影响而在边墙位置发生的楔形大块状滑塌如图1-1所示。受不良结构面影响引起的隧道掌子面坍塌如图1-2所示。

图1-1 受断层带影响而在边墙位置发生的楔形大块状滑塌

图1-2 受不良结构面影响引起的隧道掌子面坍塌

大量的实践表明，地下工程围岩的变形破坏通常是累进性发展的。由于围岩内应力分布的不均匀性以及岩体结构、强度的不均一性及各向异性，那些应力集中程度高，而结构强度又相对较低的部位往往是累进性破坏的突破口，在大范围围岩尚保持整体稳定性的情况下，这些应力-强度关系中的最薄弱部位就可能发生局部破坏，并使应力向其他部位转移，引起另外一些次薄弱部位的破坏，如此逐渐发展，连锁反应，最终导致大范围围岩的失稳破坏。因此，在进行围岩稳定性的分析、评价时，必须充分考虑围岩累进性破坏的过程和特点，针对控制围岩失稳破坏的关键部位采取有效措施，以防止累进性破坏的发生和发展，这正是支护设计的关键所在。

1.2.1　结构面及其分级

从岩体的基本形态看，岩体是由结构面和结构体组成的。谷德振教授[10]指出：所谓结构面（structural plane）是指岩体中的各种地质界面，它包括物质分异面及不连续面。是在地质发展的历史中，在岩体内形成的具有不同方向、不同规模、不同形态以及不同特征的面、缝、带状的地质界面。如干净的层理、劈理、节理，其两侧岩块呈刚性接触称为面；由各种软弱物质所填充的不同成因的节理裂隙统称为缝；原生的有一定延续范围的软弱夹层称为层；带包括各种成因、各种规模的破碎带。后三者往往统称为软弱结构面。结构体是由不同产状的结构面相互切割而成，形成大小不一、形态各异、岩石种类不同的块体。他们的特性决定了岩体在受力状态下的不均一性和不连续性。

结构面规模不同，对岩体稳定性影响也不同。工程岩体范围内所发育的结构面依据其规模和力学效应大体可划分为Ⅰ、Ⅱ、Ⅲ、Ⅳ、Ⅴ五个等级。

Ⅰ级结构面是指大断层或区域性断层，一般延伸约数千米至数十千米以上，破碎带宽约数米至数十米乃至数百米以上。有些区域性大断层往往具有现代活动性，给工程建设带来很大的危害，直接关系着建设地区的地壳稳定性，影响山体稳定性。

Ⅱ级结构面是指延伸长而宽度不大的区域性地质界面，如较大的断层、层间错动、不整合面及原生软弱夹层等。其规模贯穿整个工程岩体，长度一般数百米至数千米，破碎带宽度数十厘米至数米。

Ⅲ级结构面是指长度数十米至数百米的断层、区域性节理、延伸较好的层面以及层间错动等。宽度数厘米至一米左右。它主要影响或控制工程岩体，如地下隧道围岩及边坡岩体的稳定性等。

Ⅳ级结构面是指延伸较差的节理、层面、次生裂隙、小断层及较发育的片理、劈理等。长度一般数十厘米至十几厘米，宽度为零至数厘米不等，是构成岩块的边界面，破坏岩体的完整性，影响岩体的物理力学性质及应力分布状态。该级结构面数量多，分布具有随机性，主要影响岩体的完整性和力学性质，是岩体分类及岩体结构研究的基础，也是结构面统计分析和模拟的对象。

Ⅴ级结构面是指隐性节理、微层面、微裂隙及不发育的片理、劈理等，其规模小，连续性差，常包含在岩块内，主要影响岩块的物理力学性质。

Ⅰ、Ⅱ结构面又称为软弱结构面，Ⅲ级结构面多数也为软弱结构面，Ⅳ、Ⅴ级结构面为硬性结构面。Ⅰ级结构面控制工程建设地区的地壳稳定性，直接影响工程岩体稳定性；Ⅱ、Ⅲ级结构面控制着工程岩体力学作用的边界条件和破坏方式，他们的组合往往构成可能滑移岩体（如滑坡、崩塌等）的边界面，直接威胁工程的安全稳定性；Ⅳ级结构面主要控制着岩体的结构、完整性和物理力学性质，是岩体结构研究的重点和难点；Ⅴ级结构面控制岩块的力学性质。

1.2.2 围岩的结构特征及失稳破坏类型

在整体结构的岩体中，控制围岩稳定性的主要因素是岩石的力学性质，尤其是岩石的强度。一般来说，岩石强度越高，坑道越稳定。此外，岩石强度还影响围岩失稳破坏形态，强度高的硬岩多表现为脆性破坏，在隧道内可能发生岩爆。而在强度低的软岩中，则以塑性变形为主，流变现象较明显。

岩体力学性质主要取决于岩性、结构及赋存条件三个方面，而岩体结构又是其重要内容。结构面和结构体在岩体内的排列组合方式称为岩体结构。由于结构面的存在，岩体的性质与结构体相差很大，两者在破坏形式、破坏机理和规模上有很大不同。岩体区别于连续介质岩石主要在于其具有结构的特殊性，而这种结构的特殊性对岩体力学形式往往具有强烈影响与控制作用[11]。大量的工程失稳实例表明：工程岩体的失稳破坏，往往主要不是岩石材料本身的破坏，而是岩体结构失稳引起的。因此，在隧道开挖与支护设计中，应注意到不同围岩潜在的变形破坏基本特征，选择合理的开挖与支护加固处理方案，特别注意对潜在破坏的薄弱部位进行及时加固，防止围岩变形破坏向深部发展，确保围岩的原始强度和自承能力。

为了反映岩体中结构面和结构体的成因、特征及其排列组合关系，我国《岩土工程勘察规范》[3]将岩体结构划分为5大类（见表1-1）。由表可知：不同结构类型的岩体，其岩石类型、结构体和结构面的特征不同，岩体的工程地质性质与变形破坏机理也都不同。结构面的性质与组合形式常常决定岩体变形破坏的方式。

表 1-1　岩体结构类型划分[3]

岩体结构类型	岩体地质类型	主要结构体形状	结构面发育情况	岩土工程特征	可能发生的岩土工程问题
整体状结构	均质，巨块状岩浆岩、变质岩，巨厚层沉积岩、正变质岩	巨块状	以原生构造节理为主，多呈闭合型，裂隙结构面间距大于1.5m，一般不超过1~2组，无危险结构面组成的落石掉块	整体强度高，岩体稳定，可视为均质弹性各向同性体	不稳定结构体的局部滑动或坍塌，深埋隧道的岩爆
块状结构	厚层状沉积岩、正变质岩、块状岩浆岩、变质岩	块状 柱状	只具有少量贯穿型较好的节理裂隙，裂隙结构面间距0.7~1.5m。一般为2~3组，有少量分离体	整体强度较高，结构面互相牵制，岩体基本稳定，接近弹性各向同性体	
层状结构	薄层及中厚层状沉积岩、副变质岩	层状板状透镜体	有层理、片理、节理，常有层间错动面	接近均一的各向异性体，其变形及强度特征受层面及岩层组合控制，可视为弹塑性体，稳定性较差	不稳定结构体可能产生滑塌，特别是岩层的弯张破坏及软弱岩层的塑性变形
碎裂状结构	构造影响严重的破碎岩层	碎块状	断层、断层破碎带、片理、层理及层间结构面较发育，裂隙结构面间距0.25~0.5m，一般在3组以上，有许多分离体组成	完整性破坏较大，整体强度很低，并受到断裂等软弱结构面控制，多呈弹塑性介质，稳定性很差	易引起规模较大的岩体失稳，地下水加剧岩体失稳
散体状结构	构造影响剧烈的断层破碎带，强风化带，全风化带	碎屑状 颗粒状	断层破碎带交叉，构造及风化裂隙密集，结构面及组合错综复杂，并多充填黏性土，形成许多大小不一定分离岩块	完整性遭到极大破坏，稳定性极差，岩体属性接近松散体介质	易引起规模较大的岩体失稳，地下水加剧岩体失稳

需要指出的是，岩体结构类型划分与工程类型及工程规模尺度有关，研究围岩结构必须考虑工程尺度。图 1-3 是被两组正交结构面切割的岩体，在其中开挖 1、2、3、4、5 号隧道，随着隧道规模不断变大，围岩结构类型相应发生变化。

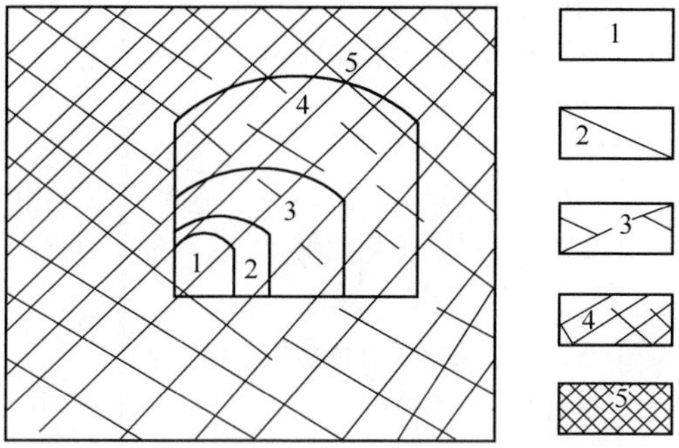

图 1-3 岩体结构与隧道尺度关系[11]

隧道是修筑在具有一定应力历史的岩体中的，那么隧道的性质就会受到隧道围岩性质的影响。隧道围岩即隧道地质体，它经历了多次地质作用、经受破坏，形成一定的岩石成分、一定的结构、赋存于一定的地质环境中，在作为力学研究对象时被定义为岩体[12]，它是指受隧道开挖影响的一部分岩体。与连续介质岩石材料不同，岩体是赋存于一定地质环境中的复杂地质体，其中存在着各种软弱结构面，因此岩体强度不仅与组成岩体的岩石力学性质有关，而且这些软弱结构面的物质组成、发育程度、组合类型及力学性质等对岩体强度往往产生强烈影响，有时软弱结构面对岩体强度甚至起严格控制作用。此外，环境的地应力、温度和地下水及岩体受力条件等对岩体强度也有不同程度的影响。

隧道围岩失稳具有失稳原因多样性、失稳形式多样性，岩体失稳具有突发性，岩体失稳演化过程具有混沌特征，即失稳的进程可能会停下来，也可能发展下去，视影响演化的因素而定[13]。王思敬、杨志法[14]将地下工程岩体变形破坏划分为脆性破裂、块体运动、弯曲折断、松动解脱和塑性变形等 5 种，见表 1-2。

脆性破裂：整体状结构或块体结构岩体，岩性坚硬，在一般工程条件下表现稳定，会产生局部掉块，但在高应力地区，洞周应力集中可以引起岩爆，属于脆性破裂，岩石成为碎片射出或发出破裂声响。产生这种破坏的岩体结构条件为坚硬整体或块状岩体，易变形的软弱结构不发育。

表 1-2 隧道围岩变形破坏特征[11]

变形破坏机制	变形方式	变形特征	岩体结构条件
脆性破裂	岩爆开裂	地下开挖围岩岩爆，或岩柱劈裂	整体状及块状岩体，岩性坚硬
块体运动	滑落滑动转动	块体沿结构面拉开或滑动，向洞内位移，在拱顶一般为崩塌，在洞壁为滑动，在动载作用下可产生倒塌或抛掷	裂隙块状岩体受贯穿结构面切割的块状岩体，层状岩体中有显著的软弱结构面切割
弯曲折断	弯曲挤入折断垮塌	岩层向临空面弯曲、折断、崩塌，在边墙上可表现为倾倒	层状岩体，薄层及软硬互层岩体
松动解脱	塌落边墙垮塌石流	崩塌或滑塌，岩碎块体松动、解脱而散开（溃散）	块状夹泥碎裂结构、镶嵌结构
塑性变形	塑性挤入剪切破坏底鼓收缩	围岩的塑性变形、洞体收缩，或局部挤出和剪切破坏	碎裂结构、层状碎裂结构，松软结构

块体运动：当块状或层状岩体受明显的少数软弱结构面切割，形成块体或数量有限的块体时，这种块体和围岩的联系很弱，在自重或围岩应力的作用下有向临空运动的趋势，逐渐形成块体运动的失稳方式，块体运动包括块体塌落、滑动和转动、倾倒、块体挤出等。

弯曲折断破坏：层状岩体由于层间结合力差，易于滑动，层状岩体的抗弯能力不强，在隧道开挖后，围岩受重力和地应力的双重影响，导致岩层向洞内变形，进而张裂、折断。

松动解脱：碎裂结构岩体在泥质软弱结构面含量较少的情况下有一定的承载能力，单轴压力及振动力作用容易松动、解脱、溃散成为碎块散开或脱落；在洞顶呈现崩塌，而在边墙则为碎块滑塌、坍塌。

塑性变形：松散结构岩体或碎裂结构岩体中含软弱结构面较多的情况下，在开挖后的临空状态及围岩应力作用下产生塑性变形及剪切破坏，表现为塌方、边墙挤入洞内、底鼓以及洞体收缩等。变形的时间效应比较突出，衬砌受压开裂往往延长。有些含蒙脱土或硬石膏等的膨胀岩体或软弱结构面，遇水膨胀，并向洞内挤入，产生边墙及洞底的鼓起，衬砌受力开裂等。

实际上，隧道围岩的变形和破坏是由于隧道开挖引起围岩的卸荷回弹、应力和地下水的重新分布而导致围岩发生塑性变形和破坏而引起的。一般最早的破坏主要发生在两个部位[15]：结构面与临空面的不利组合形成的不稳定块体；最大压应力和拉应力集中的部位。图 1-4 是隧道围岩失稳破坏的典型示例。

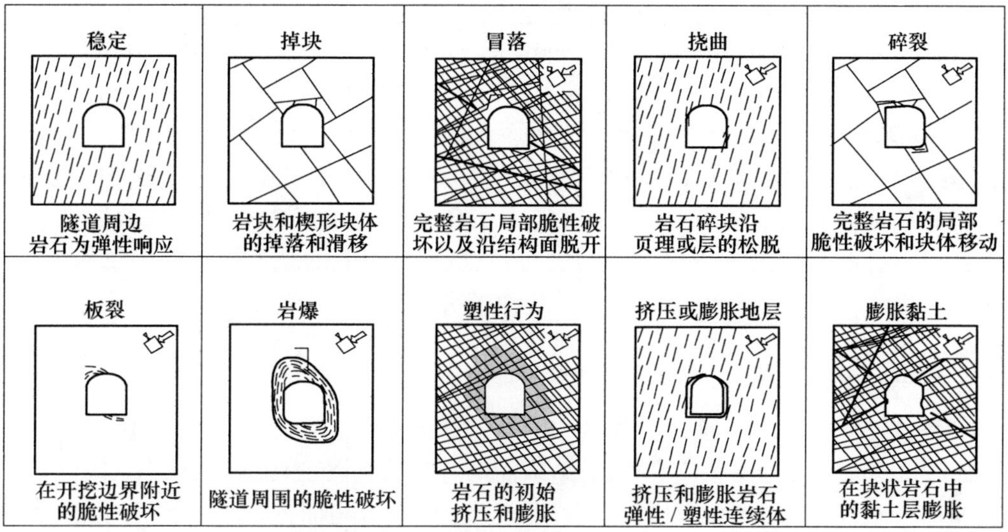

图 1-4　隧道围岩失稳破坏类型[16]

1.2.3　围岩结构面研究综述

在岩体结构面几何特征研究方面，早在 1963 年，C. Bingham[17] 就对节理的产状进行了研究。此后，Shanley[18] 深入研究了节理面几何参数的分布形式。Kulatilake[19] 提出了岩体结构面平均迹长估算方法，研究了窗口内出露的迹长与真实三维空间结构面的关系，并将这种关系以概率密度函数形式表示出来。Cruden[20] 提出基于负指数分布形式的迹长估计法。金曲生[21] 用迭代试算法求出迹长分布特征，提出了一种估计迹长概率分布函数的方法。赵文[22] 引入了迹长密度的新概念，为准确测量结构面的几何参数提供了理论基础和实践指导。李建斌[23] 分析了结构面基本要素获取过程中有关切割单元长度和切线间距的确定。于国新[24] 认为只需按组测量结构面之间的间距同样可以分析结构面分布特征，并给出了结构面类型的四类划分法，依此建立结构面序列，利用时间序列的自回归滑动平均模型建立节理间距的 ARIMA 模型，提出了间距序列建模和模型检验方法。

随着分形理论的研究的逐步深入，大量的试验和现场研究表明：岩体结构面的分布具有分形特征[30]。谢和平[25~27] 在国内率先将分形理论应用与岩石力学方面的研究，对岩石节理面粗糙系数 JRC 进行了分形估计，提出了岩石节理分形模型。刘启前[28] 应用模糊综合评判对工程岩体质量的分级进行第二级划分，为定量地评价工程岩体质量提供一条新途径。霍润科[29] 采用分形理论，将神经网络法应用于地下隧道围岩的分类。秦四清等人[31] 建立了岩体节理的分维数与其强度、最大主损伤值、RQD、JRC 的定量关系，提出了用分维数对岩体进行分级的观点。冯夏庭[32]建立了分形维数与 JRC 的关系式并应用于 JCR 值的近似分形预测。荣冠[33]结合裂隙网络模拟技术，分析了计算结构面分布分维数的方法。盛建龙[34]基于分形理论和现场岩体结构面调查，对岩体结构面进行了统计分析、网络模拟和分形维数计算，探讨了分形维数和结构面分布密度程度之间的关系，并将分形维数应用于矿山工程岩体的质量评价。徐光黎[35]的研究结果表明在 107（无标度区间）范围内，结构面的几何特性呈现出很强的自相性。刘艳章等人[36]通过对岩体结构面分布分形维值分布规律的分析发现，分形维数越大、结构面分布越密集，结构面迹线越长，岩体质量越差，表明可将岩体结构面分布的分形维数作为岩体质量评价的指标。

随着计算机科学、统计学和概率论在岩体力学中的应用，网络模拟技术进一步完善和发展，根据现场量测到的结构面的各种几何参数的概率分布，来推求服从这些分布规律的结构面网络几何图形[37]。对于结构面的形态，提出了不同的概念模型，主要有正交结构面模型、Beacher 圆盘模型以及 Beneziano 多边形模型和 Dershowitz 多边形模型。Kulatilake[38]研究了节理网络模型。潘别桐[39]对岩体结构的概率模型进行了研究。朱文彬[40]应用 Monte Carlo 法进行三维结构面网络模拟，研究了岩体变形特性和估算了岩体的弹性变形模量。陈剑平[41]研究了节理岩体三维网络计算机模拟技术，并应用于三峡大坝等工程。王环玲、晏鄂川等人[42]在总结以往岩体质量分类经验基础上，突出岩体的结构特征分析与研究，阐明了岩体质量评价的理论、方法、指标体系，结合实例建立了一种简洁、实用的岩体质量评价体系，解决了 RQD 值的定量分析。吴继敏[43]在充分考虑岩石破裂的力学机理的基础上，结合野外测得的结构面特征参数，提出了一种基于力学机理分析的网络模拟技术，并把该技术运用到地下隧道的超挖预测中。邬爱清[44]运用地质统计学与计算机技术随机模拟生成三维结构面网络，运用交点组合法，通过交点旋转方向及空间位置的判断等过程，形成搜索三维随机块体的方法。汪斌等人[45]针对传统的 RQD 定义不能满足实际工程岩体各向异性的要求，利用 Monte-Carlo 法在计算机上生成岩体节理三维网络图，建立了模拟计算不同阈值 t 的岩石质量指标 RQD 的计算机模拟方法。

在岩体结构面力学特性的研究方面，Barton[46]利用模型试验，得出了预测岩石裂隙抗剪强度的一般方程。Goodman[47]等人通过试验，分别得出了岩体结构面法向应力与结构面闭合量的关系和法向变形刚度的表达式，总结了岩体结构面的剪切变形曲线的特点，将其分为弹性区、剪应力峰值区和塑性区三个阶段，并导出了弹性区内剪切刚度的表达式。Barton 和 Choubey[48]提出了考虑法向应力、结构面粗糙度 JRC、结构面抗压强度 JCS 三个因素的抗剪强度公式。Kulatilake[38]研究了不连续面对岩体弹性常数和强度的影响。Barton（1993 年）[49]在 100 多条人工拉断节理表面特征详细研究的基础上，提出了一种估算节理面峰值强度和峰值位移的经验法。此后，何沛田[50]根据岩体（石）的室内外试验资料，从工程岩体应用问题出发，着重分析研究了工程岩体的地质结构面在三向应力状态下的力学特性。杜景灿[51]推导出计算结构面抗剪应力的公式，进而提出在岩体结构面网络中搜寻最小抗剪力路径的方法。

1.3 深部高地应力对围岩稳定性的影响

1.3.1 深部岩体的力学行为

近20年来，随着经济的高速发展，包括我国在内的世界许多国家的采矿、石油开采、能源和放射性核废料的储存、水利水电、铁路（公路）交通隧道以及重要的国防工程等都快速向深部地下空间发展。这类工程一般具有两个特点[52,53]：(1) 埋深大，地应力高。比如瑞士的Lötschberg和Gotthard两条超长铁路隧洞的最大埋深均超过了2000m；位于加拿大Pinawa的URL核废料处置场的原位试验室尽管埋深只有数百米，但地应力的最大主应力达到60MPa；一些深埋矿山开始回采埋深3000m以下的矿体。(2) 工程主要针对的是具有脆性特征的硬岩，如花岗岩、闪长岩、砾岩、砂岩、大理岩等。在深部工程开挖过程中，围岩的力学行为表现出与浅部围岩诸多显著不同的力学特点，且工程灾害以更加明显的方式表现出来。我国已建的天生桥、二滩、瀑布沟等水电站地下隧道群在开挖期间由于高地应力都发生过不同程度的岩爆[54,55]，其中二滩水电工程地下厂房洞群开挖过程中，发生数十次规模不等的岩爆，甚至使百吨级预应力锚索发生拉断，对隧道围岩造成了较大破坏，严重影响了施工进度[56]；锦屏二级水电站深埋引水隧洞的辅助洞开挖中，多次发生岩爆和涌水等现象[57]。此外，深部隧道围岩的变形破坏形式除岩爆和围岩的挤压大变形以外，深部围岩特有的分区破裂化现象由于无法用浅部岩体力学的理论加以解释，引起了广大学者和研究人员的关注[58~60]。深部岩体的这些力学响应，已不再是我们熟悉的各因素叠加的线性科学体系，而是非线性科学体系[2,61]。在加拿大、美国和日本等发达国家，由于高放射性核废料深埋地质处置的需要，对深埋地下工程围岩的脆性破坏、开挖损伤及围岩长期稳定性研究给予了高度重视，先后建立了加拿大URL（Underground Research Laboratory）[62,63]、瑞典HRL（Hard Rock Laboratory）[64]和美国的Yucca Mountain[65]等著名的地下试验场。可见，深部高应力围岩开挖损伤引起的灾害问题目前已经成为影响工程进度和安全的重要问题。深部岩体开挖损伤区范围及损伤程度的预测和评价，对于深部岩体工程稳定性设计、安全性评价及支护参数优化至关重要。

一般认为，由于地下空间的施工开挖破坏了原有的应力平衡状态，使隧道周边的径向应力消失、切向应力剧增，围岩应力进行重分布。随着隧道开挖，岩体进入塑性状态，隧道周边岩体先破坏，应力向岩体深部转移，围岩破坏范围逐渐扩大，直至围岩应力小于或等于岩体强度，形成新的平衡，破坏才停止，周边形成一个破裂带，称之为松动圈[66~68]。松动了的岩体在宏观上主要表现为微裂隙增多，变形突然增大，黏聚力、内摩擦角和变形模量降低。围岩松动范围及其变化是地下工程支护和评价围岩稳定的重要参数之一[69]，然而，由于深部岩体处于复杂三向高地应力作用下，在深部工程开挖过程中，围岩往往表现出与浅部围岩不同的破坏现象，如 V 形槽破坏（dog ear failure）、洞壁的层状剥离（spalling or slabbing）、板裂破坏以及分区破裂（zonal disintegration）等。深部围岩的这些特殊的破坏形式，彻底改变了人们对传统围岩松动区的认识。这些破坏现象有一个共同特点，即破裂面均近似平行于隧（巷）道开挖面（卸荷面），破裂面具有间隔分布的特点，因此可以将这一系列现象统称为间隔破裂现象（Fracture spacing），不同之处在于这些间隔破裂的尺度不尽相同。如洞壁的层状剥离或洋葱皮状破裂，其破裂面间距与开挖面尺寸相比较小；而分区破裂现象，其破裂面间距却几乎与开挖面尺寸在同一个数量级。显然，深部围岩的这些力学响应特点用浅部围岩的理论无法加以解释。

1.3.2　深部围岩分区破裂的研究现状

所谓分区破裂现象，是指在深部岩体中开挖隧道或隧道时，在其两侧和工作面前的围岩中产生的逐次交替破裂区和未破裂区[70]。不少学者认为，深部隧道围岩出现的这种分区破裂现象揭示了深部围岩的另一种平衡过程及其新的平衡稳定形式，认识这一现象的意义还在于它能成为现代非线性科学理论的佐证[71]。分区破裂现象早在 1972 年就由俄罗斯研究工作者发现，但在当时并未引起学术界的足够重视。近几年，随着深部岩石工程的逐渐增加，在我国锦屏辅助洞[72]和淮南矿区丁集煤矿[73,74]施工中都发现了分区破裂现象，逐渐引起了人们的关注。不少学者首先尝试从理论方面对分区破裂现象加以解释。俄罗斯学者首次应用严格的弹塑性分析来解释分区破裂化现象，研究了在无穷远处受静水压力作用下岩体中无支护隧道的变形问题。考虑了岩体的体积膨胀及压缩，通过解边值问题，确定了膨胀区和压缩区的边界。在后续的工作中，又在塑性形变理论及流动理论的框架内，考虑了体积的弹性任意压缩性及软化的任意性，建立了求解方程，求出了方程的特征线。此后，一些俄罗斯学者利用线性热黏弹性模型及协同学方法来研究岩体的破坏过程，或以非平衡热力学的观点分析了隧道围岩的分区破裂化现象。俄罗斯学者利用非欧几何的方法来研究含缺陷介质的变形破坏问题及深部隧道周围的分区破裂化现象[75]。戚承志等人[76,77]利用连续相变理论研究了隧道围岩的分区破裂化现象，得到了若干破裂区同时发展的结构，周小平等人[78]利用弹性力学理论得到了在原岩应力及开挖扰动作用下隧道围岩的弹性应力场及位移场。戚承志[79]利用应变梯度模型研究了深隧道围岩的分区破裂现象，认为当弹性应力场满足破裂条件时岩体发生破裂，形成破碎区。陈昊祥[80]等人采用尝试连续相变模型描述分区破裂的主要特征。张绪涛等人[81]基于应变梯度理论和连续损伤力学建立分区破裂弹性损伤软化模型。这些研究都在不同程度上推动了人们对分区破裂机制的认知，但由于三维问题推导计算的复杂性，上述研究大多是基于平面应变假定，从二维角度解释分区破裂问题，或者将地应力场简化为静水压力场，没有考虑深部环境下三向高地应力不等的情况，也无法反映岩体的破坏特征以及破裂圈同时发展和相互作用影响的情况。

在理论研究的基础上，不少学者开展了分区破裂的实验研究。顾金才院士[82]带领的学术团队首先对厚壁圆筒约束的相似材料进行了单轴压缩试验，研究结果发现，分区破裂的机制是由于地应力数值较大，且最大地应力方向往往又沿水平方向发展，因而隧道围岩有可能在较大的轴向压应力作用下发生分层断裂。此后不少学者在此基础上又开展了一系列试验研究工作。廖美春等人[83]根据分区破裂化力学现象、模拟试验背景和试验加载条件，运用弹性力学的基本理论，通过分析与计算，确定了采用 $b/a \geqslant 10$ 作为模型几何参数的选取原则。张智慧等人[84,85]以沙土作为相似材料，观测了圆筒模型内部裂纹的分布规律及沿轴向的变化规律。宋义敏等人[86]采用单轴、双轴压缩和套筒试验，对拉断裂和远场断裂破坏、V 形坑破坏及分区破裂化三种破坏形式的发生机制进行了探讨。张后全等人[87]通过对钢筒约束下的岩石厚壁圆筒在轴向压缩下的卸荷试验，研究了分区破裂现象与岩石破坏强度，利用模型相似材料和高地应力真三维加载模型试验系统，开展了带有软弱夹层的层状节理岩体的真三维地质力学模型试验。上述工作对推动人们对分区破裂机理的研究无疑有了极大的推动作用，然而这些实验大多是基于厚壁钢筒约束的相似材料在单轴压缩条件下的试验研究，未能考虑三向不等应力情况下分区破裂的空间发展过程，尤其是在开挖面前方分区破裂的发展演化和破裂区分布情况。尽管一些学者采用铁晶砂胶结新型岩土相似材料，利用自行研制的高地应力真三维地质力学模型试验系统[88~92]，再现了隧道围岩破裂区与非破裂区交替出现的规律，但由于大尺度模型三轴试验上的困难，只获得了单一应力组合下的模型表面点位在破裂过程中的位移变化和最终破裂模式，未获得复杂三向地应力对分区破裂发生机制的作用和损伤破裂演化发展过程及其相互影响。

一些学者采用数值模拟的手段对分区破裂现象进行了探究。王红英[93]和高富强等人[94]建立了平面应变模型，对分区破裂过程进行了模拟，但是仅得到了洞周的剪切滑移线，李春睿[95]和李树忱[96]建立了隧道开挖的三维数值模型，但仅考虑了等围压的情况，且模型并未考虑岩石非均匀性的影响。贾蓬、唐春安等人[71,97]采用 RFPA^{3D}软件，在考虑岩石材料非均匀性和损伤特性的基础上，成功再现了分区破裂过程，但当时仅对边界固定轴向施加位移荷载的情况进行了讨论，未对三向地应力大小及对破裂区分布的影响进行讨论。M. Cai[98]采用有限元和离散元耦合方法，模拟了中间主应力对洞壁附近围岩的层状开裂现象，研究结果表明，平行于洞壁的层状剥离破裂现象以及离洞壁更深范围的破坏是由于隧道轴线方向较高的中间主应力作用和较低的侧向围压的作用，从而使得破裂面朝平行于最大主应力和中间主应力方向发展。然而在现场对分区破裂的监测中，往往是通过有限个钻孔来勾勒整个隧道周边的破裂区分布[74]，因此难以反映深部围岩破裂区在隧道周边的真实分布情况。由于模型试验周期长，费用高，因此目前的模型试验多数只针对某一个具体三向应力状况下，且隧道轴向应力为最大主应力的状况[73]，或采用厚壁圆筒约束的相似材料进行单轴加载试验[79]，对于深部复杂三向应力及其组合在空间上究竟如何影响深部围岩损伤区范围和分区破裂则鲜有涉及。

此外，关于分区破裂的发生机制，目前也存在着较多的争论。顾金才[82]、李英杰等人[99]认为支撑压力区的劈裂破坏是岩石分区碎裂化现象产生的必要条件。钱七虎院士[100]认为分区破裂化现象的发生主要由于较高的初始地应力水平和隧道开挖形成的卸荷面，破裂区的数量也取决于初应力水平的高低。他通过对锦屏引水隧道的二维模拟，认为分区破裂是剪切滑移破坏。安瓦尔·恰夫晒夫[101]认为分区破裂是剪切滑移破坏。Zhou[102]、陈建功等人[103]、左宇军等人[104]认为分区破裂是开挖卸载的动力作用引起的。Wu[105]认为是岩体蠕变破坏的结果。

深部围岩多种破裂发生的机制究竟是什么？不同尺度间隔破裂究竟具有何种相关性？深部复杂三向高地应力究竟如何影响间隔破裂的发展？深部围岩渐进损伤究竟在空间上如何进行演化，最终的宏观破裂模式究竟会受到哪些因素的影响？要回答上述问题，首先，要认清深部围岩的破坏发生在三向高应力环境下，深部围岩的损伤破坏问题是一个典型的三维问题，明确不同破裂模式发生的三向应力边界条件，是进一步解释围岩多种破坏模式发生机制的前提。深部岩体当中的地应力与浅部围岩不同，水平方向地应力较高，甚至远远大于垂直方向地应力，尤其是在沿隧道轴线方向存在的高地应力往往不容忽视。浅部工程由于在隧道轴线方向的地应力水平低，往往简化为平面应变状态加以研究。而对于深部工程，隧道轴向方向的应力对深部围岩损伤演化的时空发展却起到重要的作用[79,87,106]；其次，明确深部岩体在复杂三向应力状态下，隧道围岩因开挖引起的微损伤在三维空间内的渐进演化发展规律是揭示深部围岩一系列灾害形式的孕育、发展直至灾变的机理和规律的重要手段。深部脆性硬岩是典型的非均匀脆性介质。微裂纹由初始的空间随机分布逐渐转向局部性的集中，最后诱发宏观破坏的过程实际上是一个损伤演化诱致灾变的过程。损伤的形态及其演化过程，是发生于细观层次上的物理现象，而损伤对岩体力学性能的影响则是细观的成因在宏观上的结果或表现。遗憾的是目前的研究多数从破坏的结果加以分析，因此，将开挖引起的微损伤的渐进发展演化与岩体的宏观力学行为，即围岩的破坏联系起来，开展复杂三向高应力条件下深部围岩损伤演化的空间特性与破裂机理研究，无疑对于从根本上认识深部围岩多种破裂模式的机理和规律具有重要意义。第三，深部围岩表现出的一系列不同尺度间隔破裂现象在发生机制上有其共性，同时又受到复杂应力地应力状况、围岩力学参数等多种因素的共同影响，因而获得深部围岩多种破裂模式的控制参数，是揭示深部围岩多种破裂模式发生机制的有效方法。目前人们对深部围岩的破坏问题往往更多集中在对分区破裂问题的研究上，而对深部围岩在三向高应力下的一系列力学响应，如层状剥离、板裂破坏、钻孔平行裂纹和分区破裂等破裂形式的共同点，也即这些破坏形式都具有不同尺度的间隔破裂的特性鲜有关注。

1.4 隧道围岩稳定性的研究方法

在 20 世纪 50 年代之前，人们仅简单地将岩体看作一种连续介质材料，将岩体力学等同于材料力学，处理实际问题主要靠经验，往往效果较差。在 20 世纪 50 年代，以 L. Muller 为代表的奥地利学派最早认识到结构面对岩体力学特性和工程稳定性起控制作用，并认为这是构成岩体和岩块力学特性差异的根本原因，从此开始了以结构面和岩体结构为中心的岩体力学时代。Terzaghi[107] 指出，从工程的观点看，岩体所在地质缺陷和强度（密集度）类型，可能远比岩石类型本身更为重要。60 年代，谷德振教授、孙玉科教授提出了“岩体结构”的概念和岩体结构控制岩体稳定的重要观点。80 年代，孙广忠[108] 教授提出了“岩体结构控制论”。他指出：岩体力学特殊性就在于岩体结构的特殊性，岩体结构控制着岩体力学的所有方面，“岩体结构控制论”是岩体力学的基础理论[3]。Goodman[109] 也指出，裂隙网络的性质几乎与矿物组成同样重要，甚至更具有决定性的意义，各种结构面会从根本上改变现场岩体的性能。

随着各种大型或特大型岩体工程的兴建，往往引出不少岩体力学问题，而要解决这些问题又涉及很多地质问题[7,48]。在地下工程围岩稳定性研究方面，人们越来越重视岩体结构面对隧道围岩稳定性的影响。目前国内外对隧道围岩稳定性研究的主要方法可大体划分为如下几类：

（1）定性分析法。定性分析法主要依据围岩分类，根据拟建地下工程地质条件、岩体特性和动态观测资料结合具有同类条件的已建工程，开展资料的综合分析和对比，从而判断工程区岩体的稳定性。目前已有 20 多种围岩分类法，常用的有普氏分级法、岩芯质量指标法（RQD）[110,111]、RMR 分类法[112~114]、RSR

分类法、Q[115]分类法、围岩位移量分类法、围岩稳定性指数分类法、岩体工程地质力学分级和煤炭部五类围岩分类表法等[116]。由于地下工程的所处的地质环境十分复杂，对于具体的地下工程，各影响因素的影响程度也不尽相同，在岩体力学理论尚不完善的情况下，确定围岩类别对地下工程有着重要的作用。

（2）解析分析法。解析分析法常用在圆形隧道的求解，弹性力学的解析法有分离变量法、积分变换法、积分方程法、变分法和复变函数法等[117]。如求解弹性、黏弹性及弹塑性介质中圆形隧道的封闭解[118~121]；节理不发育、完整性较好的围岩稳定分析，经常采用复变函数法得出弹性解析解[118,119,122]。对于其他形状（如矩形、马蹄形等）隧道，可通过复变函数法求取近似解例。薛琳[120]应用傅里叶级数展开法，求出了收敛很快的直墙拱形隧道孔口的映射函数，给出符合了深埋软岩直墙拱形隧道围岩黏弹性位移解析解。朱大勇[121]将地下隧道弹性力学解析分析过程计算机程序化，充分利用超长项级数形式的映射函数，得到复杂形状隧道围岩弹性力学的解析逼近解。张良辉[123]建立了一种简单的隧道围岩位移的弹塑黏性解析解，它既能反映围岩的应变软化和塑性剪胀特性，又能体现围岩的流变规律。张路青[124]利用 Schwarz 交替法，得到了任意次迭代后两任意形状隧道的围岩位移场。解析法具有精度高、分析速度快和宜于进行规律性研究等优点，所以在工程实践中仍不失为一种基本的围岩稳定分析方法。但在岩体的应力、应变超过峰值应力和极限应变，围岩进入全应力、应变曲线峰后段的刚体滑移和张裂状态时，解析法便不再适宜了。另外，对工程实际中经常遇到的多孔、不均质及各向异性等问题，现今的解析方法几乎无法解决，只能借助于数值法求解。

（3）物理试验法。目前常用的方法主要包括模型试验、离心试验和光测弹性法。其中模拟试验是广泛应用的方法。它是以相似理论为基础的模型试验，起源于 17 世纪，到 20 世纪 70 年代得到了空前的发展和广泛的应用[125]。土工离心模型试验（geotechnical centrifuge modeling）作为一种可再现原型特性的试验方法，正越来越受到岩土工程界的关注。其主要根据离心力场和重力场等价的原理，并考虑到土工材料的非线性和自重应力对土工结构物的影响，把经过 $1/n$ 缩尺的原型结构物置于 ng 倍的离心力场中，使模型和原型相应点的应力应变达到相同、变形相似、破坏机理相同，从而再现原型特性[126]。周小文[127]通过离心模型试验，研究了隧洞内支护压力与地层位移的关系，以及砂层稳定与破坏的机理。得出了在砂土中开挖隧洞，由于砂土的拱效应，隧洞拱冠以上砂土在远小于原位上覆土压力的支护压力下仅发生一定的位移而不致塌落；若允许地表面发生少许沉降，隧洞内支护压力可以比原位上覆土压力有较大程度的降低的结论。杨龙才[128]针对某地铁叉口变跨度隧道的施工方案进行了离心模型试验，模拟了隧道采用双侧壁导坑法施工时地表沉降随各开挖施工步骤的变化规律，同时对相接变跨度隧道施工对地表沉降的相互影响进行了模拟试验，预测了隧道施工中地表沉降的发生、发展、收敛的全过程。

（4）数值模拟法。工程岩体失稳的影响因素很多，最重要的因素是岩体内存在着软弱结构面。工程岩体稳定问题主要是一个岩体结构的问题。但是由于岩体结构的复杂性和高度非线性，采用解析或单纯的物理模拟试验已经无法满足工程应用的需要，数值模拟法应运而生。目前，工程计算中常用的数值分析方法有：有限元法（FEM）[129~131]、边界元法（BEM）[132~134]、离散元法（DEM）[135,136]、有限差分法[137~139]、界面应力元法（IEM）[140]、块体理论[141~146]等。

1966年，布莱克（W. Blake）最先应用FEM解决地下工程岩石力学问题。经过几十年的发展，有限元已经成为一种相当成熟的数值分析技术，可用于求解线弹性、弹塑性、黏塑性等问题，是地下工程岩体应力、应变分析最常用的方法[147,148]。刘宁[149]采用非线性有限元的初应力法，考虑初始地应力、渗流荷载以及岩体材料参数的随机性模拟地下隧道施工开挖步序，提出了地下隧道围岩可靠度对随机因素敏感性的计算方法。陈振建[150]考虑了常规的弹塑性有限元方法在确定塑性区时，所得网格不能直观地反映出塑性区的形状和大小，计算结果精度低，采用自适应网格加密技术求解隧道围岩塑性区，针对跟踪塑性区交界面这一具体问题，采用了加权参数网格加密准则，通过改变影响围岩塑性区的几个主要因素，进行了大量的数值计算。结果表明，所提出的加密准则能有效地求出围岩塑性区的形状和大小。王春秋[151]采用有限元方法建立了正交各向异性弹塑性平面应变分析模型，对拱形隧道随各正交方向上弹模的变化对围岩破坏的影响进行了模拟研究。结果表明，各正交方向上弹模的不同将对围岩的破坏发育形态及范围产生很大影响。

Cundall（1971年）[152]提出离散单元法（DEM），将含结构面的岩体假定是由若干刚体组合起来的，并以单个刚体运动方程为基础，建立能描述整体破坏状态的联立方程式。该方法以结构面切割而成的离散体为基本单元，其几何形状取决于岩土结构中不连续面的空间位置及其产状，应用牛顿运动定律描述各块体的运动过程，块体可以发生有限移动与转动，体现了变形和应力的不连续性。但当岩体并未被结构面切割成块体的集合时，该方法就不太适合。离散单元法计算原理简单，但计算机实施却非常复杂，与有限元等数值方法不同，在这类方法中，块体单元的划分不同就会得出不同的、甚至是截然不同的结果。尽管如此，在结构面已将岩体完全切割成块体状的情况下，采用该方法仍是十分有效的。孙萍等人[153]以秦岭3号隧道为工程实例，根据围岩类别及围岩内地质构造发育状况，采用离散单元法对该隧道的塌方过程进行了二维数值仿真模拟，得出了隧道顶部和侧壁块体的塌落距离、塌落轨迹及隧道塌方量，并得出了块体塌落过程中跟踪块体的合力曲线。乐晓阳等人[154]用刚体离散单元法对节理岩体圆形隧道的岩爆过程进行了数值分析与模拟，并与有限元的数值分析结果、岩爆现场实测结果进行了比较，认为采用离散单元法对节理岩体隧道岩爆过程进行数值分析和数值模拟是可行的。

1969 年，D. H. Trollope[155]提出了块体力学，1976 年 Goodman 等人[156]采用赤平投影方法分析了岩体在弱面上的稳定性。1977 年石根华[157]提出了在赤平投影图上判断可动块体的方法，使得该理论系统化。1985 年，石根华和 Goodman[159]的关键块体理论（或称块体理论，key block theory），已成为工程岩体稳定分析的一种有效方法。块体理论假定岩体结构面为平面、结构面切割而成的块体为刚体，利用几何拓扑方法分析岩体不同的开挖面上可能失稳的块体类型，并结合刚体力学平衡分析，研究块体的稳定性及支护措施。任青文[160]提出了可以考虑岩块结构面材料本构关系的块体单元法，将岩块视为刚体或弹性体，根据岩块之间的接触性质，可将岩体处理为连续体或非连续体。利用块体单元在外力和结构面应力作用下的平衡条件、变形协调条件和结构面材料的关系建立块体单元法的指派方程，从而确定岩体的围岩和应力状态，分析其破坏情况。张奇华等人[161]采用关键块体理论对百色水利枢纽地下厂房岩体稳定性进行了研究，得出了有益的结论。

石根华与 Goodman（1985 年）[158]基于块体介质非连续性提出了块体系统不连续变形分析（discontinuous deformation analysis，简称 DDA）。DDA 模型建立了一套完整的块体系统运动学理论，较好地模拟了具有非连续面的岩体的运动与变形特性。Kim 等人[162]将 DDA 方法应用到地下工程的开挖及岩体锚杆支护设计中，认为所建立的算法可以模拟地下工程的开挖过程。邬爱清等人[163]以清江水布垭水电工程地下厂房为例，应用非连续变形分析方法对复杂地质条件下地下厂房围岩的变形与破坏特征开展了研究，重点分析了厂房区域水平地应力、锚固、岩体结构条件及结构面强度参数等对隧道围岩变形的影响。邬爱清等人[164]根据已初步开发出的 DDA 模型计算程序，分别就某工程试验洞开挖和边坡明挖问题进行了计算，并将计算结果与有限元结果进行了比较。结果表明，DDA 模型计算结果在岩体开挖位移形态及位移量级上与有限元及实际位移监测结果都具有较好的可比性。

Cundall 根据有限差分法原理，提出了 FLAC（fast lagrangian analysis of continuum）分析方法。该方法采用了混合离散方法、动态松弛方法和显式差分方法，不形成刚度矩阵。适合于模拟地质材料在达到强度极限或屈服极限时发生的破坏和塑性流动的力学行为以及模拟地质材料的大变形、失稳、动力、流变、支护与加固、建造及开挖等问题；同时还可以模拟渗流场和温度场对岩土工程的影响。作为新型数值方法之一，FLAC 方法已与离散元法不连续变形分析法和半解析元法等一起成为分析岩土力学问题的强有力的工具，得到了广泛的应用[165~167]。

边界元法BEM（boundary element method）又称为边界积分方程法，由英国学者Bribbia总结提出，并从20世纪60年代开始在工程计算中得到应用。该法只在求解区域的边界上进行离散（剖分单元），这样就把考虑问题的维数降低了一维，这也是边界元法的优点。但边界元法的系数矩阵远比有限元刚度矩阵（带状稀疏阵）的结构复杂，对于面体比比较大的薄壁结构等物体，边界元法就不如有限元优越了，而且边界元法对奇异边界难于处理[168]。刘承论[134]根据复变函数法和傅里叶级数法，通过自然边界归一化分别得到了圆形隧道在整体平衡支护及局部非平衡支护时围岩内Airy应力函数的边界积分公式，并得到了各自应力场的解析解或数值解。徐干成[169]以黏弹性边界元理论为力学计算工具、工程类比定性内容为修正依据，探讨和发展设计、施工和现场量测一体化的分析方法。王鲁明等人[170]对具有单一裂隙的隧道围岩问题，用边界元分区算法沿裂隙面将围岩分区，对每个子域分别建立边界积分方程。分析了裂隙几何位置、双向加载侧压比、裂隙面摩擦系数、裂隙长度等因素对围岩稳定性的影响。

（5）不确定性分析方法。由于工程岩体所处的环境极其复杂，受天然和人为的影响因素多，因而岩体工程问题具有随机性、模糊性和不确定性。目前模糊数学法[171,172]、灰色系统[173~176]、随机过程方法、可靠性理论[177~179]、随机有限元法[149,180]、蒙特卡罗法（Monte-Carlo）和响应面法（response surface method）等方法已经广泛应用在地下工程稳定性分析研究中[181~184]。

（6）智能分析方法及专家系统。冯夏庭[185]提出了岩石力学智能化的研究思路，即智能岩石力学。智能岩石力学的主要做法是将人工智能、神经网络、遗传算法、进化计算、非确定性数学、非线性力学、系统科学、系统工程地质学等与岩石力学进行交叉、融合，在信息时代思维方式的指导下，从岩体问题的实际出发系统而全方位地研究岩石力学智能化问题，建立蕴涵岩体力学内在本质的理论体系，包括专家系统知识学习、智能化应力模拟和理论分析、基于工程实例的类比、各种分析方法的综合集成、经验加计算的集成、力学参数和模型的智能辨识等[186]。所谓专家系统是模拟人类解决复杂问题过程的计算机智能系统，它的建立包括知识获取、知识表达方法的确定、知识库的建立、推理模型的研究和推理的设计以及系统实现。智能分析方法在岩体力学及采矿工程等领域得到了越来越广泛的应用，如围岩参数预测[187,188]、瓦斯突出预测[189]、隧道围岩位移预测[190]、地质分类[191~193]等。

由于岩体表现出强烈的非均质性、各向异性和非连续性，采用解析的方法显然已经无法满足围岩稳定性分析的需要，而目前对隧道稳定性的研究多是采用现场监测与相似模拟材料试验结合，或是以统计方法进行研究，这些方法多数只能给出研究的最终结果，而无法进行破坏过程演化机理的模拟与分析，从而使得许多理论与工程分析停留在“结果分析”上。尽管物理模型试验是工程结构破坏的主要研究手段，但物理模型试验不仅成本高、周期长，而且模型参数难以在有限个物理模型中调整，大大限制了物理模型试验在岩石失稳研究中的应用。更大的困难还在于，许多地质和工程诱发灾害难以在实验室条件下进行物理模型试验研究。

因此，采用能够反映岩体内部应力迁移过程以及裂纹萌生、扩展并贯通的数值方法，克服物理试验难以开展全面系统研究的弊端，系统深入地研究隧道渐进破坏过程和变形破坏机理，无疑对于采矿以及其他地下结构工程的设计与施工具有重要的指导意义。

1.5 本书的主要内容

尽管国内外学者对地下工程稳定性问题进行了广泛的探索，但是由于地下工程的复杂性，对于隧道的破坏机理并没有认识清楚，对于受结构面影响及深部复杂高应力影响的隧道围岩的渐进破坏规律和破裂机理的认识还不完全清楚。因此，本书基于岩石为非均匀性材料的认识，采用损伤力学和统计理论的单元本构模型，首先，利用岩石破裂与失稳 $RFPA^{2D}$ 强度折减数值分析系统，在现有理论基础上，将不良地质构造、深部复杂高应力等因素与围岩的变形和损伤演化联系起来，通过在数值模拟中考虑了围岩力学性质的逐步退化，建立了卸载作用下围岩变形、损伤与逐渐失稳破坏的分析模型，分析不同情况下层状岩体、断层、节理岩体当中由于隧道开挖扰动引起的围岩变形、破坏机理，探讨隧道在各种复杂条件下的安全储备问题，从而为隧道的支护设计与施工提供参考。然后，利用 $RFPA^{3D}$-Paralle 大规模并行计算数值分析系统，围绕深部复杂三向高应力场下围岩的破裂演化特性与破裂机理，以深部硬岩工程稳定性控制为目标，开展了理论与实验研究，获得了深部围岩一系列不同尺度层状破裂发生的力学机制和多影响因素对破裂形式和破裂区分布的影响。明确了在三向应力边界条件下，深部围岩分区破裂现象的主要控制因素。建立了基于三向应力比、围岩非均匀程度、隧道尺寸和形状等因素，初步判别开挖后破坏模式和破裂带位置的概念化判定方法。

本书主要对以下内容进行了探讨：

（1）开展了层状岩体中隧道稳定性及破坏机理研究。由于传统的隧道稳定性研究方法多采用加载方式，而隧道开挖实际是一种卸载过程，将强度折减方法应用于隧道稳定性分析，考虑围岩力学性质因开挖卸载造成的损伤和逐步退化，分别讨论了层状顶板隧道围岩的变形破坏特征以及不同侧压、不同厚跨比条件下层状顶板的破坏机理，探讨具有不同倾角和不同侧压比条件下层状岩体中隧道围岩破坏机理及其安全储备，研究深埋垂直板裂结构隧道围岩破坏机理。

（2）研究被两组交叉节理切割的岩体中隧道稳定性及围岩破坏机制，探讨不同产状节理组合、节理贯通程度与地应力对隧道稳定性及其破坏机理的影响，探寻不同部位隐含断层对隧道稳定性影响及围岩变形破坏机理，讨论断层厚度和地应力对含有隐含断层时隧道围岩破坏失稳机制的影响。

（3）分析了深部三向高应力下，深部隧道典型破裂现象的发生机制，如层状剥离、板裂破坏、分区破裂现象。分析了不同双轴应力、不同非均匀性岩样的破裂特征和规律。获得了深部隧道围岩几种典型破裂模式间渐进演化的规律及破裂机理。

（4）探讨了深部隧道围岩空间损伤演化特性及概念化判定方法研究，获得了在不同应力条件下围岩破裂空间演化特征，建立了轴压系数和侧压系数判断三向应力条件下洞壁围岩破裂模式和破裂区位置的概念化半定量分析方法。

（5）分析了深部隧道围岩分区破裂影响因素，通过开展高轴向应力下环状破裂的数值试验和模型试验研究，研究了隧道的洞径、隧道形状、隧道高跨比、近距离平行隧道和岩石非均匀性对洞壁环状破裂模式和破裂机制的影响，得到了洞壁环状破裂的主要影响因素及洞壁环状裂纹分布的规律。

2 RFPA 数值方法在隧道稳定性研究中的应用

隧道围岩的稳定性一直是岩土工程界研究的一个重点问题。一方面，隧道等地下工程赋存环境——岩体异常复杂，即包括地应力、岩体的地质结构、岩体的力学性质、地下水等均会对地下隧道的稳定性有很大、甚至是决定性影响；另一方面，工程因素如隧道形状、开挖工序、施工方法等也会对隧道稳定性造成影响。这就给隧道稳定性判别带来了很大困难。目前广大科学工作者已经在这方面进行了广泛的研究[194~200]。传统定量分析方法主要有解析法、数值方法（包括有限单元法、离散元法及块体单元法等）以及极限平衡方法，如普氏拱理论以及太沙基理论等。解析方法由于数学和力学上的困难，目前对于非圆形隧道以及边界条件复杂的隧道围岩分析还存在很大的局限性。传统的数值分析方法往往仅能给出围岩内部的应力、位移、塑性区等，而无法对围岩内部的损伤破裂过程进行直观显现。极限平衡法无法获得滑动面上的应力分布以及破裂面形成机理和发展变化过程。此外还有一些定性评价方法，如工程类比法和其他综合分析方法。定性评价的方法往往带有很大的随机性，具有不同工程经验的人有时会给出不同的结论。上述方法的运用无疑极大地推动了人们对于隧道稳定性的认识。但是，如果能用简便可行的办法在隧道施工之前对隧道安全性进行初步评价，并且能够克服上述稳定性分析方法的缺陷，将无疑会给隧道稳定性研究带来新的契机。本章从基于岩石为非均匀性材料的认识出发，通过引入细观层次的微元体，采用损伤力学和统计理论的单元本构模型，探讨 RFPA[201~203]（Realistic Failure Process Analysis）强度折减法运用于隧道稳定性评价的可行性及其优势所在。

2.1 RFPA 真实破坏过程分析方法

2.1.1 RFPA 简介

对于岩石材料，由于其中包含了各种矿物成分、胶结物、节理裂隙、孔隙等，其内部结构的几何形状杂乱无章，无法作精确的几何描述，因此对岩石内部结构的研究不可能详尽无遗。岩石工程的规模可以用宏观尺度度量。一方面，研究岩石内部结构的目的是为了解释和研究岩石破裂及破裂过程的宏观现象，因此只要抓住对宏观破裂过程有影响的主要因素即可。另一方面，由于实验方法、观察手段、计算能力的限制，进行面面俱到的研究是不现实的。RFPA（Realistic

Failure Process Analysis）方法中，主要考虑了两个影响岩石破裂过程的重要因素[204]：（1）岩石是一种本质上非均匀的材料，它由比其尺度更小的基本单元构成。这些基元具有不同的力学性质，可由某种分布描述。（2）每个基元的状态由相邻的基元共同决定。它们之间的联系或相互作用通常是力的平衡关系。

RFPA^{2D}是基于连续介质力学和统计损伤力学原理开发的岩石破裂过程分析系统，是一个能模拟岩石逐渐破坏的宏观、细观力学数值模拟工具[204,205]。与其他已有的逐渐破坏模型（Progressive Failure/Fracture/Damage Model）一样[206]，RFPA^{2D}包括两个方面的功能：应力分析和破坏分析。实践表明，对于非均匀脆性材料而言，只要抓住以下四点，就可以对更复杂的问题进行研究[207]：

（1）当单元变形使应力达到一定强度值时即作破坏处理（即假定单元性质近似为弹脆性的，但由于考虑了材料的非均匀性，材料的宏观性质则可能是具有软化或弱化关系的非线性性质）。

（2）破坏单元不具备抗拉能力，但具备一定的抗挤压能力。

（3）材料的非均匀性可以通过单元力学参数分布的非均匀性来表达。

（4）破坏单元的力学特性变化是不可逆的。

以上第一点可以处理裂纹萌生问题，第二点可以处理裂纹的形成问题，第三点可以处理裂纹的非规则路径问题，第四点则可以处理裂纹的扩展与演化问题。这样，就可以用数值计算方法，研究脆性材料断裂力学的复杂问题。

2.1.2 RFPA 方法的特点

岩石（岩体）是地质、采矿、石油、水利等部门经常涉及的最基本的天然材料。天然的岩体是非连续、非均质、非弹性、各向异性的介质。它具有时效性、记忆性和对环境的依赖性。尽管经典力学推导了诸多的理论公式，但面对复杂的工程岩体材料仍显得无能为力。在许多实际工程当中，依据理想化的模式计算出的诸如岩体变形、破坏和强度等与实际相差甚远。煤矿岩爆、瓦斯突出、采场顶板垮落、水坝开裂、岩土边坡失稳、地震等众多灾害性事故的发生，不仅给国家和人民财产造成了巨大损失，同时也表明，人类目前尚缺乏对岩石（岩体）材料的不规则性、复杂性和物理力学非线性本质的认识和解决这些问题的方法，致使许多岩石力学问题无法定量或定性地予以解释和分析。

岩石力学问题，广义讲包括岩石破坏问题。岩石之所以产生非线性变形，就是因为岩石在受载过程中其内部不断产生微细破裂。这种微细破裂的不断发展便导致最终的宏观破裂。通常的有限元方法尽管可以模拟岩石的非线性变形，但只是在宏观行为上的一种“形似”，而没有模拟出岩石在变形过程中的微破裂进程，因而不能做到“神似”。为了解决岩石破裂过程的分析，采用有限差分法、有限单元法、边界元法、半解析元法、离散元法等数值模拟方法来全面解决复杂的岩土工程问题，例如岩土材料的非线性问题，岩体中节理、裂隙等不连续面对分析计算的影响，分步开挖与充填施工作业对围岩稳定性的影响等方面都不同程度地存在缺陷。

1995 年，软件系统创始人唐春安教授针对这些问题提出了基于有限元基本理论，充分考虑岩石破裂过程中伴随的非线性、非均匀性和各向异性等特点的新的数值模拟方法“RFPA（Realistic Failure Process Analysis）方法”，即真实破坏过程分析方法，其主要特点如下[130,200,208]：

（1）将材料的不均质性参数引入到计算单元，宏观破坏是单元破坏的积累过程。认为单元性质是线弹-脆性或脆-塑性的，单元的弹模和强度等其他参数服从某种分布，如正态分布、韦伯分布、均匀分布等。

（2）认为当单元应力达到破坏的准则发生破坏，并对破坏单元进行刚度退化处理，故可以以连续介质力学方法处理物理非连续介质问题。

（3）认为岩石的损伤量、声发射同破坏单元数成正比。

2.1.3　岩石材料非均匀性的物理统计描述方法

构造面对岩体力学性质影响主要表现在抵抗外界载荷的响应不同。节理通常是没有厚度，能够承受压缩应力和摩擦滑动，但是不能抵抗拉伸应力。断层则是具有一定厚度，力学性质软弱的岩石材料的集合体。如果将节理假设成为一种功能材料，即抗压缩不抗拉，能够剪切滑动的特殊“材料”，那么对于岩体的研究就可以转变成对材料组合体的研究。

研究岩石宏观失稳破坏过程则需要认清细观微元体力学性质的不均质性，这里所说的细观是介于微观与宏观之间的一种尺度。统计的方法提供了描述岩石细观微元体不均质性的工具，基于岩石材料结构的非均匀性及包含各种缺陷的事实，细观微元体的强度是不可能一样的，有强度大的，也有强度小的，即可认为强度的分布是概率性的。现在从一岩石试样的任一截面中取出一细观尺度的微元体 V，设微元 V 的尺寸大到足以包含许多微观裂纹与微观空洞，但同时也充分小，可视为连续介质力学的一个质点，即假设岩石材料是连续分布的，而它的缺陷却以它们承载能力的度量附加于均匀介质之上。这就保证了在细观微元体上仍能以弹性力学的基本定律——虎克定律为基础。假设微元体的强度是服从 Weibull 分布：

$$\varphi(\sigma) = \frac{m}{\sigma_0} \cdot \left(\frac{\sigma}{\sigma_0}\right)^{m-1} \cdot e^{-\left(\frac{\sigma}{\sigma_0}\right)^m} \tag{2-1}$$

式中，σ_0 为尺度参数；m 定义了分布函数的形状，其物理意义反映了岩石材料的均质性，称为均质度系数；$\varphi(\sigma)$ 为岩石具有某一强度 σ 的微元体分布的一种度量。从细观来说，微元体只有两个状态，即不破坏和破坏。由于岩石的不均质性，强度大小不一的微元体在相同的条件下表现出不同的状态，即有的破坏，有的不破坏，正是这种各个微元体由不破坏到破坏的状态变化，导致了宏观损伤程度由小到大。微元体破坏的积累导致岩样的宏观劣化。图 2-1 显示了不同均质度系数材料的强度或弹性模量的分布图（σ 代表强度或弹性模量等力学性质参数）。对应

$$\sigma = E\varepsilon \cdot \mathrm{e}^{-\left(\frac{\varepsilon}{\varepsilon_0}\right)^m} \tag{2-2}$$

图 2-1 和图 2-2 是按照弹性损伤模型得到的不同均质度系数 m 的材料的应力-应变曲线。综合整个曲线的发展规律，随着均质度系数 m 的增加，材料的强度和峰值强度对应的应变量均有不同程度的提高。而且均质度系数对材料的非线性行为起到决定性的作用，降低均质度，材料的非线性行为明显增强，而且破裂后期行为表现出软化行为，残余强度的降低也是渐进的；反之，材料线性增强，变形后期表现出显著的脆性和极低的残余强度。由上述结果可见，材料的非均匀性是导致材料非线性行为的一个重要方面，是破裂问题研究中必须考虑的重要因素之一。

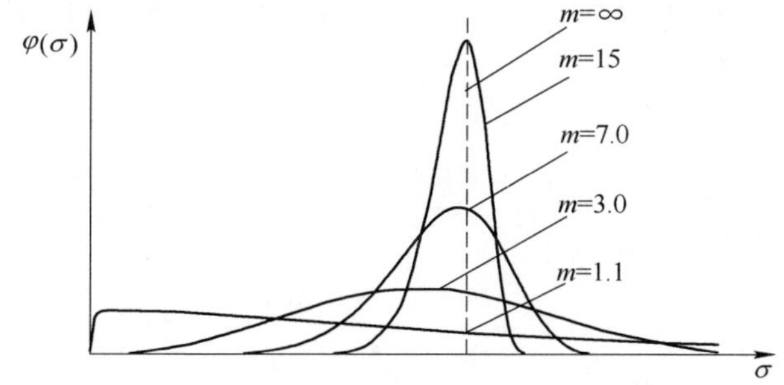

图 2-1 具有不同均质度系数材料微元体力学性质分布形式

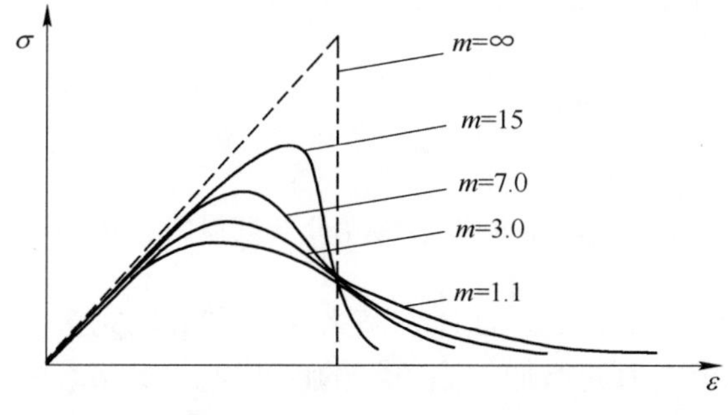

图 2-2 材料应力-应变关系随均质度系数变化图

在上述材料统计描述方法中，如果材料是多种结构的组合体，则将各种不同的结构作为一种与基质材料不同的另外一种材料来处理，仍然采用 Weibull 分布，但是具有不同的均质度系数 m 和力学性质参数 σ 和 σ_0，此外，这些材料还将具有不同于基质破裂后的力学响应行为。

2.1.4　岩土本构关系的细观统计损伤模型

连续介质的力学过程可以等价于一个热力学过程，损伤过程实质上是能量耗散过程或不可逆热力学过程。一般认为，岩土工程材料应力-应变曲线的非线性是由于其受力后的不断损伤引起微裂纹萌生和扩展而造成的，而不是由于其塑性变形。尤其是在拉伸应力作用下，其脆性更加明显。受损材料的本构关系可通过无损材料中的名义应力得到，即：

$$\varepsilon = \sigma/E = \tilde{\sigma}/E = \sigma(1-D)E_0 \tag{2-3}$$

或

$$\sigma = E_0(1-D)\varepsilon \tag{2-4}$$

式中，E 和 E_0 分别为损伤后的弹性模量和初始弹性模量；D 为损伤变量。$D=0$ 对应无损伤状态；$D=1$ 对应完全损伤（断裂或者破坏）状态；$0<D<1$ 对应不同程度的损伤程度。文中以压应力为正。基元在单轴应力状态下的弹性损伤本构关系如图 2-3 所示。

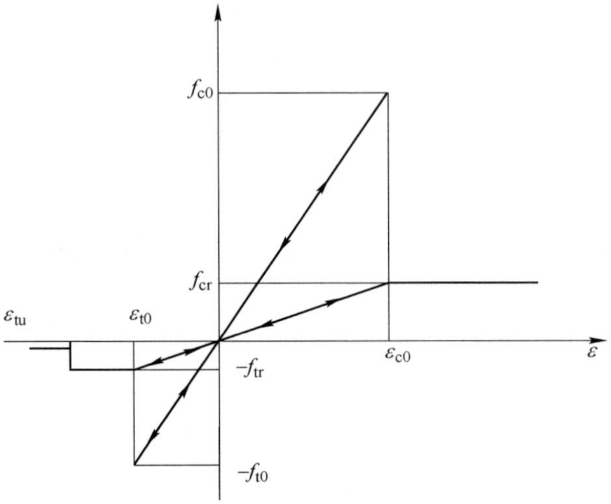

图 2-3　基元单轴应力状态下弹性损伤本构关系

在初始状态，细观单元是弹性体，其力学性质可以完全由其弹性模量和泊松比来表达。随着单元应力的增加，当单元的应力或应变状态将满足某个给定的损伤阈值（准则）时，单元开始损伤。

f_{tr}是单元的残余强度，ε_{t0}是弹性极限所对应的拉伸应变，该应变可以称为拉伸损伤应变阈值。ε_{tu}是单元的极限拉伸应变，当单元单轴拉伸应变达到极限拉伸应变时，单元将完全损伤达到拉伸断裂（破坏）状态，即$D=1$。这里用$\varepsilon_{tu}=\eta\varepsilon_{t0}$来定义极限应变系数$\eta$。单轴拉伸应力状态下，定义关系式$f_{tr}=\lambda f_t=\lambda E_0\varepsilon_{t0}$是成立的，$f_t$和$\lambda(0<\lambda\leqslant 1)$分别为单轴抗压强度和残余强度系数。因此，损伤变量表达式为：

$$D=\begin{cases}0, & \varepsilon>\varepsilon_{t0}\\ 1-\dfrac{\lambda\varepsilon_{t0}}{\varepsilon}, & \varepsilon_{tu}<\varepsilon\leqslant\varepsilon_{t0}\\ 1, & \varepsilon\leqslant\varepsilon_{tu}\end{cases} \tag{2-5}$$

当单元在三维应力状态下时，假定其损伤仍然是各向同性的。当单元满足了最大拉应变准则产生拉伸损伤时，按照 Mazars[209] 把一维损伤本构关系推广到三维的办法，这里也可以把该本构关系推广到三维应力状态。

$$\bar{\varepsilon}=-\sqrt{\langle-\varepsilon_1\rangle^2+\langle-\varepsilon_2\rangle^2+\langle-\varepsilon_3\rangle^2} \tag{2-6}$$

式中，ε_1，ε_2和ε_3分别为主应变，〈 〉是一个函数：

$$\langle x\rangle=\begin{cases}x, & x\geqslant 0\\ 0, & x<0\end{cases} \tag{2-7}$$

则在三维应力状态下，损伤变量的表达式为：

$$D=\begin{cases}0, & \bar{\varepsilon}>\varepsilon_{t0}\\ 1-\lambda\dfrac{\lambda\varepsilon_{t0}}{\bar{\varepsilon}}, & \varepsilon_{tu}<\bar{\varepsilon}\leqslant\varepsilon_{t0}\\ 1, & \bar{\varepsilon}\leqslant\varepsilon_{tu}\end{cases} \tag{2-8}$$

实际上，在单轴压缩或者剪切应力作用下，岩土工程材料的软化或者损伤也是存在的。为了反映细观单元在压缩或剪切应力下的损伤，这里选择摩尔-库仑准则作为第二个损伤阈值判据。

$$F=\frac{1+\sin\phi}{1-\sin\phi}\sigma_1-\sigma_3\geqslant f_c \tag{2-9}$$

式中，ϕ是细观单元的摩擦角，f_c是细观单元的单轴抗压强度（为正数）。σ_1和σ_3分别为细观单元的最大和最小主应力。类似地，在单轴压缩应力状态下也可以给出类似的本构关系。

$$D=\begin{cases}0, & \varepsilon<\varepsilon_{c0}\\ 1-\dfrac{\lambda\varepsilon_{c0}}{\varepsilon}, & \varepsilon\geqslant\varepsilon_{c0}\end{cases} \tag{2-10}$$

λ 为单元的残余强度系数，其数值假定与单轴拉伸条件下的相同，即满足关系式$f_{cr}/f_c=f_{tr}/f_t=\lambda$。$\varepsilon_{c0}$是单元的最大压缩主应力达到其单轴抗压强度时对应的最大压缩主应变。当单元处于复杂应力状态并满足摩尔-库仑准则时，可以得出此时单元的最大压主应变 ε_{c0}为：

$$\varepsilon_{c0}=\frac{1}{E_0}\left[f_{c0}+\frac{1+\sin\phi}{1-\sin\phi}\sigma_3-\mu(\sigma_1+\sigma_3)\right] \tag{2-11}$$

由于岩石隧道的破坏往往既存在剪切破坏区，又存在拉破坏区，RFPA 强度折减法由于引入了具有拉伸截断的摩尔-库仑准则，因而较传统的仅可以考虑剪切破坏的有限元强度折减法更加切合实际。

2.2　RFPA 强度折减法

2.2.1　RFPA 强度折减法与传统有限元强度折减法的区别

强度折减法最初于 20 世纪 70 年代由英国科学家 Zienkiewicz[210]提出，随着计算机技术的不断发展，目前已经被应用于边坡稳定性分析当中[211~215]。这种方法的基本原理是将岩土体强度参数：黏聚力 c 和内摩擦角 ϕ 值同时除以一个折减系数 ω，得到一组新的 c'、ϕ'值，然后作为新的资料参数输入，再进行试算，当计算不收敛时，坡体达到极限状态，发生剪切破坏。此时的折减系数即为边坡的稳定安全系数 ω。

在本构模型方面：传统的强度折减系数法，在计算均质土坡时，基于岩土塑性理论，采用理想弹塑性本构模型。RFPA 系统的损伤理论认为，岩石工程材料应力-应变曲线的非线性是由于其受力后的不断损伤引起微裂纹萌生和扩展而造成的，而不是由于其塑性变形。尤其是在拉伸应力作用下，其脆性更加明显。传统的强度折减系数法没有考虑材料的抗拉破坏准则，而大多数岩石材料即使是宏观剪切破坏，也是由于拉伸断裂引起的。RFPA 系统中针对不同的材料属性设置不同的本构模型和破坏准则：对于土层材料，可以采用理想弹塑性本构模型；对于岩石材料，采用弹性损伤本构模型，并选择最大拉应变准则和摩尔-库仑准则。同时，拉伸准则具有优先权，若单元满足拉伸准则，则不需要再判断该单元是否满足摩尔-库仑准则。只有未满足拉伸准则的单元才判定其是否满足摩尔-库仑准则。对于剪切和拉伸损伤的单元，只有其最大拉主应变达到了给定的极限应变时，则认为该单元完全损伤断裂，并将单元的弹性模量赋一个小数（1×10^{-5}），此时在后处理图上该单元以黑色显示为裂纹。

在失稳判据方面：目前强度折减法应用于边坡分析时常以有限元数值计算不收敛作为失稳的判据。但事实上，引起计算结果不收敛的因素很多。RFPA 有限元强度折减法的失稳判据具有更为明确的物理意义。RFPA 有限元强度折减法以最大基元破坏次数（对应于声发射突变点）作为失稳判据。所谓最大基元破坏数是指 RFPA 自动记录的每一折减步的基元破坏次数中的最大值（对应于声发射突变点）。这是由于 RFPA 采用弹性损伤本构模型，并选择最大拉应变准则和摩尔-库仑准则，对于剪切和拉伸损伤的单元，当其最大拉主应变达到了给定的极限应变时，认为该单元完全损伤断裂。RFPA 将细观基元的强度以线性关系、按一定比例（步长）逐渐折减，每折减一次，有限元计算程序将进行迭代计算，寻找外力与内力的平衡，同时进行破坏分析，直至隧道围岩失稳破坏。由于计算采用全量加载，每一计算步都有收敛结果。在进行计算分析时，RFPA 自动记录了每一折减步的基元破坏次数，因而可以最大基元破坏次数对应的荷载步（对应于声发射突变点）作为失稳标志，更加简便有效。

2.2.2 RFPA 强度折减法模拟结果与实验结果的对照

Hobbs D. W.[216]采用模型试验的方式探讨了不同断面形式的隧道开挖后对层状岩层移动的影响。为进行对比，本文采用与模型试验相同的加载条件和尺寸，采用 RFPA 强度折减法，模拟了在水平薄层状岩体中开挖拱形、圆形、矩形隧道后围岩的破坏情况，图 2-4 对比了在层状介质中，不同断面形状的隧道开挖后的模型试验结果和数值模拟结果。

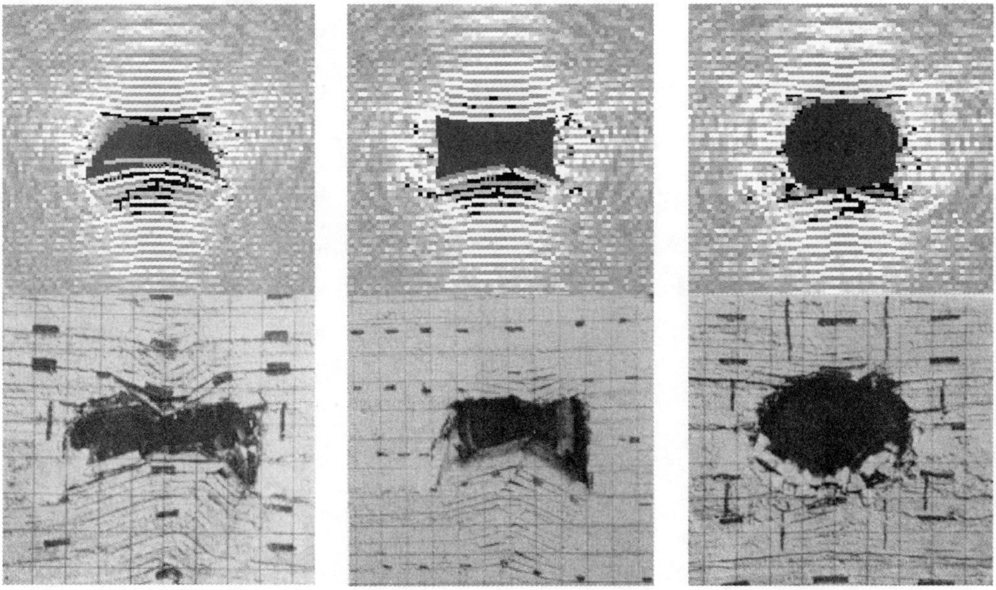

图 2-4 采用 RFPA 强度折减法模拟结果与试验结果对比（$\sigma_h=\sigma_v$）

由图 2-5 的破坏过程声发射图可以看出，隧道开挖后，隧道周围由于开挖卸载产生的应力重分布超过了层间岩体的抗拉强度使得薄层间由于受拉应力的作用而产生拉破坏。对于拱形隧道，微破裂首先集中产生在拱脚和拱顶应力集中程度高的部位，之后破裂区域逐渐向围岩深部延伸，隧道破坏区域在拱顶呈现猫耳形，而在隧道底部呈现倒三角破坏区域。矩形隧道开挖后微破裂最先产生在隧道直角处的高应力集中部位，随着围岩强度的逐渐弱化，破坏区域进一步向围岩深部扩展延伸，在隧道顶部和底部形成两个三角形的破坏带。圆形隧道开挖后，层状岩体的层间结合部位由于受到拉、剪共同作用而在隧道顶部和底部形成破坏带，尤以底部破坏严重。数值模拟结果直观显示了薄层状岩体中不同断面形式隧道开挖后围岩由产生微破坏，到裂纹随着围岩强度的弱化而逐渐萌生、扩展，最

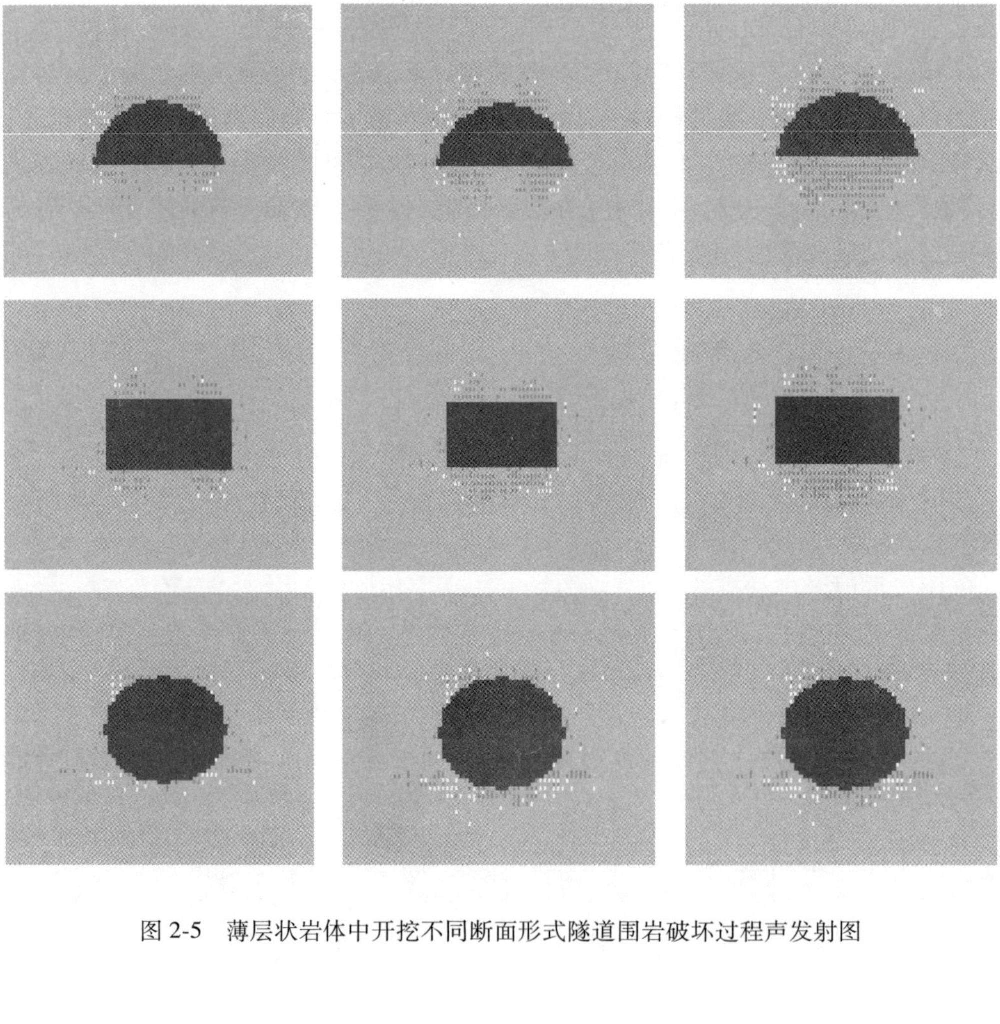

图 2-5　薄层状岩体中开挖不同断面形式隧道围岩破坏过程声发射图

终导致围岩失稳破坏的全过程。数值模拟结果与模型试验结果具有很好的一致性。

2.3 RFPA^{3D}并行计算方法

RFPA^{3D}是在 RFPA^{2D}的基础上开发的，RFPA^{3D}的基本原理可以概括为以下几点：

（1）构成介质和模型的基本单位称之为基元，它是代表介质物理力学性质特征的最小单元。

（2）岩石破裂过程中的宏观非线性主要原因是细观上的非均匀性，将岩石材料的不均质性参数引入到基元，宏观破坏是基元破坏的积累过程。

（3）基元的性质是线弹脆性或弹塑性的，基元的弹模和强度等其他参数服从某种分布，如正态分布、韦伯分布、均匀分布等。

（4）当基元应力达到破坏的准则发生破坏，并对破坏单元进行刚度退化处理，故可以连续介质力学方法处理物理非连续介质问题。

（5）破坏基元不具备抗拉能力，但是具备一定的抗挤压能力，并且破坏基元的力学特性变化是不可逆的。

（6）假设岩石是各向同性体岩石的损伤量、声发射同破坏单元数成正比。声发射的能量与单元破坏释放的能量成正比。

在基本原理的基础上，RFPA^{3D}引入了并行计算方法，具有如下特点[208]：

（1）快速的计算处理，单机版采用数值计算速度较快的 Fortran 语言在 Power station 平台开发有限元计算程序，并行版采用 Linux 下的并行计算处理。

（2）灵活的网格功能，能够导入其他商业软件建立的网格模型进行破坏过程计算。

（3）同时考虑细观非均匀性和宏观非均匀性的影响，全过程模拟岩石类脆性材料中裂纹萌生、扩展和贯通整个过程。

（4）采用多种随机分布函数描述岩石的非均匀性，各种破坏准则可供选择。

（5）可以实现多种加载方式，包括模拟围压加载和真三轴加载试验。

RFPA^{3D}数值模拟过程包括前处理（三维有限元网格生成、模型的设置以及非均匀性材料的赋值等功能和有限元计算数据的生成）、有限元应力计算和后处理（破坏处理、结果数据的生成和三维绘图等功能）三部分。前后处理是采用 Microsoft VisualC++. Net 开发完成，有限元应力计算部分用 FORTRAN90 编写，并行计算部分在 Redhat Linux9. 0 平台上基于 MPI 并行库编写，应力、应变以及位移的三维图形图像的处理和显示采用 OpenGL 图形库来绘制。RFPA^{3D}软件的编制跨越两个操作系统平台（Windows 和 Linux）采用了 4 种不同开发软件包（VisualC++、OpenGL、FORTRAN 和 MP I）。并行版本用户可以在比较熟悉的 Windows 平台上进行操作，并行计算程序在后台的 Linux 平台上运行，在 Linux 平台和 Windows 平台之间采用 Client-Server 的协调策略来进行信息沟通和文件传送。

3 层状岩体隧道破裂机制

3.1 概述

《岩土工程勘查规范》[3]将岩体结构类型划分为整体状结构、块状结构、层状结构、碎裂状结构和散体状结构。其中层状岩体结构是工程建设中经常遇到的一类岩体结构类型。这类岩体中常含有大量原生层理、构造裂隙及次生泥化夹层等不同成因类型的地质结构面，岩体的强度、变形及稳定性受到结构面的控制。

孙广忠教授解释了层状岩体结构的形成机制[217]：他认为层状岩体结构的形成机制在于层间错动。如图 3-1 所示，在层状岩体褶皱过程中，层面间必定会产生相对错动，褶皱作用越强，层间错动也越强烈。层间错动多数发育在岩层的层面内，岩层单层厚度较大时，也可在滑动剪切力作用下，将岩层劈成若干薄层，为褶皱作用提供条件。如果岩体中夹有黏土岩一类的软弱夹层，在层间错动剪切作用下黏土岩夹层内可以形成劈理。在振荡反复剪切作用下劈理带被揉搓成糜棱岩粉，在后期水热作用下糜棱岩粉泥化，形成泥化夹层。这种软弱夹层厚度一般为几毫米、几厘米至几十厘米。泥化夹层形成机制如图 3-2 所示。

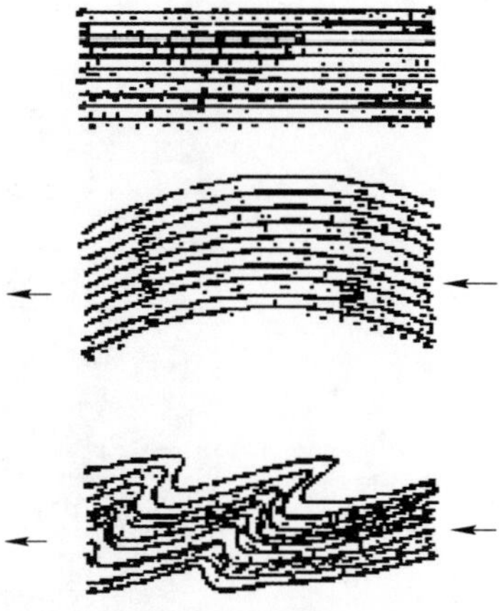

图 3-1 层间错动形成机制[215]

层状岩体是一种比较特殊的地质结构，它不同于块状岩体结构。块状岩体是由各种软弱层面切割，在岩体开挖后与工程的临空面组合而形成孤立的块体，其基本力学性质被软弱层面及其组合特征控制。其破坏形式主要表现为沿结构面滑动、剪切带内岩块滚动。而层状岩体（见图 3-3）中，围岩的破坏失稳常常表现为溃屈破坏、顶板弯折等现象。孙广忠教授将其归结为四种力学模型，即弯折-倾倒、弯曲-溃屈、直立边坡弯折和溃屈[217]。

由于层状岩体在岩体结构上的特殊性，使得其力学性质也表现出与完整岩石的明显不同。Lekhnitskii[218]曾依据横观各向同性介质的理论给出均质横观各向同

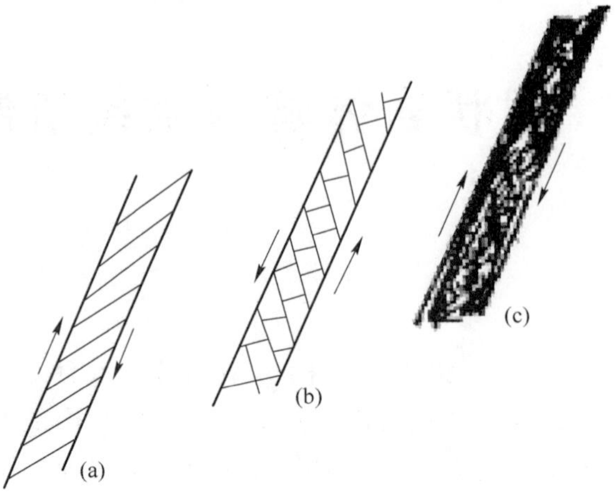

图 3-2　泥化夹层形成机制[216]
（a）剪切劈理第一次形成；（b）在反向剪作用下形成双次剪张劈理；
（c）在多次往复剪切作用下夹层糜棱化和泥化

图 3-3　层状岩体

性弹性体在静力作用下与水平方向成 θ 方向的杨氏模量 E_θ：

$$\frac{1}{E_\theta}=\frac{\cos^4\theta}{E_H}+\frac{\sin^4\theta}{E_v}+\left(\frac{1}{G_v}-\frac{2\nu_h}{E_v}\right)\sin^2\theta\cos^2\theta \tag{3-1}$$

式中，E 为弹性模量；ν_h 为泊松比；E_v 为垂直层面方向的弹性模量；G_v 为剪切模量。

阿特威尔等人[219]采用板岩试件研究了结构面倾角 α 与内摩擦角 ϕ'（$\tan\phi'$）和黏聚力 c'之间的关系如图 3-4 和图 3-5 所示[219]。

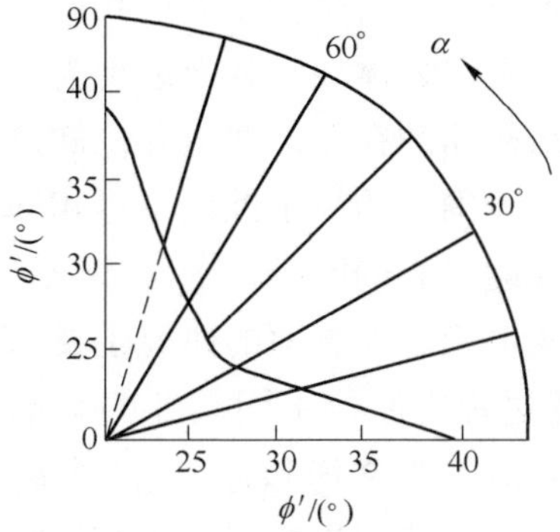

图 3-4　内摩擦角（ϕ'）与结构面倾角（α）的关系

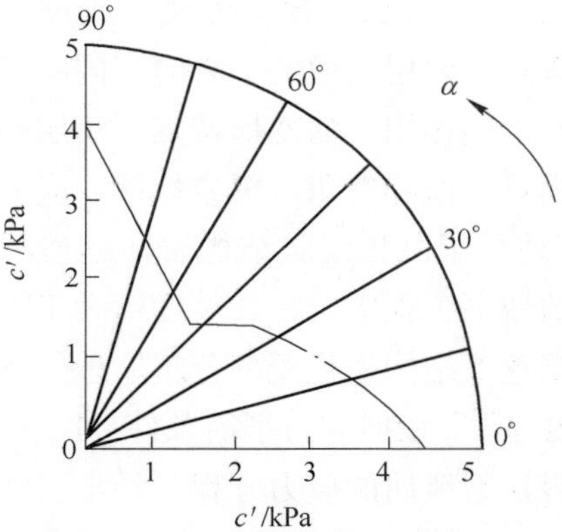

图 3-5　板岩黏聚力（c'）与结构面倾角（α）的关系

层状岩体的强度参数也具有明显的各向异性的特点，并与层面的倾角有很大的关系。图 3-6 为单轴抗压强度与层面倾角的关系曲线，由图可见在缓倾角阶段岩体的强度较高，破坏一般不受层面倾角的影响，但随着倾角的加大，岩体强度越来越低，并在 50°~70°之间出现最低值[220]。

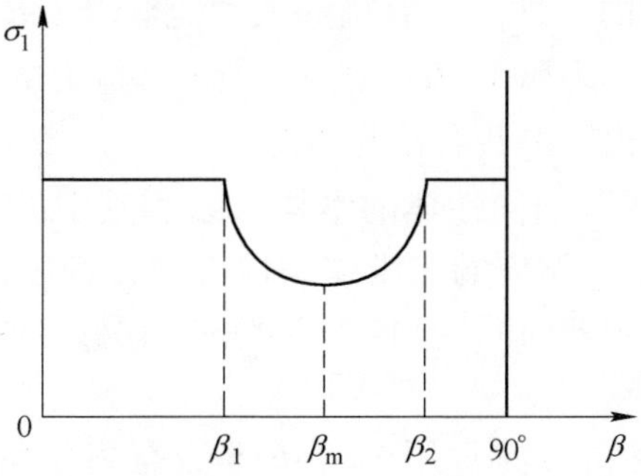

图 3-6　层状岩体强度与倾角的关系

由于层状岩体在层面各方向的力学性质大致相同，而平行和垂直层面方向的力学性质有较大的差别使得层状岩体在宏观上表现为各向异性。因而在层状岩体中开挖隧道时，由于层间结构面的存在，隧道开挖卸荷后，围岩破坏和变形的发展不均衡，隧道周边不同位置围岩的稳定性也不尽相同。因而如何判别层状岩体隧道的稳定性是各国学者普遍关心的问题。

目前有关层状岩体中隧道稳定性方面的研究主要以数值计算和室内模型试验为主要手段。孙广忠[221]通过板岩原位不同尺寸的单轴压缩实验分析，探讨了岩体变形和破坏的岩体结构效应。张文彬和孙广忠[222]通过模型试验研究了在板裂结构岩体中开挖大型隧道时其边墙围岩的变形破坏规律，指出由于初期围岩应力的扰动，造成结构岩体板裂化，板裂化的力学作用规律遵循结构变形和梁板失稳的力学规律。张展弢等人[223]采用数值模拟方法，通过考虑不同的岩层层面与水平方向的夹角、平行和垂直于岩层层面两个方向不同的变形模量比值，对层状岩体中地下隧道在整个支护措施作用下的变形特点与喷层的力学特性进行了数值仿真分析，得出了不同的模量比值和夹角对围岩位移、应力和喷射混凝土层的内力定量化影响。苏永华[224]建立了沉积层状结构岩体隧道围岩破坏模型，分析了深部直立沉积层状岩体中的地下工程围岩在其长度远大于直立高度的情况下岩体中的层状破裂问题，并根据地下结构失稳概率分析原理，建立了直立沉积层状围岩稳定的极限状态方程。江平[225]根据应力平衡条件、层面剪切破坏及不抗拉特性，建立了弯曲层状岩体临界拉裂溃屈的应力方程，导出了坡脚弯曲的层状岩体边坡极限高度计算公式，定量计算了各种几何及力学参数组合下的极限高度。张天军[226]应用黏弹性薄板的稳定方程和 Laplace 变换方法，采用承受平行于中面的均匀压力的四边简支的岩板力学模型，根据岩板屈曲变形时的特点及其边界条件，研究了地下隧道中外层岩板向临空面变形并导致层间脱离的状况，导出了岩板结构与时间相关的临界载荷和临界应力的解析式。结果表明岩层的稳定性与岩体的流变性质密切相关，在一定载荷或应力水平下，随时间延长会发生滞后失稳，表现出了与弹性性态不同的特性。王启耀等人[227]将 Cosserat 介质理论引入到大型地下隧道的开挖模拟中，采用 Matlab 编制了考虑偶应力的有限元程序，对地下隧道开挖进行了分析，得出了一些有益的结论。

张玉军[228]引入横观各向同性体的本构关系和其中的 C、ϕ 值是随方向变化的摩尔-库仑准则，编制了相应的三维弹塑性有限元程序，并以一个地下隧道为背景，分别就岩体为横观各向同性和各向同性的情况进行模拟计算与对比，得出了有益的认识。

对此类问题的研究，目前常用的分析方法有力学解析方法、地质分析方法、室内模拟试验以及数值计算法等。我们知道，地下工程所处地质环境复杂多变，采用解析方法来判别隧道围岩稳定性无疑具有很大的局限性，随着计算机技术的不断进步，数值模拟方法已经成为岩体工程研究的有效途径，它不但能为试验研究和理论分析提供最为有利的补充，而且能够再现许多实验室试验所不能得到的工程现象。国内外已有许多利用有限元、边界元和位移非连续方法等数值方法进行地下结构围岩破坏研究的成果。但这些方法中大多视研究对象为均匀、连续介质体，而实验和工程实际均表明岩石类材料非均匀性对围岩破坏的影响至关重要。并且大部分数值方法只能给出计算的最终结果，而无法进行破坏过程的模拟与分析，从而使得许多理论与工程分析停留在“结果分析”上，无法获知裂纹的萌生、扩展的过程，其结果尚无法满足迅速发展的地下工程需要。

针对这一现状，本书采用东北大学岩石破裂与失稳研究中心和大连大学材料破坏力学数值试验研究中心联合开发的 RFPA 分析系统，对层状岩体中隧道破坏机理和破坏过程及影响因素进行数值模拟研究[229]，分别探讨水平层状岩体、倾斜层状岩体、直立层状岩体中开挖隧道时围岩的变形破坏机理。由于本书着重探讨软弱结构面的产状即地应力对围岩稳定性的影响，因而只考虑同一岩性的岩体被软弱结构面切割成层状的情况，而不注重不同岩性分布的影响。

3.2 层状顶板破坏机理

地下隧道开挖经常会遇到层状岩层，层状岩层由于在垂直于成层方向的抗拉强度几乎为零，并且与完整岩石相比，结构面上的抗剪强度很低，因而这类岩体的工程特性不同于均质块状岩体。岩体的强度、变形及稳定性与结构面密切相关，甚至控制着围岩的稳定性。隧道围岩的顶板、底板、侧面三者的稳定中，顶板的稳定最重要[230]。我国顶板事故导致的死亡约占煤矿死亡事故的 40%，因此弄清层状岩石顶板破坏机理十分重要。

3.2.1 数值模型及参数选取

数值模型沿水平和竖直方向均为 20m，开挖隧道尺寸为 3m×2.4m，如图 3-7 所示。隧道上方存在水平层状岩层，各岩层等厚，隧道两侧与底板均为中硬岩体，具体参数见表 3-1。为清晰看出裂纹萌生、扩展、贯通的过程，不考虑岩体的质量。采用 RFPA 自带的有限元强度折减程序进行计算。模型的加载方式为先加载，后开挖。在开挖前，首先在边界施加水平和垂直应力，第二步进行隧道开挖，在每一步保持边界加载条件不变，而将内摩擦角每步折减 0.01，黏聚力每步折减 0.02，直到岩体失稳破坏，从而了解地应力的分布、转移以及裂纹的萌生、扩展过程。图中各岩层的灰度代表岩层力学参数（如弹性模量、抗压强度等）的大小，灰度越亮，其值越大。

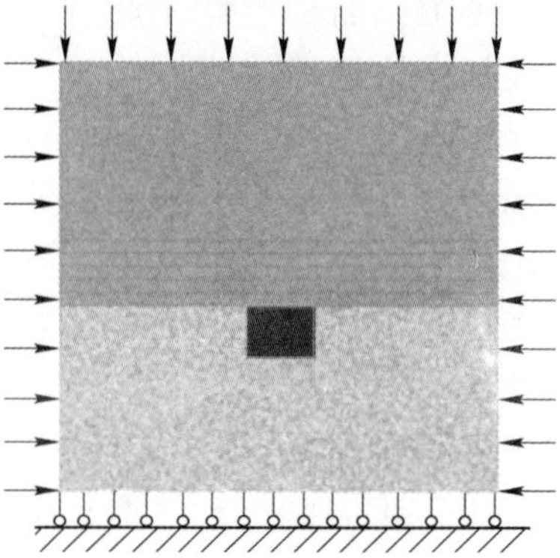

图 3-7　数值模型

表 3-1　各岩层岩体力学参数

岩层	弹模/MPa	黏聚力/MPa	泊松比	内摩擦角/(°)
顶板与上覆层	1500	2.5	0.3	32
软弱夹层	2	0.04	0.4	18
两帮与底板	4000	5.6	0.25	38

3.2.2　层状顶板变形破坏特征

隧道顶板的水平层状岩体有脱离围岩主体而形成独立梁的趋势[231~233]。隧道开挖后，首先在隧道周围形成应力集中，应力分布如图 3-8 所示。

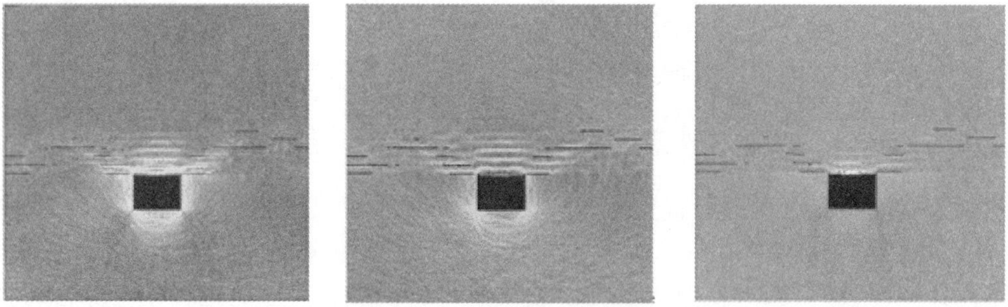

(a)　(b)　(c)

图 3-8　隧道开挖后围岩应力分布图

（a）剪应力图；（b）最大主应力图；（c）最小主应力图

剪应力集中在隧道周围及隧道顶角端部倾斜区。层状顶板隧道破坏过程如图 3-9 所示，第一层岩梁内出现了明显的拉应力。由于软弱夹层的强度很低，在隧道开挖后围岩中的应力已经超过其强度，部分区域的软弱夹层已经破坏。随着岩石强度的逐渐衰减，在拉应力超过岩石抗拉强度和隧道角部的剪应力超过岩梁的抗剪强度时，岩梁的裂隙首先在顶板中央和两个端部发生，岩层产生离层和向下的挠曲，随着第一层岩梁中部的裂隙逐渐加大，第一层岩梁逐步失去承载能力，荷载向第二层岩梁逐步转移，可以看到，在顶板岩梁的中部，裂纹是由下向上逐步扩展的，这与井下工程实践观察的现象非常吻合[234]。在隧道顶角端部倾斜的剪应力区，逐步出现自上一层软弱面开始向下发展的裂纹。随着岩石强度的进一步衰减，岩梁中部的裂纹自下向上逐步扩展，加之端部裂纹逐渐扩展贯通，最后导致岩体失稳破坏。顶板岩层的破坏范围与文献［235］描述的隧道底板岩层的破坏范围为三条主裂纹相交成的倒三角极为相似。

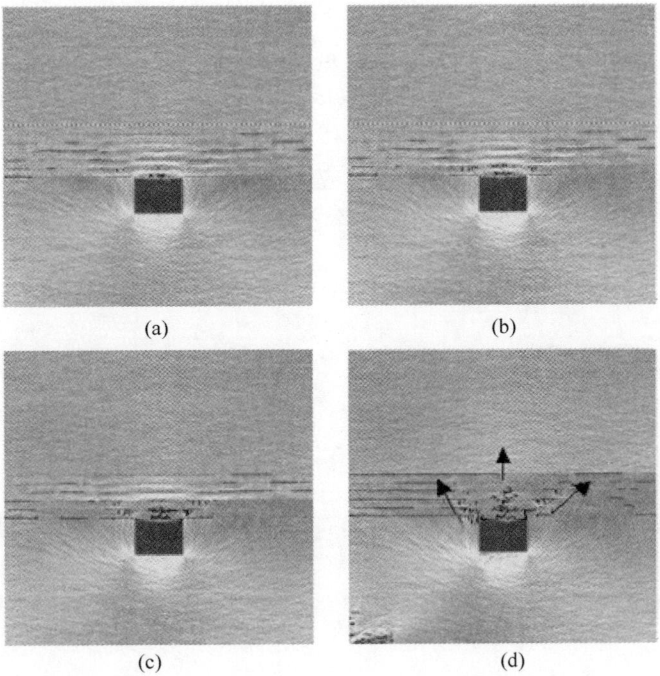

图 3-9 层状顶板隧道破坏过程

(a) 第一层岩梁内出现了明显的拉应力。由于软弱夹层的强度很低，在隧道开挖后围岩中的应力已经超过其强度，部分区域的软弱夹层已经破坏；(b) 随着岩石强度的逐渐衰减，在拉应力超过岩石抗拉强度和隧道角部的剪应力超过岩梁的抗剪强度时，岩梁的裂隙首先在顶板中央和两个端部发生，岩层产生离层和向下挠曲；(c)，(d) 随着第一层岩梁中部的裂隙逐渐加大，第一层岩梁逐步失去承载能力，荷载向第二层岩梁逐步转移

围岩的破坏是多种复杂因素相互作用的结果，围岩最终的失稳状态也是由多

种因素共同作用所表现出来的现象。岩梁最终失稳破坏状态从整体上讲一般存在两种情况，一种情况是水平层状岩体塌落后留下一对悬臂梁，可能成为其上水平层状岩体的基座，洞顶之上的水平层状岩体梁的跨度将逐渐减小，随着水平层状岩体梁的逐渐破坏与塌落，最后会形成一个稳定的梯形隧道[229,233]；另一种情况是顶板破坏范围逐步扩大，使支墩移到侧帮较深处尚未破坏的围岩上去，出现顶板垮落[229]。本书着重分析侧压以及顶板岩梁不同高跨比对层状顶板围岩破坏机理的影响[236]。

3.2.3　不同侧压下层状顶板破坏机理

数值模型的建立以及参数的选取仍同上文所述，顶板的厚度为隧道跨度的 1/4。不同的是改变侧压，λ 分别取 0、1、2。图 3-10 为不同侧压条件下层状顶板的破坏情况。可以看出，在强度折减到第 45 步时，侧压为零的模型的破坏已经非常严重，裂纹已经贯穿了整个顶板岩层，顶板岩梁中部的裂纹穿过顶板向上继续扩展，底板部分也出现开裂，顶板破碎严重，且破坏范围大。由图 3-10 还可以看出，当侧压为 2，强度折减到第 45 步时，顶板岩层只是第一层岩梁中部出现开裂，在顶板下层岩梁在顶角端部剪应力集中部位出现局部的开裂，但破坏范围小。侧压为 1 时的破坏情况介于二者之间。这说明侧压的增大有利于岩梁的稳定。

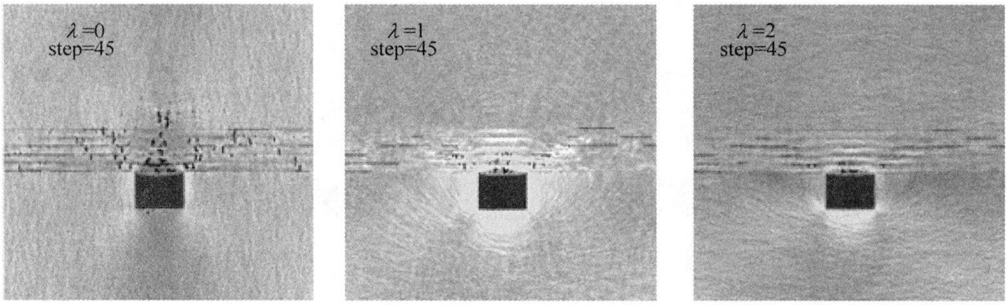

图 3-10　不同侧压条件下层状顶板的破坏情况

图 3-11 为不同侧压下地表至隧道第一层顶板中垂线上单元位移比较，从图中可以看出，随侧压的增大，顶板以上岩层的位移逐渐减小。由于隧道顶上的水平层状岩体可以看作两端固定的水平梁，因此，梁的最大拉应力[233]可表示为：

$$\sigma_{max} = \frac{\gamma L^2}{2t} \tag{3-2}$$

式中，L 为梁长度（洞跨）；t 为梁的厚度；γ 为岩体容重。若水平地应力为 σ_h，此时作用在梁上最大拉应力变为：

$$\sigma_{max} = \frac{\gamma L^2}{2t} - \sigma_h \tag{3-3}$$

由此可以看出，水平地应力的增大，有利于岩梁的稳定性。

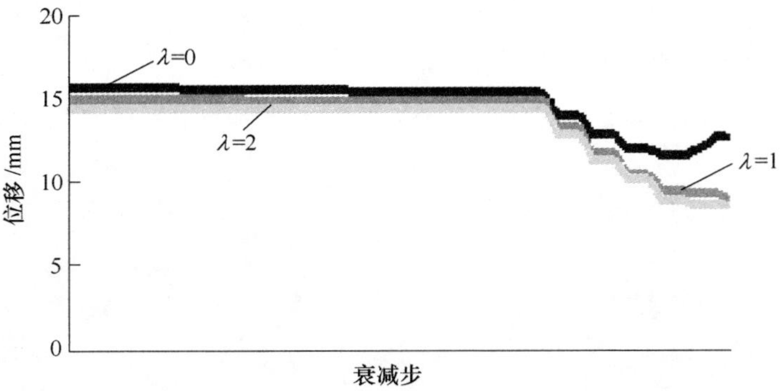

图 3-11 不同侧压下地表至隧道第一层顶板中垂线上单元位移

3.2.4 不同厚跨比层状顶板的破坏机理

在侧压系数均为 1 的条件下，改变岩层的厚跨比，得到不同厚跨比条件下层状顶板的破坏过程，如图 3-12 所示。当层状顶板的厚跨比为 1∶8、顶板岩层在强度衰减到第 22 步时，第一层岩梁的裂纹开始向上扩展，至第 35 步时裂纹扩展速度明显加快，岩梁中部裂纹由下向上扩展，岩梁端部裂纹沿剪力集中带扩展，并最终贯通，隧道顶板发生大范围的冒落。当顶板厚跨比为 1∶6、顶板岩层在强度衰减到第 22 步时，第一层岩梁的裂纹开始明显向上扩展，岩梁端部裂纹向围岩深部逐渐发展，但顶板的破坏区比顶板厚跨比为 1∶8 时要小，最终形成三角形的破坏区。当顶板较厚即厚跨比为 1∶2，在强度衰减到第 30 步时，顶板岩梁才发生明显开裂，直到强度衰减到 49 步时，顶板第一层岩梁才发生较严重的破坏，此时荷载传递到第二层岩梁，水平层状的岩层塌落后最终形成梯形稳定隧道。由不同厚跨比条件下层状顶板的破坏过程分析可知，随层状顶板厚跨比的增大，岩梁的稳定性增强，岩梁破坏需要的最大拉应力将增大。如果岩梁的厚跨比相当大，则这种梁的稳定性也较大。当岩梁很薄（小于 1∶6）时，顶板围岩将发生大范围的破坏，而不能形成稳定拱。

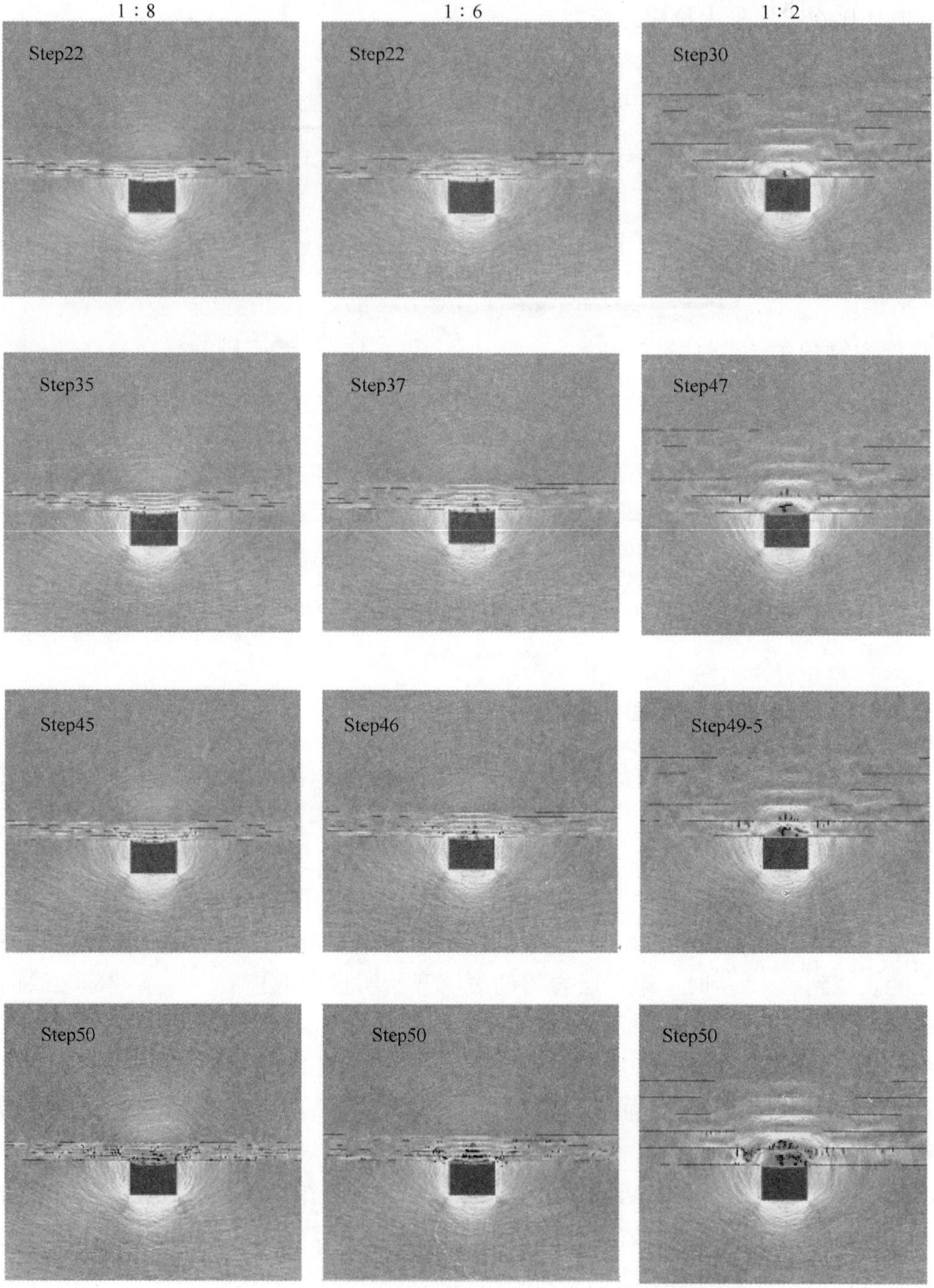

图 3-12　不同厚跨比条件下层状顶板的破坏过程

3.3 倾角对倾斜层状岩体隧道稳定性的影响

由于长期地质构造作用，工程岩体往往被各种结构面所切割，使得工程岩体的性质具有明显的不均匀性。工程实践表明，在被结构面切割的岩体中开挖隧道后，常常出现隧道大变形、支护破坏，甚至隧道整体失稳破坏。由于岩体形成的条件千差万别，结构面的情况复杂多变，研究结构面的方位、密度、组合关系及力学特性，对岩体变形和破坏规律的影响远较岩石性质的影响更为重要[237]。任德惠等人[237]在实验室用立体相似模型研究了在三向荷载作用下(等围压)，具有不同倾角结构面围岩中掘进隧道时对围岩稳定性的影响，得出结构面倾角为45°时围岩稳定性较好，随结构面倾角增大围岩稳定性减弱的结论。杜时贵等人[238]分析了结构面的方位、几何参数和抗剪强度对公路隧道围岩稳定性的影响，探讨了 RQD 指标运用的问题以及推荐了 JRC 的定量统计估测方法。

目前针对结构面对隧道稳定性的研究多是采用现场监测与相似模拟材料试验结合，或是以统计方法进行研究，很难详细地反映围岩内部各个部位的细致情况。下面基于岩石为非均匀性材料的认识，通过引入细观层次的微元体，采用损伤力学和统计理论的单元本构模型[239~245]，对具有不同倾角层状软弱结构面岩体中隧道稳定性进行数值模拟研究。

3.3.1 数值模型及参数选取

层状岩体的力学性态较为复杂，为了研究结构面展布和对应力场的影响，对模型进行简化，每一层的岩层均为同性质岩性，假定结构面等厚度，岩体和结构面的非均匀性通过统计分布函数进行描述。为研究具有不同倾角结构面围岩中隧道的破坏失稳机理，共建立了 5 个数值模型，如图 3-13 所示。为进行对比，其中模型 1 没有设置结构面，模型 2、3、4、5 的结构面倾角分别为 0°、30°、45° 和 60°。

隧道为直墙拱形式，跨度为 5m。结构面间的垂直距离为 4m。为清晰看出裂纹萌生、扩展、贯通的过程，不考虑岩体的质量。采用 RFPA 自带的有限元强度折减程序进行计算。模型的加载方式为先加载，后开挖。在开挖前，首先在边界施加水平和垂直应力，竖直方向加载 1MPa，水平方向加载 0.2MPa。第二步进行隧道开挖，在每一步保持边界加载条件不变，而将内摩擦角和黏聚力每步折减 0.01，直到岩体失稳破坏，从而了解应力的分布、转移以及裂纹的萌生、扩展过程。图 3-13 中各岩层的灰度代表岩层力学参数（如弹性模量、抗压强度等）的大小，灰度越亮，其值越大。结构面和岩体力学参数见表 3-2。

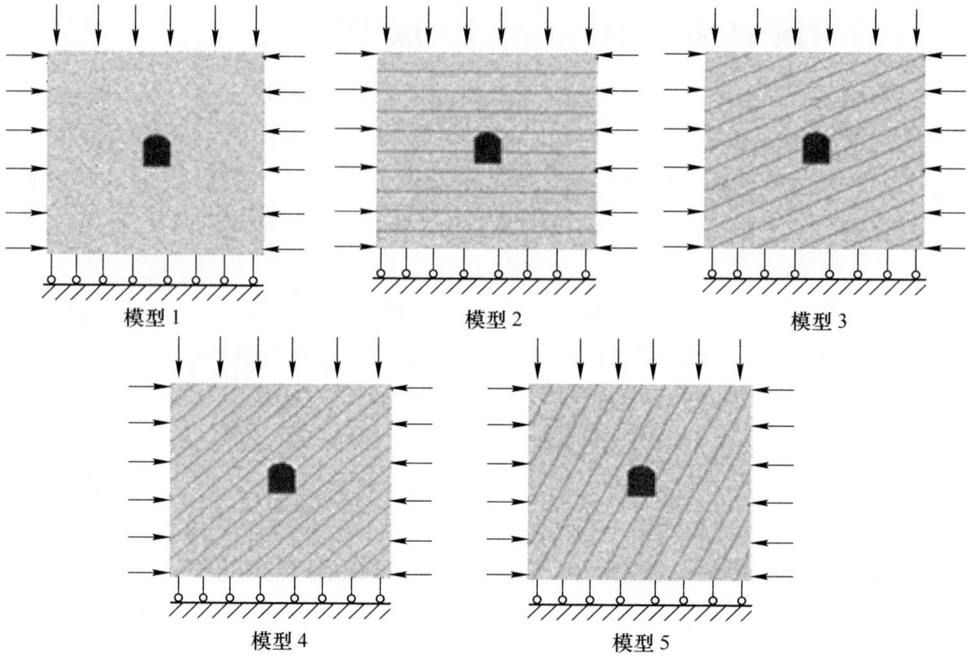

图 3-13　数值模型及边界条件

表 3-2　岩体及结构面力学参数

类别	均质度 m	弹性模量/MPa	抗压强度/MPa	泊松比	内摩擦角/(°)
岩体	3	1500	9	0. 3	32
结构面	3	100	2. 16	0. 4	23

3. 3. 2　不同倾角结构面隧道变形破坏特征

图 3-14 是 5 个数值模型在隧道开挖后随强度的不断折减而破坏失稳的过程。由图可以看出，由于结构面的影响，围岩的失稳破坏模式发生了明显的改变。当围岩当中没有结构面时，随强度的逐步衰减，拱顶和底板裂纹的发展逐步停滞，边墙裂纹逐步沿大主应力方向上下扩展直至发生整体的失稳破坏。当结构面为水平时，拱顶上被水平层状结构面切割的岩体形成了“岩梁”，由于应力重新分布，岩梁的支撑端向深部转移，隧道破坏形态为碗形。随强度的进一步衰减，隧道附近的软弱结构面逐渐出现了裂纹并逐渐向上下扩展。随强度的进一步衰减，岩梁失去承载能力，直至整个隧道失稳破坏。

当结构面倾角为 60°时，由于结构面的黏聚力不能抵抗层间下滑力，隧道周围岩沿贯穿于隧道的结构面发生整体下滑破坏。值得注意的是，当软弱结构面的

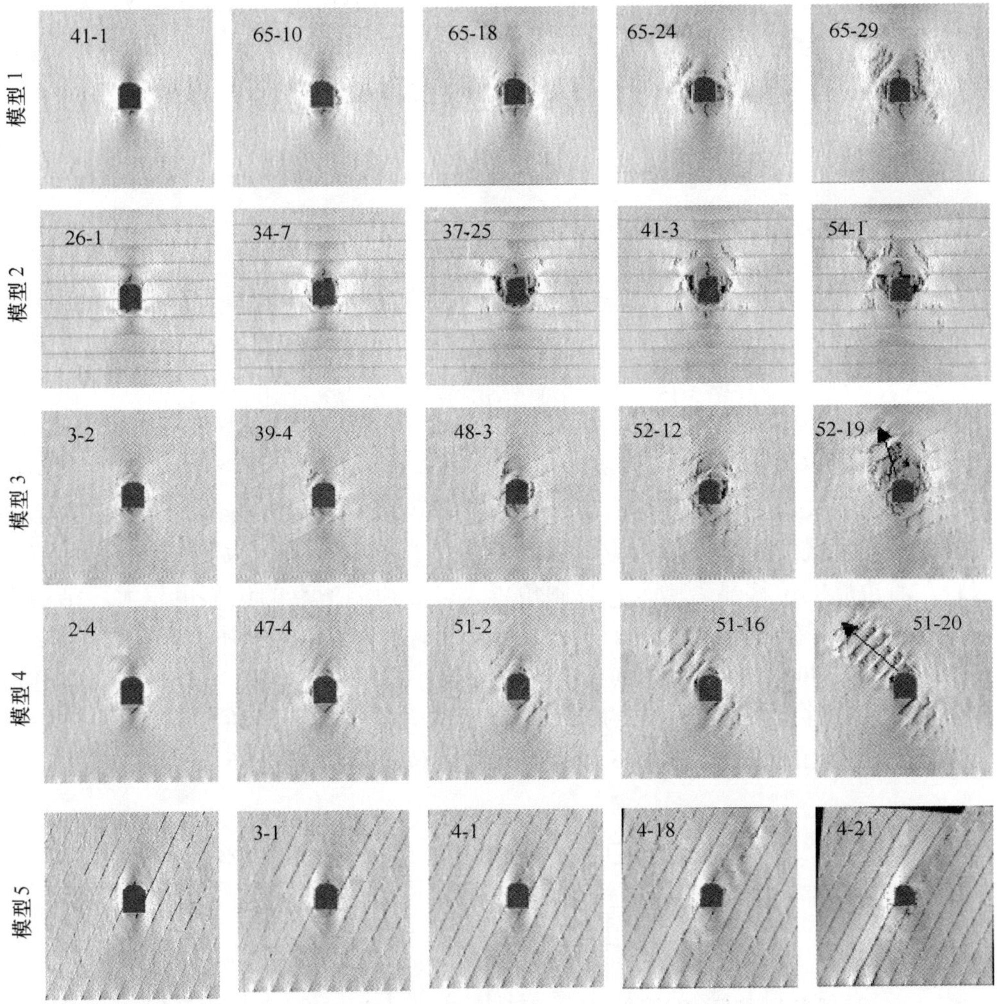

图 3-14 数值模型开挖后失稳破坏过程

倾角为 30°和 45°时，主要破坏扩展带的方向都是从拱肩处开始，沿垂直于结构面的方向发展的，因此，对于在具有倾角层状岩体中开挖隧道进行锚杆支护时，沿此破坏扩展带的方向多增设锚杆，即采用锚杆非均匀布设的方法，对增强隧道的稳定性会具有更直接的作用。

3.3.3 不同倾角结构面隧道典型部位位移与应力分析

图 3-15 是不同模型在开挖后的主应力矢量图。由于软弱结构面的存在，隧道在开挖后周边应力的分布与没有软弱结构面时不同。从图 3-15 可以看出，随结构面倾角的增大，隧道周边应力分布的非对称性逐渐增强。当倾角达到 60°时

隧道左拱肩和右墙角部位的应力明显大于对称部位的应力，因而也就造成了破坏的非对称性。为对比不同倾角的结构面对洞壁位移与应力的影响，分别选取隧道拱顶中点、左、右边墙中点以及隧道底部中点这 4 个关键点进行分析。

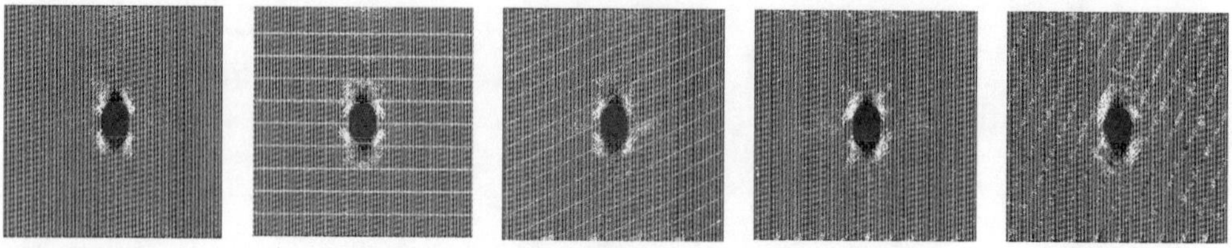

图 3-15　开挖后隧道周围最大主应力矢量图

图 3-16 是不同模型隧道各关键点位移图。由图可以看出，结构面的存在使得隧道开挖后关键点的位移均有增加，对左右边墙位移的影响最为显著。无结构面时，开挖后隧道边墙中点的位移基本为零，当结构面倾角大于 45°时，隧道开挖后左右边墙的位移显著增大，且倾角越大，右边墙中点的位移也越大。结构面倾角为 60°时，右边墙中点的位移是无结构面时相应部位位移的 6. 1 倍。当结构面倾角小于 30°时，右边墙中点出现向洞内的小量位移。同时，有结构面时隧道拱顶中点的位移以及底部中点的位移也有所增大。结构面倾角为 60°时拱顶中点位移较无结构面时增大了 0. 745 倍，底部中点位移增大了 0. 66 倍。

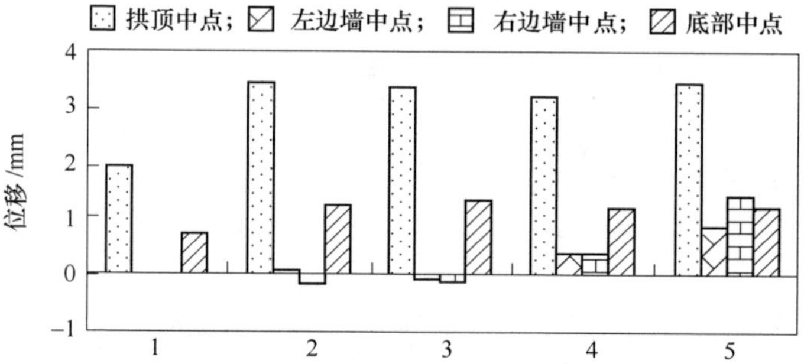

图 3-16　不同模型隧道各关键点位移

图 3-17 是各模型隧道各关键点的最小主应力。由图可以看出，隧道开挖后，底部中点均处于受拉状态。当结构面水平时，对隧道底部的受力最为不利。随结构面倾角的增大，隧道底部拉应力逐渐减小。值得注意的是，当结构面倾角为 60°时，右边墙中点出现较大的拉应力。具有倾角的层状结构面虽然会使隧道底部的受力情况有所好转，但倾角较大时对对应侧边墙却有不利影响。由图 3-17 可以看出，当结构面水平时，隧道左右边墙所受的最小主应力最大。

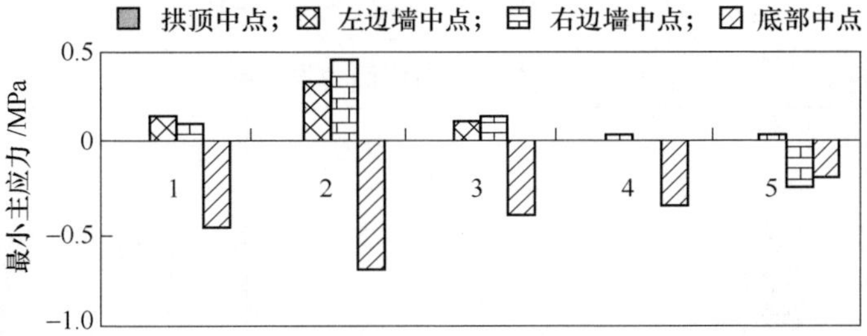

图 3-17　各模型隧道各关键点最小主应力

3.4　侧压比对倾斜层状岩体隧道破坏模式的影响

在具有倾斜层状结构面的围岩中开挖隧道时，隧道的失稳破坏不仅与结构面的产状、结构面的抗剪强度、结构面分布密度密切相关，侧压比也会对隧道稳定性产生影响，然而关于这个问题的讨论目前比较少见。任德惠[246]在实验室用立体相似模型研究了在三向荷载作用下（等围压），结构面具有不同倾角时掘进隧道对围岩稳定性的影响，得出结构面倾角为 45°时围岩稳定性较好，随结构面倾角增大围岩稳定性减弱的结论。Hao Y. H. 等人[247]运用数值模拟分析了一条断层的倾角、位置和断层抗剪强度对隧道稳定性的影响，得出了断层的存在增加了隧道开挖后的塑性区和隧道周边位移和变形的非对称性的结论。杜时贵等人[238]定性分析了结构面空间方位、几何参数和抗剪强度对公路隧道围岩稳定的影响。本文在前人研究基础上，将着重分析侧压比对倾斜层状围岩中隧道失稳破坏模式、隧道位移以及隧道强度储备的影响，为隧道的支护设计提供参考。

3.4.1　数值模型的建立

数值模型如图 3-18 所示。结构面的倾角为 30°。模型宽 40m，高 40m，共划分为 200×200 个单元。隧道为直墙拱形式，跨度为 5m。结构面间的垂直距离为 4m。为清晰看出裂纹萌生、扩展、贯通的过程，不考虑岩体的质量。模型的加载方式为先加载，后开挖。在开挖前，首先在边界施加水平和垂直应力，竖直方向加载 1MPa，水平方向分别加载 0.5MPa、0.7MPa、1 MPa、1.2MPa、1.5MPa，即相应的侧压比分别为 0.5、0.7、1.0、1.2、1.5，第二步进行隧道开挖。在每一步保持边界加载条件不变，而将内摩擦角和黏聚力每步折减 0.01，直到岩体失稳破坏。图 3-18 中各岩层的灰度代表岩层力学参数（如弹性模量、抗压强度等）的大小，

图 3-18　数值模型及边界条件

灰度越亮，其值越大。结构面和岩体力学参数见表 3-3。

表 3-3　岩体及结构面力学参数

类别	均质度 m	弹性模量/MPa	强度/MPa	泊松比	内摩擦角/（°）
岩体	3	1500	9	0.3	32
结构面	3	100	2.16	0.4	23

3.4.2　侧压比对隧道破坏模式的影响

图 3-19 为不同侧压比情况下具有倾斜层状结构面围岩失稳破坏过程。一般认为，在层状结构面切割的围岩中开挖隧道，锚杆应沿与结构面垂直的方向打设较为有效。但数值模拟结果表明，随侧压比逐渐增大，围岩的破坏模式逐渐发生了改变。

当侧压比较小的时候（$\lambda=0.5$），破坏首先发生在左、右边墙被结构面贯穿的部位，随着围岩强度的逐渐衰减，破坏在左右边墙处主要表现为沿结构面的滑动，同时在隧道拱肩斜上方的结构面开始发生开裂，裂纹由拱肩处弱层的开裂部位继续向斜上方扩展，在拱肩斜上方的结构面出现相继弱化开裂，层状岩体向洞内弯曲，同时右边墙处被结构面分割的岩体向洞内滑动，破坏区域进一步扩大，直至整个隧道发生破坏失稳。

当侧压比增大为 0.7 时，首先在左右边墙的结构面贯通处先后出现开裂，破坏主要表现为在隧道左右边墙处发生片帮，在离拱肩斜上方最近处的结构面发生开裂，但随围岩强度的折减，拱肩上方较远处的结构面不再继续开裂，破坏的区域主要集中在左右边墙两侧，在左右边墙处形成碗状破坏区域。

当侧压比为 1 时，破坏首先发生在左边墙底部，随围岩强度的衰减左边墙底部的裂纹逐渐向斜上方发展，同时右边墙在结构面切割部位发生开裂，裂纹向右上方开展。当围岩强度进一步降低时，在拱顶和右边墙底部逐渐出现了沿最大主应力方向向上、下扩展的裂纹。受结构面的影响，当裂纹与结构面贯通时沿结构面进一步扩展，直至整个隧道发生失稳破坏。

然而当水平侧压力大于垂直压力时，隧道的失稳破坏模式发生了明显的改变。隧道开挖后首先在隧道底部的结构面处发生沿结构面的开裂，随围岩强度弱化，在拱顶出现了垂直向上扩展的裂纹。受结构面的影响，拱顶裂纹沿结构面方向继续开展。同时，隧道底部岩体发生了明显的剪切破坏，底部岩体的裂纹继续向深部扩展。当侧压比为 1.5 时，围岩的失稳破坏模式与侧压比为 1.2 时相似，但拱顶和底部的破坏更为严重，破坏区域更大，表现为上下两个三角形的破坏区域。

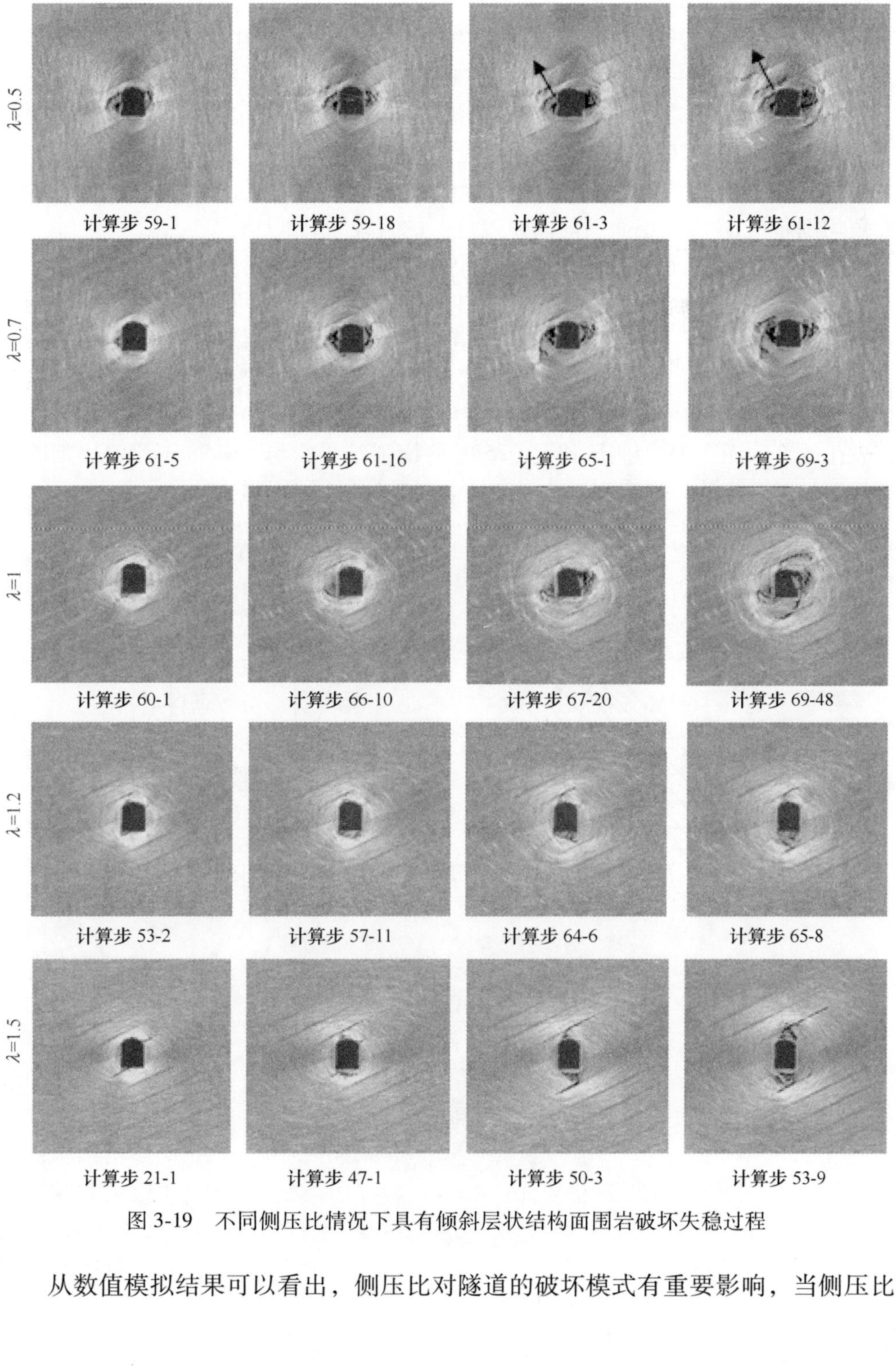

图 3-19 不同侧压比情况下具有倾斜层状结构面围岩破坏失稳过程

从数值模拟结果可以看出，侧压比对隧道的破坏模式有重要影响，当侧压比小于 1 时，破坏主要发生在隧道的左右边墙和拱肩斜上方的结构面处；当隧道处于等围压状态时，其破坏出现在左右边墙、拱顶以及隧道底部；侧压比大于 1 时，其破坏主要发生在隧道拱顶和隧道底部。

Goodman[156]曾建议倾斜岩层中隧道围岩稳定与否，可以采用图解法来判断。方法如下（见图 3-20）：

（1）在岩层断面图上，作出岩层面法线 OO'，并且在法线 OO'两侧作出与之夹角均围 ϕ_j（ϕ_j 为岩层面上的内摩擦角）的直线 OA 和 OB；

（2）在隧道断面图上，作出隧道周壁的切线，分别平行于 OA 和 OB；

（3）在隧道断面图上根据所作出的四条隧道周壁切线所圈定的范围，鉴别出两个相对滑动区域，在这两个区域内隧道壁切线与岩层面法线的夹角均大于 ϕ_j。

（4）这种方法虽然简便，但并未考虑侧压比对隧道破坏区域的影响。当侧压系数较小时，其破坏区域可用图解法预测。当侧压比大于等于 1 时，破坏区域将发生改变。图 3-21 为侧压比是 0.5 时的模拟结果，与 Goodman 图解法判断的破坏区域是一致的。但当侧压比逐渐增大时破坏区域将发生变化。

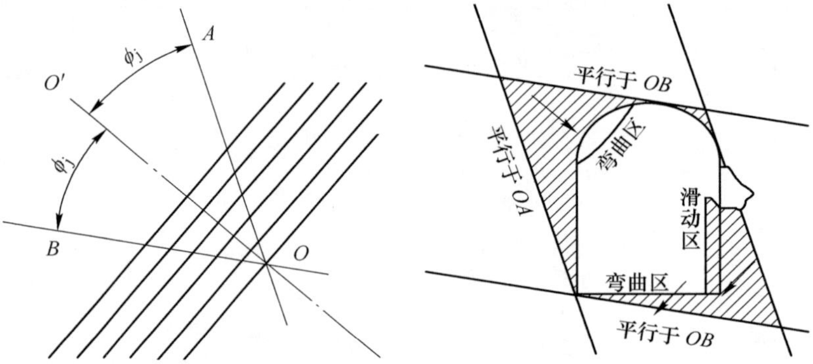

图 3-20　图解法判别隧道围岩滑动区与弯曲区

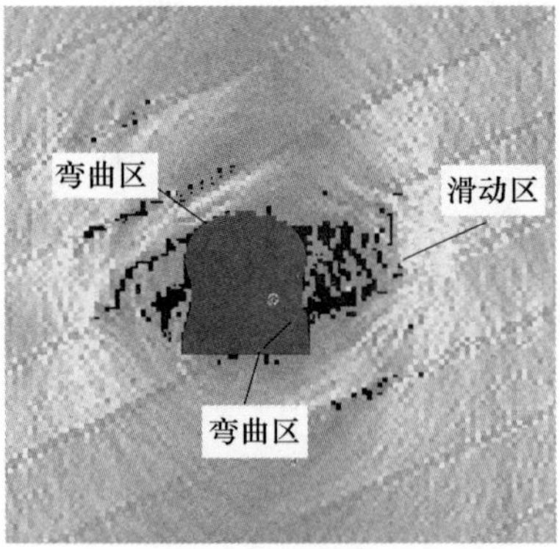

图 3-21　侧压比为 0.5 时破坏图

3.4.3 侧压比对隧道位移的影响

图 3-22 和图 3-23 是隧道开挖后左右边墙的水平位移图。水平坐标代表隧道边墙等分点，1 为墙顶，27 为墙底。从图 3-22 可以看出，隧道开挖后，随侧压比的增加，隧道左边墙向洞内的位移逐渐增大，左边墙的中点处的位移值为最大。由图 3-23 可以看出，隧道右边墙的位移也随侧压比的增大而增加。在右边墙被结构面分割点（点 23）以上的岩体发生了向洞内的滑移，滑移量随侧压比的增大而增大。分割点以下的岩体发生向洞外的位移，且位移值随侧压的增大而增加。

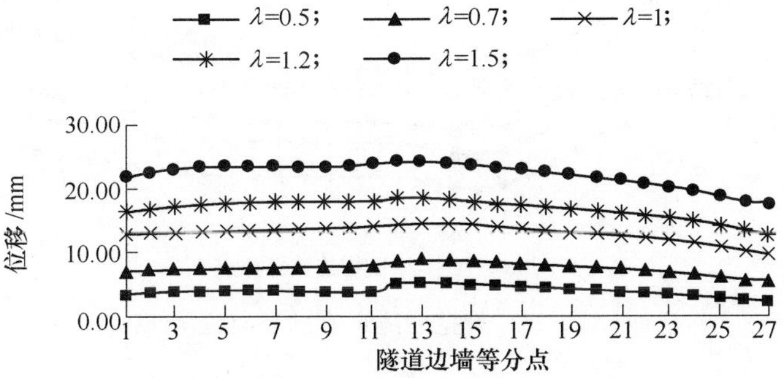

图 3-22 开挖后隧道左边墙水平位移

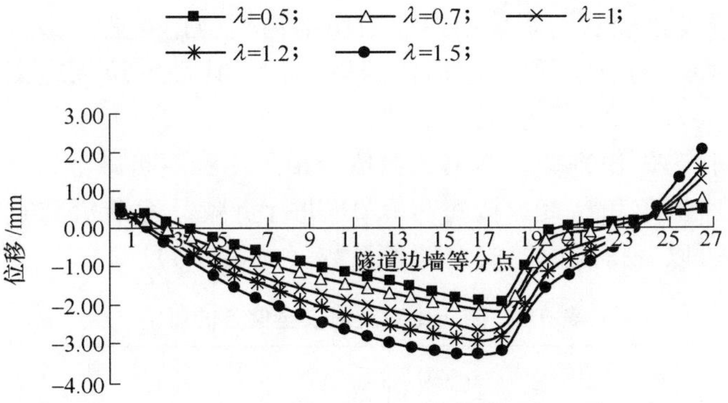

图 3-23 隧道开挖后右边墙水平位移

图 3-24 和图 3-25 为开挖后拱顶中点位移图和隧道底部的竖向位移图。由图可以看出，随侧压比的增大，隧道底部的位移和拱顶中点的位移逐渐减小。说明侧压的增加有助于增加隧道顶部围岩的自承作用，但是左右边墙的位移随侧压的增大而增加。

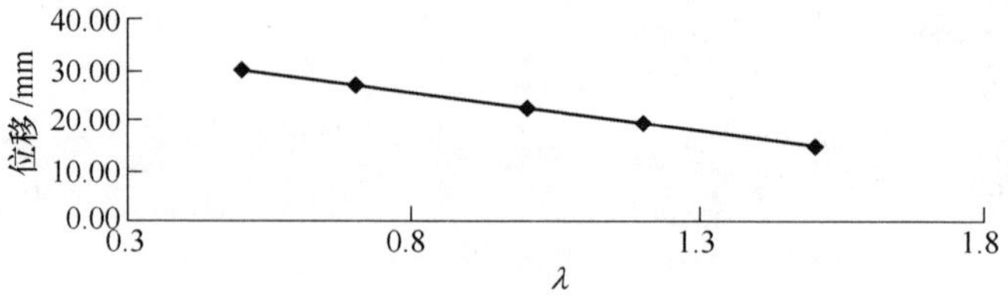

图 3-24　开挖后拱顶中点竖向位移

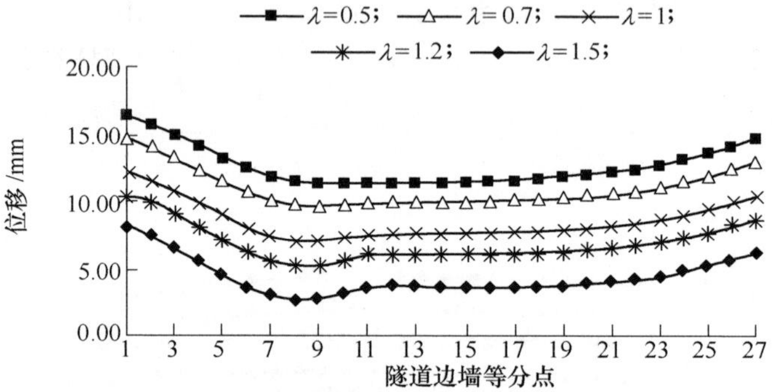

图 3-25　开挖后隧道底部竖向位移

3.4.4　侧压比对隧道安全储备的影响

强度折减法应用于边坡分析时常以有限元数值计算不收敛作为失稳的判据。RFPA 有限元强度折减法由于采用弹性损伤本构模型，并选择最大拉应变准则和摩尔-库仑准则，对于剪切和拉伸损伤的单元，当其最大拉主应变达到了给定的极限应变时，认为该单元完全损伤断裂，因而可以最大单元破坏次数（对应于声发射突变点）作为失稳判据。本书的数值模拟采用强度折减法，将单元的强度以线性关系将内摩擦角和黏聚力按每步 0.01 进行折减，逐渐折减直至隧道整体失稳破坏，因而可以获得隧道的安全储备系数（见表 3-4）。

表 3-4　侧压比对隧道安全储备的影响

侧压比 λ	0.2	0.5	0.7	1.0	1.2	1.5
岩体临界荷载步	47	58	60	65	56	46
岩体临界强度/MPa	4.77	3.78	3.6	3.15	3.96	4.86
安全储备系数	1.88	2.38	2.5	2.85	2.27	1.85

从表 3-4 可以看出，当隧道处于等围压状态时，围岩强度折减到 3.15MPa

时，隧道才发生破坏失稳，隧道的安全系数达到2.85，隧道稳定性最好。而围压过大或过小对隧道的稳定性都不利。

3.5 垂直板裂结构岩体中隧道破坏失稳机制研究

3.5.1 概述

由于层状岩体的层间错动发育，层间剪切带的力学强度很低，在层面各方向的力学性质大致相同，而平行和垂直层面方向的力学性质有较大的差别，其在破坏形式上与块裂结构岩体有明显的不同，块裂结构岩体的破坏往往表现在岩块沿结构面的滑动和滚动，而在层状岩体中开挖隧道时往往出现层状顶板弯折和岩层溃屈破坏等。孙广忠教授称这类由软弱结构面分割构成的板状结构岩体为板裂结构[236]。

对于板裂结构岩体，孙广忠教授提出将梁板理论应用于围岩稳定性评价，并给出了岩柱发生破坏时的极限荷载计算公式。倪国荣[248]又对该公式补充了软弱夹层的影响。张文彬[249]采用梁板理论研究了在板裂结构岩体中开挖大型隧道时边墙的变形破坏规律。实际上，由于围岩的受力情况十分复杂，运用解析的方法判定围岩的稳定性在实际运用上不甚方便。

随着计算机技术的不断进步，采用数值计算的方法来研究各种层状围岩隧道的变形破坏无疑是方便有效的手段。Adhikary D. P. 等人[250]和 Priest 等人[251]采用 Cosserat 介质理论编制了考虑偶应力的有限元程序，分析了水平陡倾角层状岩体中地下隧道围岩的变形问题。

以往对于水平和倾斜岩层中隧道围岩稳定性的研究较多，但对于直立层状围岩隧道稳定性的研究还较少。随着地下工程开挖深度的不断增加，常常会遇到岩层倾角接近于垂直的情况，如图 3-26 所示。这时围岩的变形和破坏情况将比水平和倾斜层状岩体中更为复杂，围岩丧失稳定性的情况时有发生，严重影响工程进度和施工人员的安全。因此，对垂直板裂结构中隧道围岩的破坏机理的研究是十分必要的。

在直立板裂围岩中，地下隧道开挖后会出现图 3-27 所示的破坏形式，即隧道边墙产生向隧道临空面的溃屈破坏。在以往的文献中，提出采用梁板理论分析隧道围岩的稳定问题[244,246,249]。

板裂结构岩体的力学模型如图 3-28 所示。通过建立其力学平衡方程，可得到长为 l 的板柱的溃屈极限荷载为：

$$p_{cr} = \frac{4\pi^2 EI}{l^2} - \frac{q\sin\alpha}{2}l \tag{3-4}$$

图 3-26 垂直板裂结构岩体

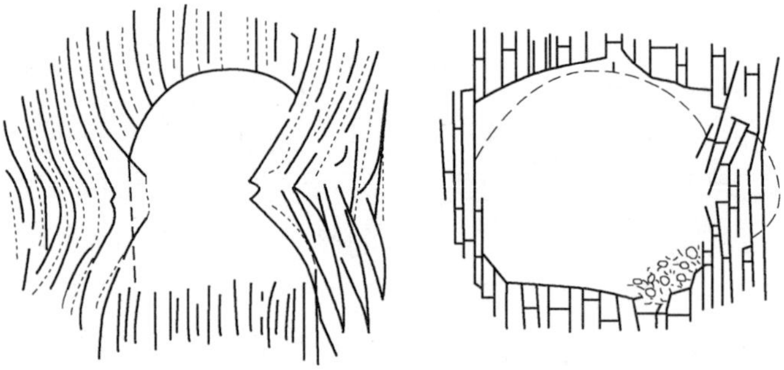

图 3-27 垂直板裂岩体中地下隧道围岩破坏形式

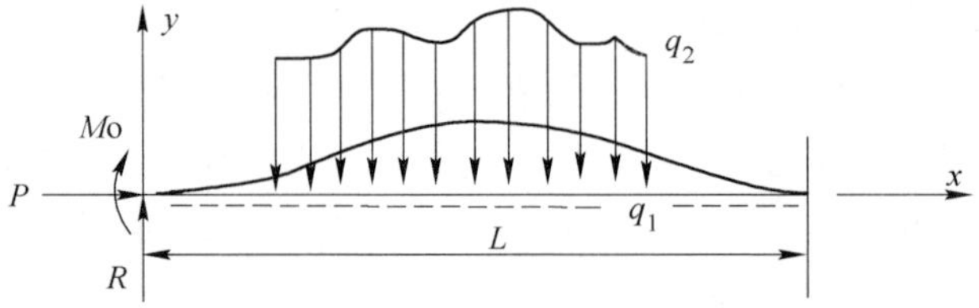

图 3-28 板裂结构岩体的一般力学模型[248]

对于圆拱直墙洞室，$\alpha=90°$，此时上式变为

$$p_{cr}=\frac{4\pi^2 EI}{l^2}-\frac{q}{2}l \tag{3-5}$$

实际上，在板裂围岩中，影响隧道破坏失稳的因素十分复杂，对于深埋陡倾板裂结构岩体中，地应力对隧道围岩的破坏失稳的影响不可忽视，若单纯采用梁板理论来判别围岩的稳定似乎是不够的。因此，作者在以往对层状岩体破坏机制研究的基础上，采用能够模拟岩石材料破坏过程的真实岩石破裂过程分析软件 RFPA 进一步研究深埋垂直层状结构围岩在不同地应力情况下隧道围岩破坏失稳机理[255]。

3.5.2 垂直板裂结构岩体隧道破坏机制

3.5.2.1 数值模型

如图 3-29 所示，数值模型尺寸为 2m×2m，隧道为直墙拱形，隧道的跨度和边墙高度均为 0.3m，按照平面应变问题进行考虑。结构面间的垂直距离为 0.1m。岩体和结构面的力学参数见表 3-5。模型的加载方式为先加载，后开挖。在开挖前，首先在边界施加水平和垂直应力，第二步进行隧道开挖，在每一步保持边界加载条件不变，而将内摩擦角和黏聚力每步折减 0.01，直到岩体失稳破坏。

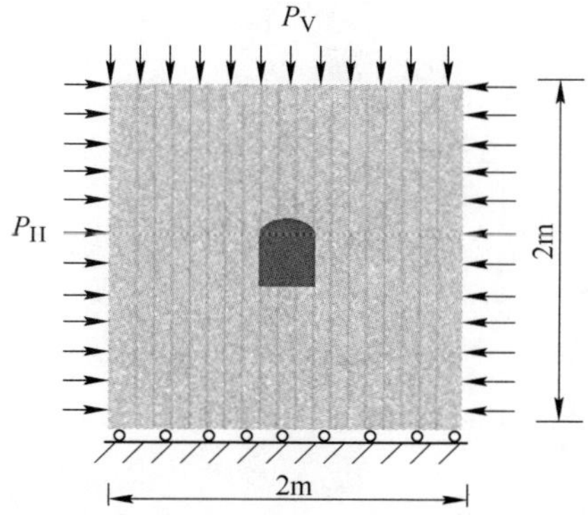

图 3-29 数值模型和边界条件

表 3-5 各岩层岩体力学参数

类 别	均质度 *m*	弹模/MPa	抗压强度/MPa	泊松比	内摩擦角/(°)
岩体	3	14000	50	0.25	32
结构面	3	200	0.2	0.4	27

为研究在深埋条件下构造应力对直立板裂结构岩体中隧道围岩破坏机理的影响，分别取侧压力系数为 $\lambda=0.6$、1、1.25，并与不含结构面并且其他条件均与上述情况相同的完整岩体隧道围岩的破坏情况进行对照。

3.5.2.2 隧道围岩破裂过程数值模拟结果分析

图 3-30 为板裂结构隧道围岩在不同侧压力系数下的最大剪应力分布图和破坏过程。当侧压力系数为 0.67 时，隧道开挖后，由于开挖卸载，隧道周边的结构面出现部分开裂，拱顶和隧道底部临空面的结构面开裂，并逐渐发展；随着围

岩强度的进一步丧失，隧道拱顶和底部岩体发生破坏，边墙两侧围岩的结构面开裂，边墙位移显著增大，边墙内部出现微裂纹，进而突然发生溃屈破坏。当侧压力系数为 1 时，隧道开挖后，拱顶和底部围岩沿软弱结构面开裂并发生剪切破坏，随着围岩强度的降低，破坏区域主要集中在拱顶和隧道底部，边墙在临空面表面发生开裂，但并未发生溃屈破坏。

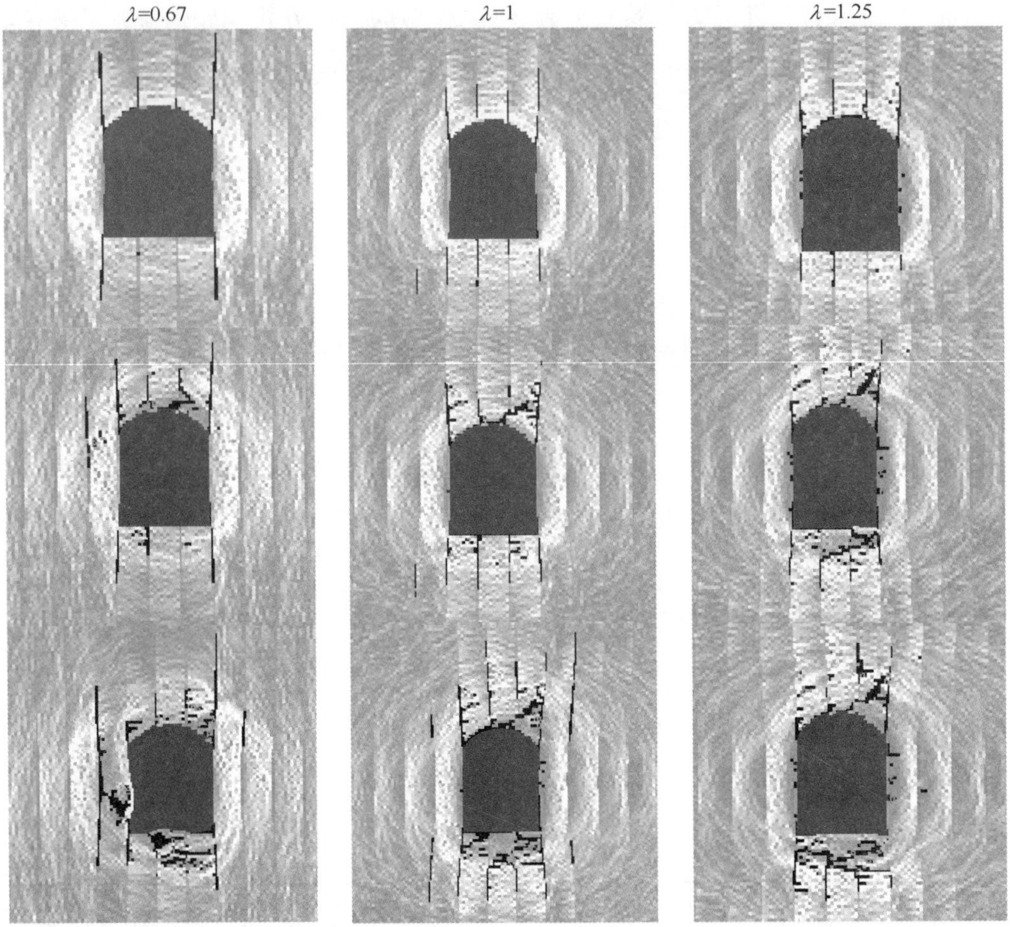

图 3-30　不同侧压力系数下的最大剪应力分布图和破坏过程（局部放大图）

当侧压力系数为 1. 25 时，隧道开挖后，拱顶和隧道底部发生明显的剪切破坏，边墙处围岩在临空面发生拉破坏而开裂，随围岩强度的逐渐降低，拱顶和底部围岩的破坏加剧导致隧道破坏，但边墙处的围岩并未发生溃屈破坏。

若采用结构力学的梁板理论，由式 3-5 可以得出，在隧道边墙高度一定时，侧向力越大，则直立板裂岩体越易发生溃屈破坏。但数值模拟结果表明，在侧压力系数大于 1 时，隧道开挖后，破坏主要集中在隧道拱顶和底部围岩，而边墙的板裂岩体不会发生溃屈破坏。可见，垂直板裂结构围岩边墙是否发生溃屈破坏，与侧压力系数的关系密切。单纯采用结构力学的梁板理论来判别板裂结构围岩稳定性尚缺乏一般性。

图 3-31 为完整岩体在相应侧压力系数下的最大剪应力分布和破坏过程。可以看出，当侧压比小于 1 时，在边墙部位剪应力高度集中，破坏首先发生在边墙部位；当侧压力系数逐渐增大时，在隧道的拱顶和底部剪应力高度集中，破坏主要集中在隧道的拱顶和底部，这与直立板裂结构岩体在相应侧压力系数作用下的破坏模式是一致的。

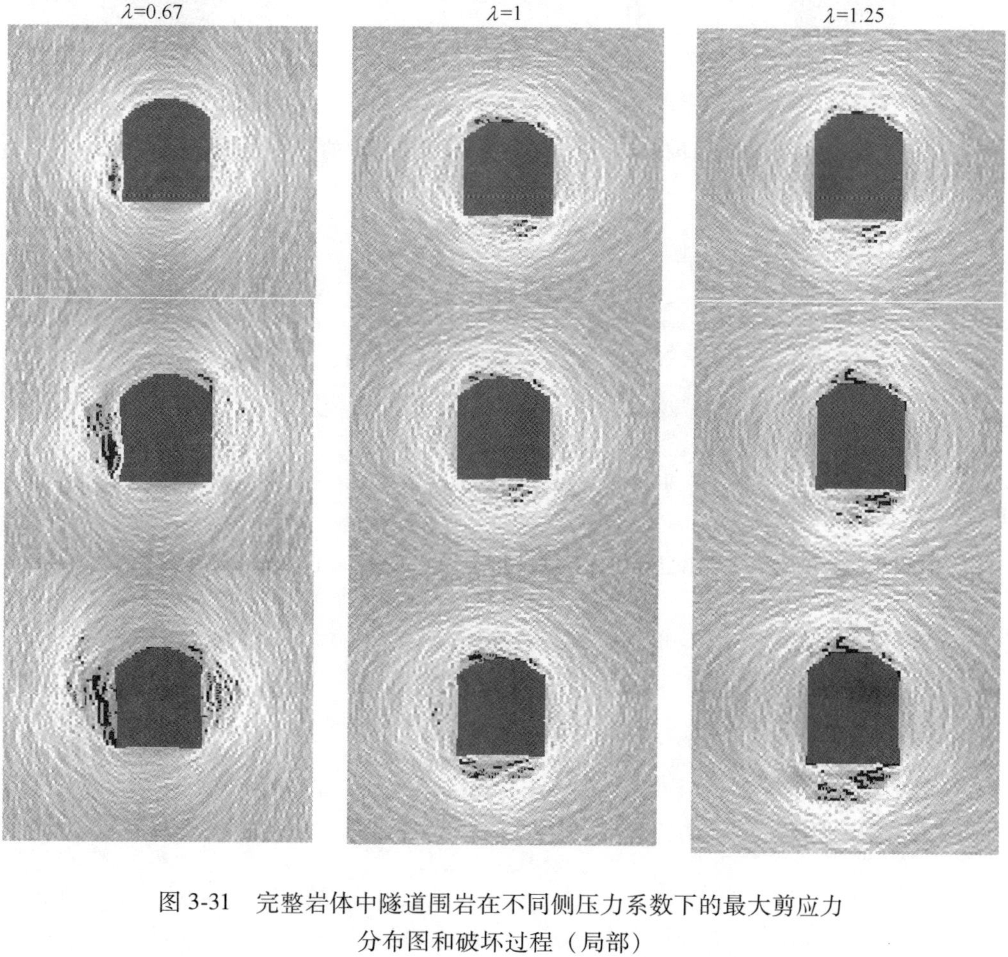

图 3-31 完整岩体中隧道围岩在不同侧压力系数下的最大剪应力分布图和破坏过程（局部）

图 3-32 和图 3-33 分别为板裂结构隧道围岩和完整岩体中隧道围岩在不同侧压力系数下破坏时的声发射分布图。红色圆圈代表拉伸破坏，白色圆圈代表剪切

破坏。可以看出，在相同侧压力系数条件下，板裂结构岩体和完整岩体破坏时的声发射分布区域是大致相同的。结果表明，在深埋高地应力条件下，结构面对地下结构的破坏模式的控制作用将退居第二位，应力对隧道围岩破坏模式具有控制作用。

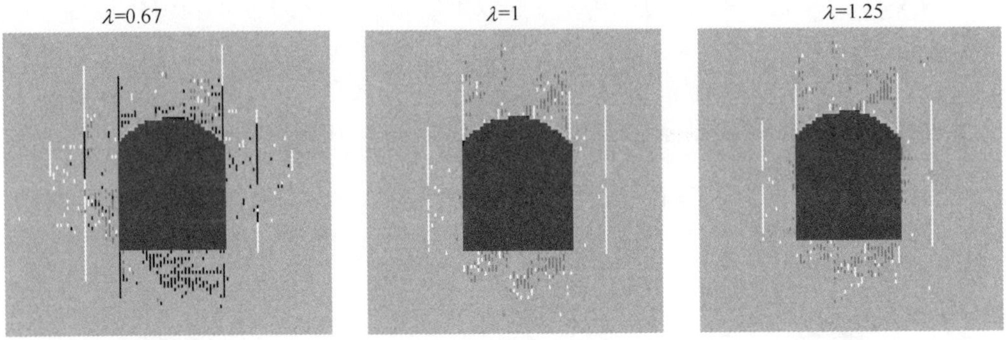

图 3-32　板裂结构隧道围岩在不同侧压力系数下破坏时的声发射分布图（局部）

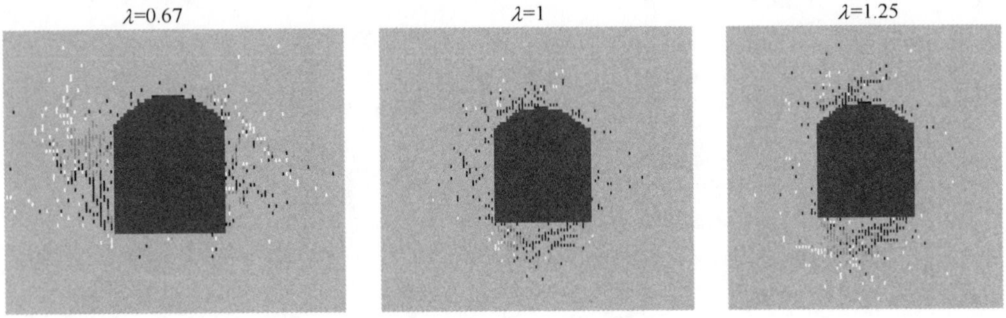

图 3-33　完整岩体中隧道围岩在不同侧压力系数下破坏时的声发射分布图（局部）

4 节理岩体隧道的破坏机理

4.1 概述

工程岩体当中富含大量的结构面，在各种结构面当中，节理出现的几率比断层要高得多，一般很少能看到一立方米的岩体内不含有任何节理的情况[251]。节理被定义为沿着破裂面的两侧岩块没有或相对位移很小的裂缝或断裂。它们通常成组出现，总是或多或少平行并且有规律地间隔；或者通常是几组方向不同的节理将围岩切割成块状结构[252]。图 4-1 为碳酸岩当中的正交节理[253]。由于不同产状、不同性质、不同连通性的节理将岩体切割成大小不一、形状各异的块体，使岩体的强度大大降低，交错组合的节理面使得隧道的稳定性、变形特征和应力分

(a)

(b)

图 4-1　碳酸岩当中的正交节理[253]

布更加复杂。在岩体当中复杂的初始应力场的综合影响下，使得在节理岩体中开挖隧道时，容易出现拱顶冒落、片帮等灾害，在地下水丰富的地区，还容易因开挖导致节理错动、张开、贯通，从而引起隧道涌水。因此世界各国的学者在节理岩体的强度和稳定性方面开展了大量的研究工作[254~259]。

目前相关的研究可以分为两类，一类为主要针对节理岩体强度展开的研究。在强度准则方面，Jaeger[252]早在1960年就提出著名的“单弱面理论”并推导了含单一结构面岩体的强度公式，研究节理岩体的强度特征。米勒[260]在摩尔-库仑、强度理论和Griffith强度理论的基础上建立了贯穿节理岩体的强度理论。谭学术等人[261]提出了多组节理岩体强度的分析和判定方法。对于断续节理岩体，刘东燕等人[262]利用岩石断裂力学理论，考虑节理尖端的应力集中现象提出了岩体的初裂强度和峰值强度理论。范景伟等人[263]通过石膏模型试验，分析了含定向闭合断续节理的脆性岩体的强度特性和破坏机理，并提出了估算这一岩体强度的准则。李同录等人[264]利用损伤力学和霍克-布朗准则进行节理岩体力学参数的选取，为节理岩体工程的数值模拟提供参数。汪小刚等人[265]应用蒙特卡洛法产生节理岩体的模拟网络，利用特定的方法确定节理岩体沿各剪切方向的连通率，从而得到了各向异性节理岩体的综合抗剪强度指标。高峰等人[266]基于岩体节理断裂扩展和剪切滑移两种失稳破坏机制，运用分形和统计断裂力学方法研究了不同破坏模式下节理岩体的统计强度，得出了节理分布的分形维数与岩体强度的非线性关系。除此之外，如何根据工程经验预测节理岩体的强度也是人们力求研究的内容。Hoek 和 Brown[267]根据岩体性质的理论与工程实践经验，通过试验法，应用综合反映岩体结构特征和岩体表面状况的地质强度指标（GSI）值来计算强度折减。Ramamurthy[268]总结对比了大量含单组节理岩石的室内压缩试验结果，提出用节理性状参数 J_f 作为强度折减的经验指标，并且研究了强度各向异性特征。

另外一类为考虑节理对工程稳定性的影响而展开的研究。文献［269］将具有一组定向节理的岩体理想化为层面不抗剪材料，将具有随机分布节理的岩体理想化为不抗张材料，采用初应力法，对节理岩体内地下工程围岩应力进行了有限元非线性分析。孙金山等人[270]针对服从霍克-布朗强度准则的节理岩体圆形隧洞，推导了其在轴对称和非轴对称情况下围岩塑性区范围以及塑性区的应力场、位移场的方程，并给出了闭合解析解和近似解。蒋爵光[271]等人采用模型试验的方法对一组贯通节理和一组非贯通节理垂直相交时三种不同产状下隧道围岩的稳定性进行了研究。卢文波[272]利用波动理论对节理岩体爆破开挖过程的动态卸载松动机理进行了研究。乐晓阳等人[154]采用刚体离散单元法对节理岩体圆形隧道的岩爆过程进行了数值分析与模拟，并与有限元的数值分析结果、岩爆现场实测结果进行了比较。刘君等人[273]采用改进的非连续变形分析程序分析了节理岩体中隧道开挖与地震相互作用下围岩的稳定性。陈卫忠等人[274]根据节理岩体特性，按照弹簧块体理论模拟节理岩体中大型地下隧道开挖与锚杆支护的变形特征，同时结合开挖条件下节理围岩变形特性和锚固效应的模型试验，得到了在不同初始地应力条件下，地下隧道分布开挖和锚杆支护的围岩力学行为变化规律。王贵君[275]用离散单元法，对节理裂隙岩体中大断面隧洞围岩及支护结构的工作作用及施工过程力学状态进行了数值分析。J. H. Wu 等人[276]采用非连续变形分析方法（DDA）分析了倾斜节理岩体中隧洞开挖引起的应力分布，地表沉降和压力拱效应。靖洪文[277]采用非连续变形分析方法分析了具有两组垂直正交节理岩体中隧洞开挖引起的围岩位移规律。B. Shen[278]采用离散元方法分析了节理间距对隧道围岩扰动区的影响。R. Bhasin 等人[279]采用离散元法探讨了块体尺寸对围岩位移的影响。

尽管目前的研究已经取得了许多很有意义的进展，但仍然没有对开挖条件下节理岩体破裂区的产生与扩展机理以及围岩稳定与变形的规律认识清楚。本节采用 RFPA 强度折减方法，将节理假设为一种“功能材料”，即抗压缩不抗拉，能够剪切滑移的特殊材料，这样对于岩体的研究就可以转变成对材料组合体的研究。将这一功能材料作为一种与基质材料不同的另外一种材料来处理，材料单元的力学性质仍然采用 Weibull 分布函数进行分布，但是具有不同的均质度系数和力学性质参数，它将具有不同于基质破裂后的力学响应行为。研究在不同产状、不同贯通程度及不同地应力条件下，隧道开挖引起围岩破裂区的产生与扩展机理以及围岩稳定与变形的规律，从而为节理岩体当中的隧道的设计和施工提供参考。

4.2 交叉节理岩体隧道稳定性

4.2.1 数值模型的建立

数值模型大小为 40m×40m，隧道为直墙拱隧道，隧道跨度为 6m，边墙高为 4m。考虑节理走向与隧道开挖方向平行的最不利情况。数值模型含有两组交叉节理（见图 4-2），第一组节理与水平方向的夹角为 α，第二组节理与第一组节理的夹角为 β。共考虑了 16 种组合情况，即 α 分别为 0°、30°、45°、60°，β 分别为 30°、45°、60°、90°。数值模型的参数见表 4-1。模型为先加载后开挖，在垂直方向加竖向荷载模拟自重应力，在水平方向加均布荷载模拟地应力作用。为考虑不同地应力的影响，对以上 16 种节理分布情况分别考虑侧压力系数为 0.5、1、1.5 的情况。隧道开挖后，保持边界加载条件不变，将岩体强度和节理强度每步折减 0.01。本文中认为节理满足考虑拉伸破坏的摩尔-库仑强度准则。为进行对比，还建立了不含节理的模型，其力学参数和加载条件均与上述相同。

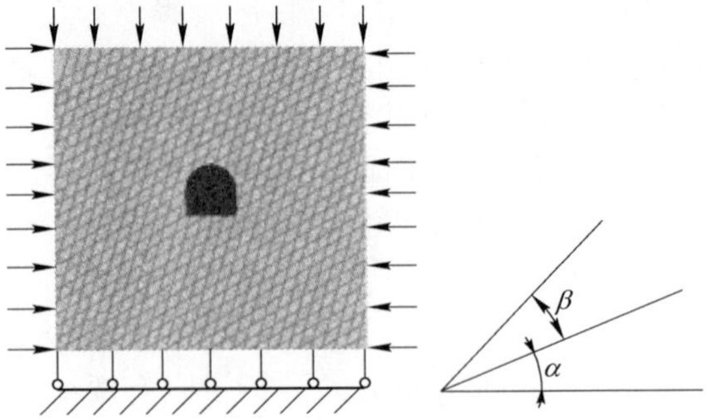

图 4-2　数值模型

表 4-1　节理和岩体力学参数

类　别	均质度 m	弹模/GPa	强度/MPa	泊松比	内摩擦角/(°)	拉压比
岩体	5	25	35	0.2	40	0.1
节理	2	1	0.5	0.4	35	0.0001

4.2.2　数值模拟结果分析

图 4-3 是侧压力系数为 0.5 时不同倾角节理组合时隧道破坏的声发射图。图 4-4 是不同节理分布影响下隧道破坏模式及剪应力分布图。可以发现，当围岩中含有一组垂直的节理面时（$\alpha=60°$，$\beta=30°$；$\alpha=45°$，$\beta=45°$；$\alpha=30°$，$\beta=60°$；$\alpha=0°$，$\beta=90°$）隧道在开挖后，在隧道两侧的岩体沿着节理面在重力作用下发生剪切滑移，导致隧道顶部岩体发生坍塌破坏，边墙下沉严重，隧道在开挖后立即发生破坏，稳定性极差。当岩体中含有一组水平节理（$\alpha=0°$）时，可以看到，隧道在开挖后（step2）破坏严重，隧道围岩沿着倾斜节理面发生滑移，同时伴有拉伸破坏，水平节理在开挖卸荷后隧道周围集中的剪切应力的作用下发生剪切破坏，一侧边墙产生向隧道内的滑移，另一侧边墙岩体产生向隧道内塌落。对于岩体中不含水平和垂直节理的情况，隧道的稳定程度大大增加。隧道开挖后，围岩沿节理面的滑移区域和节理拉伸开裂范围明显减小，围岩破坏区域集中在边墙两侧的局部范围内。

图 4-5 是侧应力系数为 0.5 时不同倾角节理分布影响下隧道开挖后（step2 时）的累计声发射次数统计图。可以看到，对于有两组节理切割围岩的情况，当其中的一组节理为水平或垂直时（$\alpha=0°$，$\beta=90°$；$\alpha=30°$，$\beta=60°$；$\alpha=45°$，$\beta=45°$；$\alpha=60°$，$\beta=30°$；$\alpha=0°$，$\beta=30°$；$\alpha=0°$，$\beta=60°$），对隧道稳定性的影响最大，隧道在开挖后（step2）的累计声发射次数最高，即围岩当中的微破裂最多。对于存在一组水平节理的情况，当另外一组节理与隧道边墙的夹角为 45°时，围

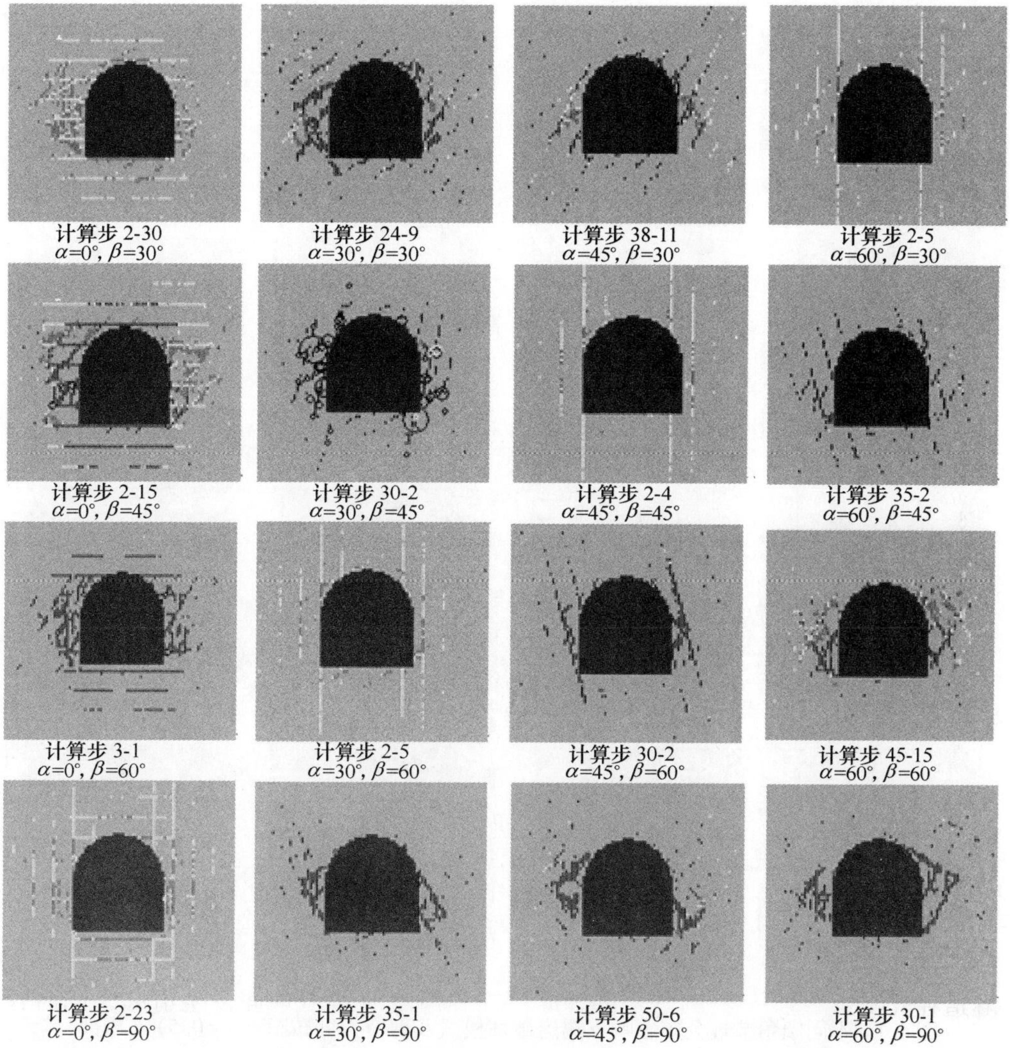

图 4-3 不同倾角节理分布影响下隧道破坏时的声发射分布图（$\lambda=0.5$）（局部）

岩稳定性较其他几种情况稳定性增加。值得注意的是，当两组节理均以 45°与隧道边墙斜交时（$\alpha=45°$，$\beta=90°$）围岩的稳定性最强。节理倾角与隧道边墙的夹角接近于 45°左右时，隧道稳定性较高；当节理与隧道边墙夹角为 0°或 90°时，隧道的稳定性最差。

图 4-6 是侧压力系数为 1 时，不同倾角节理分布影响下隧道破坏模式及剪应力分布图。可以看到当侧压力系数为 1 时，隧道周边的压力拱效应较为明显，隧道围岩的稳定性明显提高。由于侧压力系数的改变，隧道的破坏模式也发生了明显变化，破坏区域主要集中在拱顶和隧道底部，破坏方式除沿节理面的拉伸和

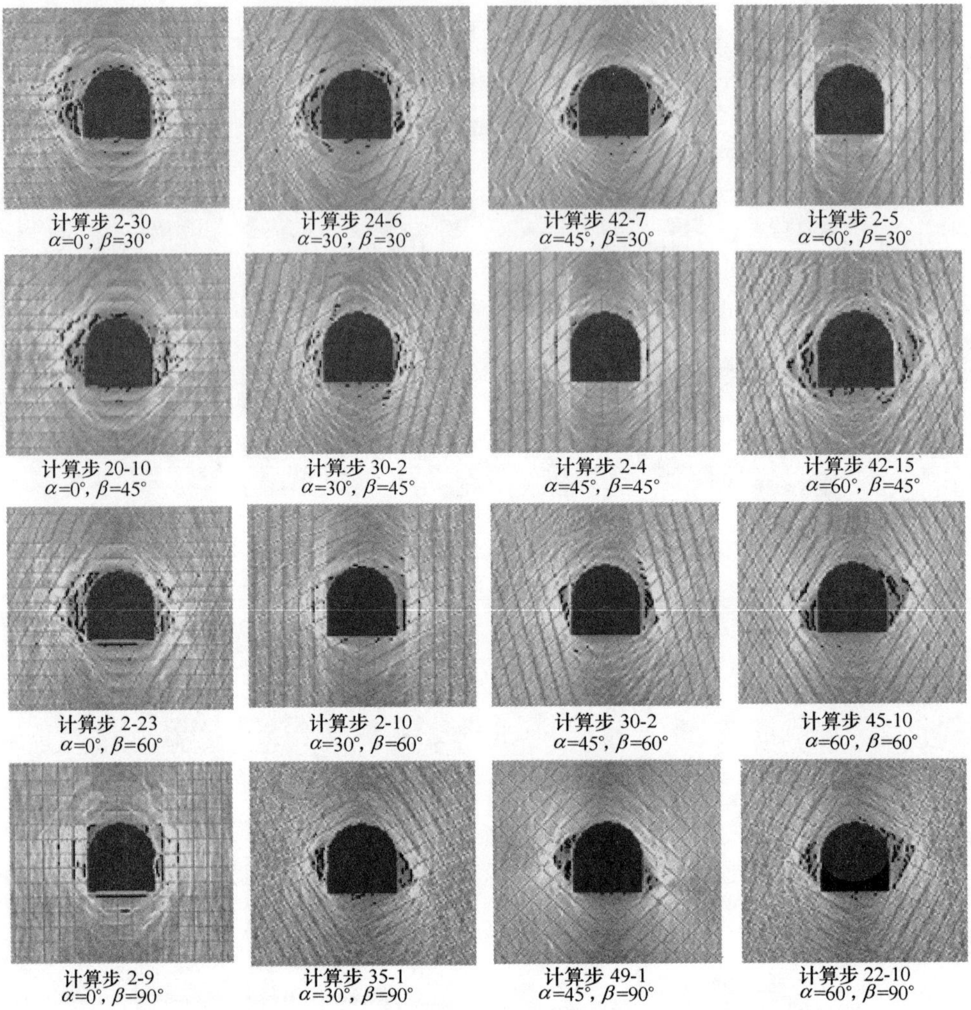

图 4-4　不同倾角节理分布影响下隧道破坏模式及剪应力分布图（$\lambda=0.5$）（局部）

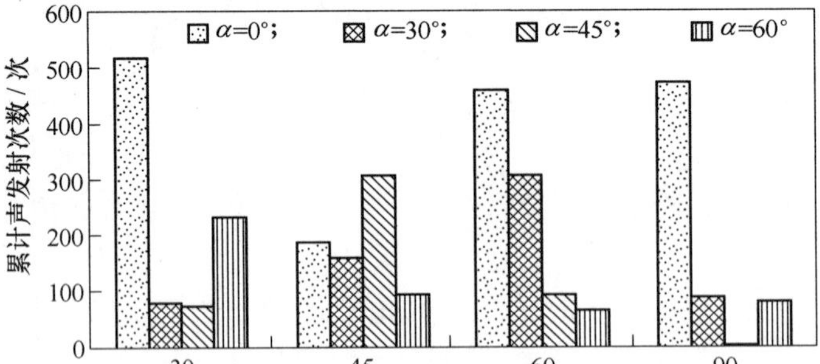

图 4-5　不同倾角节理分布影响下隧道开挖后（step2 时）的累计声发射次数统计图（$\lambda=0.5$）

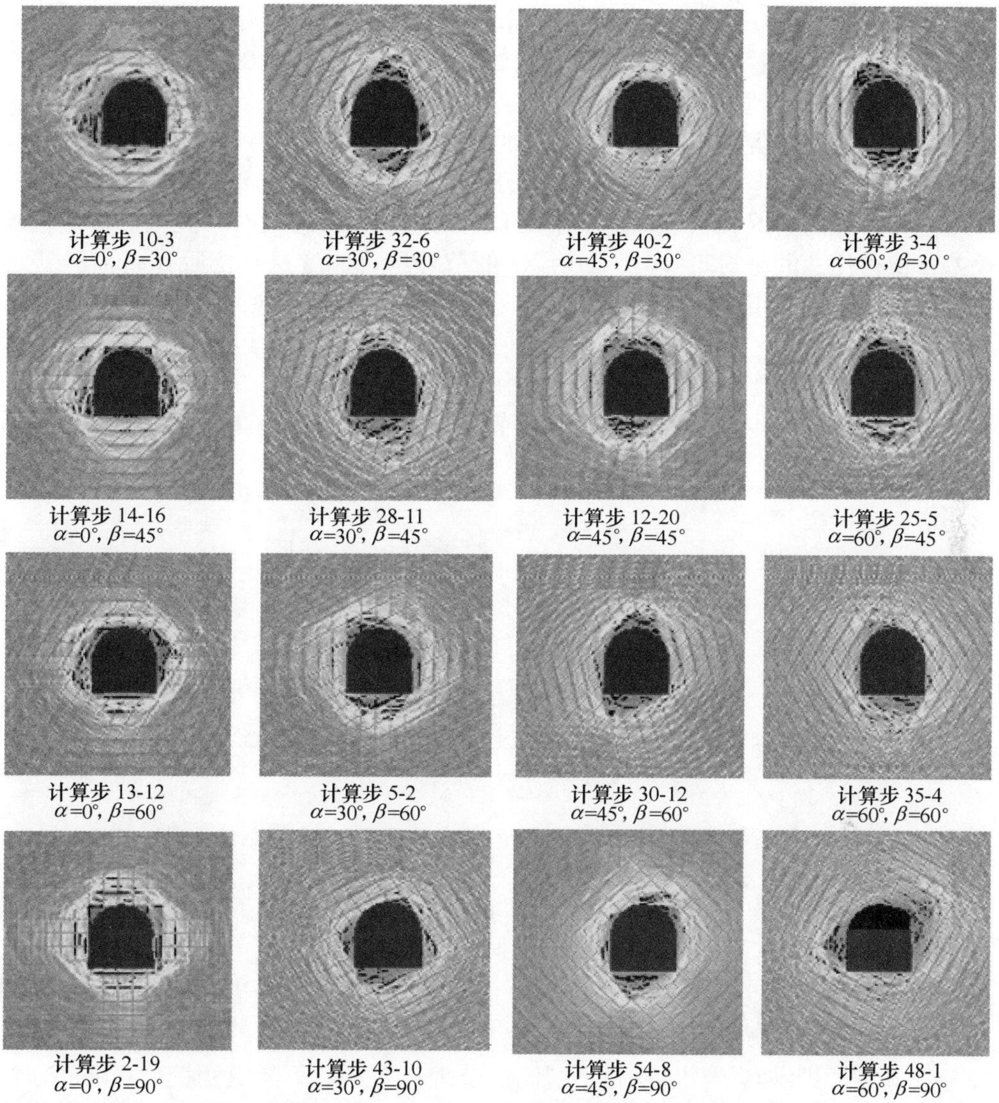

图 4-6 不同倾角节理分布影响下隧道破坏模式及剪应力分布图（$\lambda=1$）（局部）

剪切滑移破坏，还存在沿结构体剪断的情况。这是因为隧道处于等围压条件下，隧道周边切向应力集中程度高造成的。但是对于含有垂直节理的情况，隧道围岩稳定性仍然很差，尤其是含有一组水平节理和一组垂直节理的情况，隧道开挖后拱顶岩体沿水平节理面拉断，沿垂直节理面发生剪切滑移；边墙两侧岩块在侧向压力的作用下向隧道临空面挤入。

当 $\alpha<60°$时，在隧道两侧边墙和拱顶、隧道底部均出现了破坏区域，尤其是当 $\alpha=0°$时，边墙两侧岩体的破坏最为严重，随着 α 的逐渐增大，破坏区域主要集中在拱顶，当 $\alpha>60°$时，隧道边墙两侧岩体稳定性较好。

图 4-7 是侧压力系数为 1 时，不同节理展布方式下隧道开挖后的累计声发射次数统计图。可以看出，累计声发射次数最高的是 $\alpha=0°$，$\beta=90°$ 的情况，即围岩被水平和垂直节理切割的情况。其次为 $\alpha=60°$，$\beta=30°$ 和 $\alpha=30°$，$\beta=60°$ 的情况，这两种情况均含有一组垂直节理。但是对于 $\alpha=45°$，$\beta=45°$ 的情况，尽管含有一组垂直节理，但声发射次数明显少于前者。观察图 4-6 可以发现，除了含有一组垂直节理的情况，当节理呈水平展布，与边墙垂直相交时，隧道的稳定性均较差，值得注意的是对于 $\alpha=0°$，$\beta=30°$ 的节理组合，隧道开挖后（step2）声发射次数仅次于含一组垂直节理的情况，稳定性差。而当节理同边墙呈 45°斜交时（$\alpha=45°$，$\beta=90°$），隧道的稳定性较其他情况最好。因此，可以得出结论，节理与边墙的交角在 45°左右时，围岩相对稳定；当节理与隧道边墙均以较大的角度相交时，隧道的稳定性差，当含有垂直节理时，围岩的稳定性最差，隧道开挖后围岩往往难以自稳。

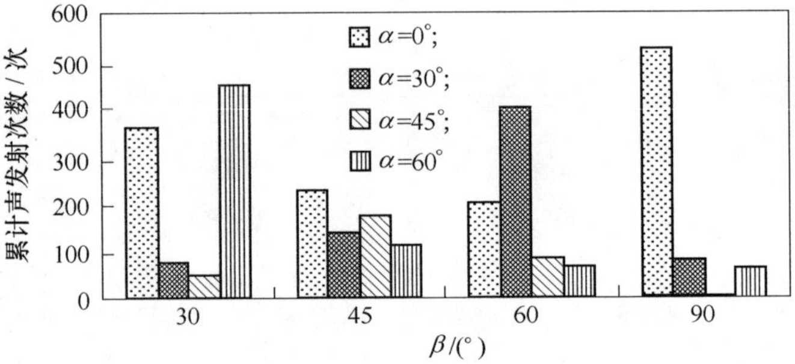

图 4-7　不同倾角节理分布影响下隧道开挖后的累计声发射次数统计图（$\lambda=1$）

图 4-8 是侧压力系数为 1.5 时，不同倾角节理分布影响下隧道破坏模式及剪应力分布图。可以看出，随着侧压力的增大，隧道破坏区域主要集中在拱顶和底部，当侧压比为 1.5 时，对于含有一组垂直节理的情况，隧道开挖后围岩没有自稳能力，立刻发生破坏。当 $\alpha=45°$，$\beta=60°$ 和 $\alpha=60°$，$\beta=45°$ 时，围岩的稳定性极差，开挖后即破坏。图 4-9 是不同倾角节理分布影响下隧道开挖后（step2 时）的累计声发射次数统计图。图中仅示出不含垂直节理情况下隧道开挖后（step2 时）的累计声发射次数。可以看出，当 $\alpha=0°$，即存在水平节理组时，围岩的稳定性差，当 $\alpha=45°$，$\beta=90°$时，隧道的稳定性最好。

数值模拟结果与 Z. T. 宾尼亚维斯基[280]文中对结构面和倾角对隧道工程影响（见表 4-2）的结论一致。这说明，在被两组交叉贯通节理切割的岩体中，节理倾角对隧道稳定性的影响仍然与单组节理对隧道稳定性影响的趋势一致，即节理倾角为 0°和 90°围岩最不稳定，而当两组节理倾角均为 45°时，围岩稳定性最好。蒋爵光等人[271]通过对具有两组正交节理，含直墙拱形隧道的试件所进行的模型试验，也得出了相同的结论。

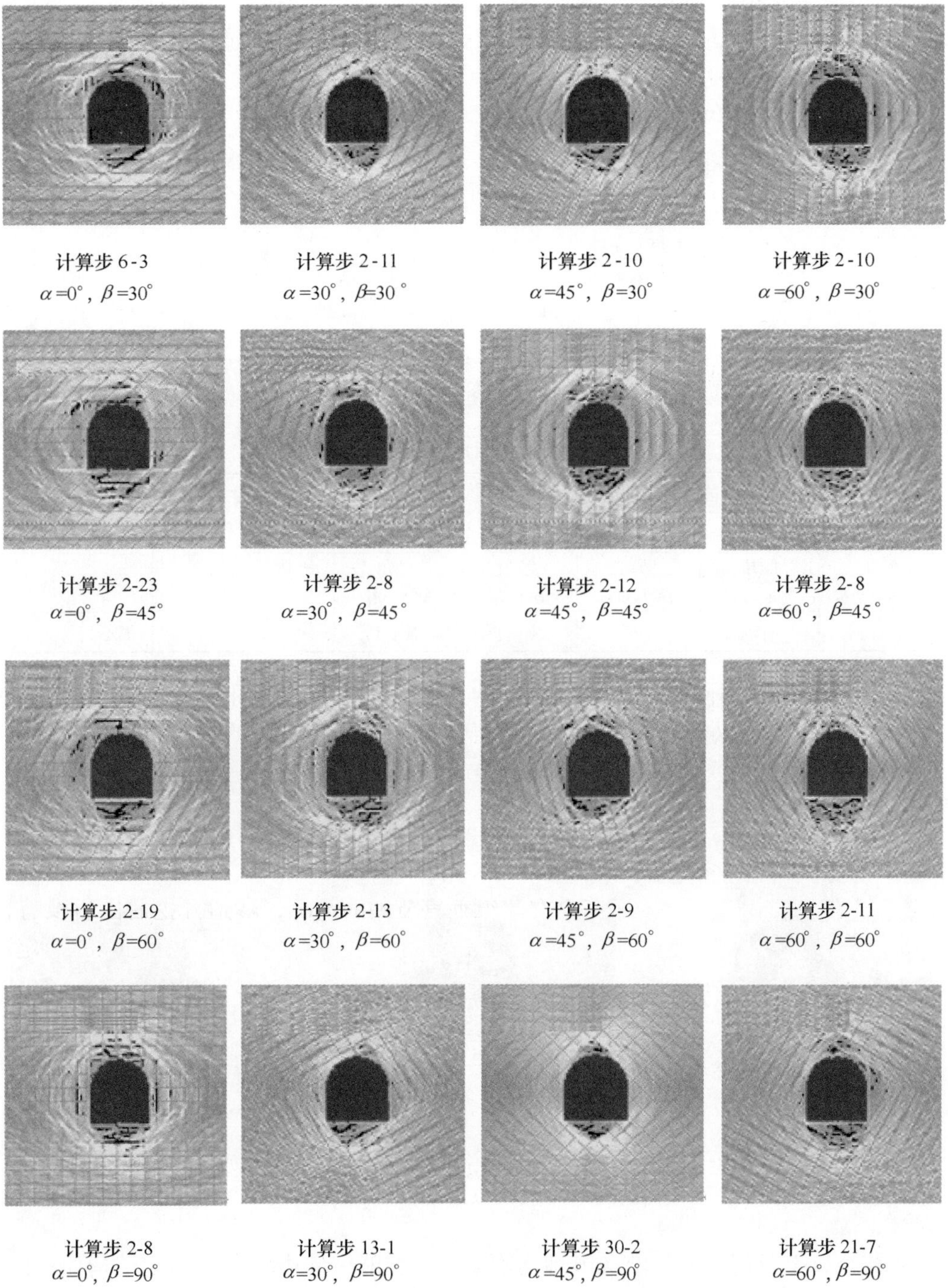

图 4-8　不同倾角节理分布影响下隧道破坏模式及剪应力分布图（λ = 1.5）（局部放大图）

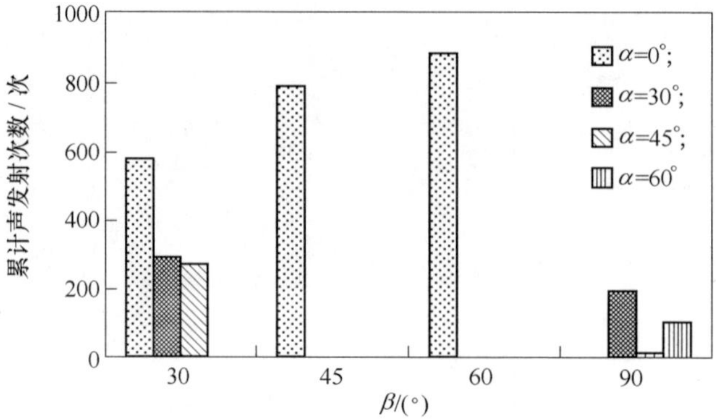

图 4-9　不同倾角节理分布影响下隧道开挖后的累计声发射次数统计图（$\lambda=1.5$）
（仅示出不含垂直节理情况下隧道开挖后的累计声发射次数）

表 4-2　结构面走向和倾角对隧道工程的影响[280]

走向与隧道轴垂直				走向与隧道轴线平行		倾角为 20°而不论走向如何
顺倾角方向开挖		逆倾角方向开挖				
倾角 45°~90°	倾角 20°~45°	倾角 45°~90°	倾角 20°~45°	倾角 45°~90°	倾角 20°~45°	
很有利	有利	一般	不利	很不利	一般	很不利

图 4-10 是在不同侧压下不含节理的完整岩体中隧道破坏模式。对比图 4-4、图 4-6 和图 4-8 可以发现，尽管节理将岩体分割成形状不同的块状，但主要破坏区域位置仍然主要受地应力控制。由于节理的存在，降低了隧道的安全储备。

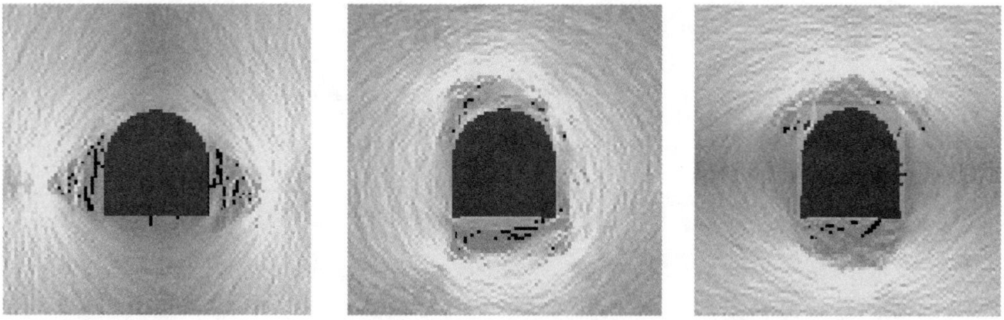

(a)　　(b)　　(c)

图 4-10　不同侧压下完整岩体中隧道破坏模式（局部放大图）
（a）$\lambda=0.5$；（b）$\lambda=1.0$；（c）$\lambda=1.5$

综合以上分析可知，交叉节理切割围岩而在隧道周边形成不稳定结构体，因而可能导致隧道发生塌方、片帮或造成衬砌局部应力集中。在被水平节理和垂直节理切割的围岩当中开挖隧道时，隧道的稳定性往往较差，节理倾角为 45°时，围岩的稳定性较高。隧道最易发生破坏的部位与节理展布情况和侧压力系数的大小密切相关，受到二者的组合控制。单纯根据节理分布情况或者水平地应力大小去判断围岩稳定性是片面的。在设计和施工过程中，仅仅根据结构面分布情况判断隧道稳定性是不够的，还必须结合地应力分布状况以及结构面间距、结构面性质等因素进行综合判断。

4.3 节理贯通程度对隧道稳定性的影响

4.3.1 数值模型的建立

工程当中会遇到许多贯通节理和非贯通节理相互交错的岩体，如图 4-1 所示的典型“梯子”节理岩体。为探讨节理贯通程度对隧道破坏和安全度的影响，建立两个数值模型，如图 4-11 所示。例 1 为两组垂直正交节理，倾角为 45°，其中一组为非贯通节理，节理贯通度为 50%；例 2 为两组贯通正交节理。例 1 和例 2 的边界条件相同，水平方向为 3MPa，竖直方向为 6MPa。模型尺寸和隧道尺寸同图 5-2。节理间距为 1.7m。

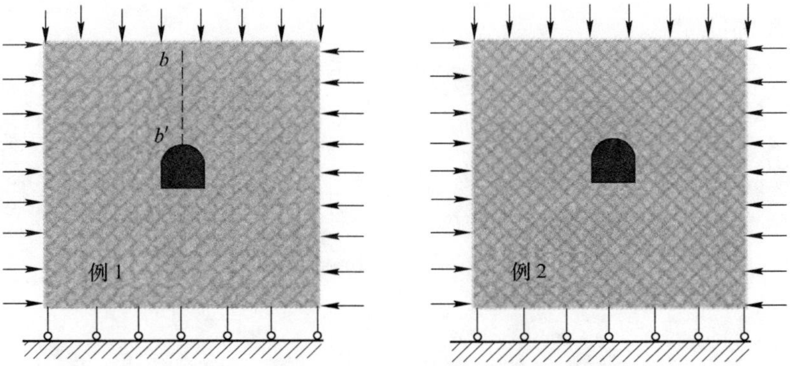

图 4-11 不同贯通程度节理岩体中隧道数值模型

4.3.2 模拟结果分析与讨论

图 4-12 和图 4-13 是两种情况下隧道围岩破坏过程和声发射图。对于含有一组贯通节理和一组非贯通节理的情况，隧道在开挖后，破裂首先在边墙部位岩体的节理面当中，随着围岩强度的逐渐降低，破裂在沿结构面逐渐扩展的同时，部分结构体被剪断，隧道围岩向洞内移动，同时更远处的节理面发生开裂，围岩开裂区逐步扩大。

当岩体被两组贯通节理切割时，从图 4-13 可以看到，由于开挖卸载的作用，节理面发生拉剪复合型破坏，被节理面切割的块状岩体向洞内滑动，由于岩体贯通结构面所切割，围岩破碎，开裂主要沿节理面发生破坏，而少有沿结构体发生剪断破坏。

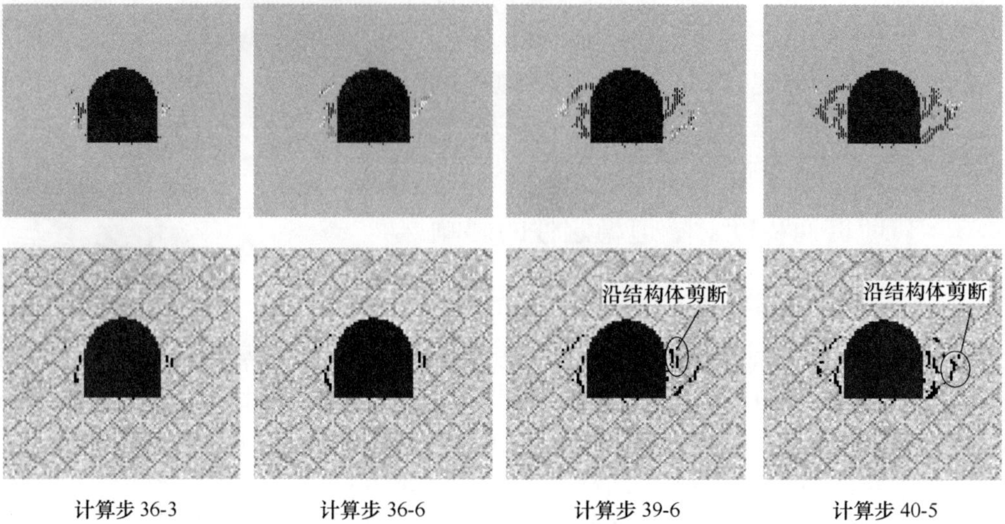

图 4-12　含非贯通节理岩体隧道围岩破坏过程及声发射图（局部）

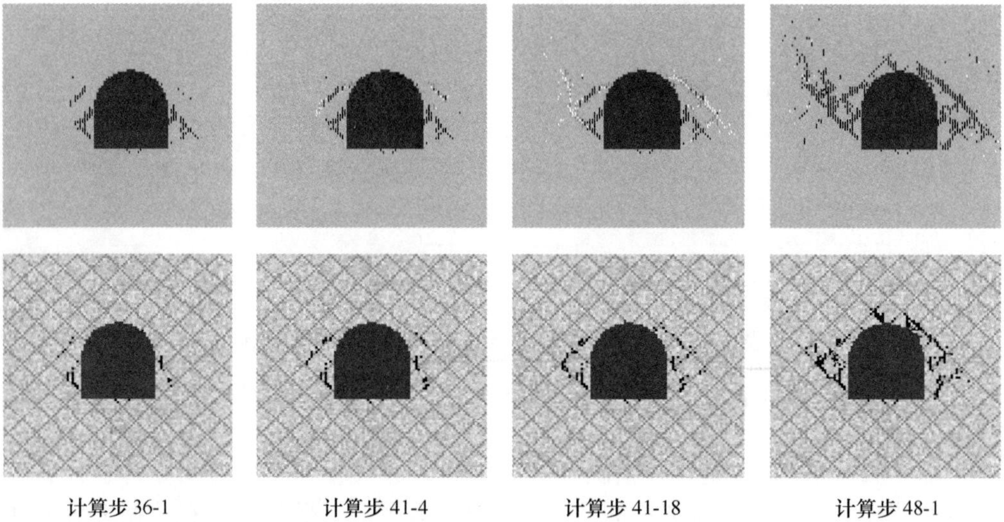

图 4-13　含贯通节理岩体隧道围岩破坏过程及声发射图（局部）

图 4-14 是两种情况下围岩破坏过程声发射次数。从图中可以看出，被两组贯通节理切割的岩体在隧道开挖后的声发射次数明显多于前者。因而含非贯通节理的岩体稳定性高于含两组贯通节理的岩体。含两组贯通节理（例 2）围岩在隧道开挖后其破坏区域延伸范围大，破坏程度大。

图 4-15~图 4-17 为开挖后（计算步 2）隧道左右边墙和洞顶位移图。含有两

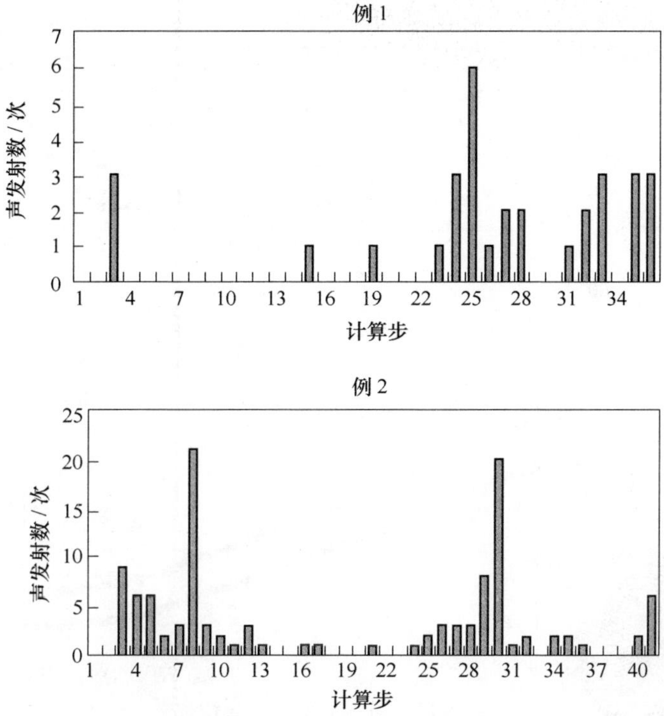

图 4-14 两种情况下围岩破坏过程声发射次数

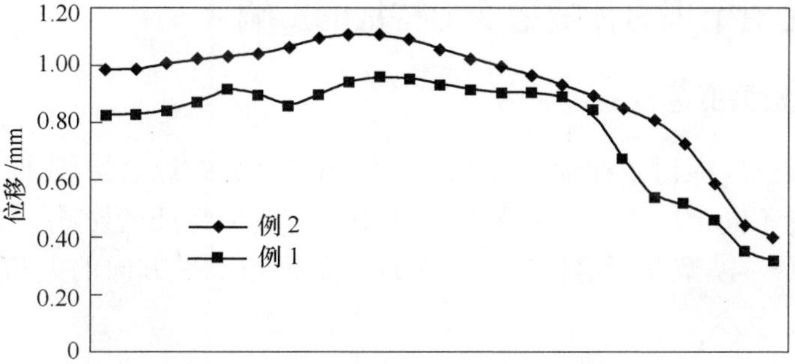

图 4-15 不同情况下隧道左边墙位移

组贯通节理岩体在隧道开挖后的位移明显大于含有非贯通节理的岩体的位移。

节理的贯通程度明显影响岩体的稳定性。对于贯通节理切割的岩体，围岩的稳定性较差，围岩破坏主要是沿节理面的拉剪复合破坏，岩块向隧道内错动的同时，周围节理面进一步开裂、扩展，直至整个隧道发生破坏。当节理贯通性较差时，围岩的稳定性增强，破坏除沿结构面发生拉剪复合型破坏外，往往在洞周高度集中的切向剪应力作用下发生沿结构体的剪断，围岩的破坏范围较贯通节理的情况小。

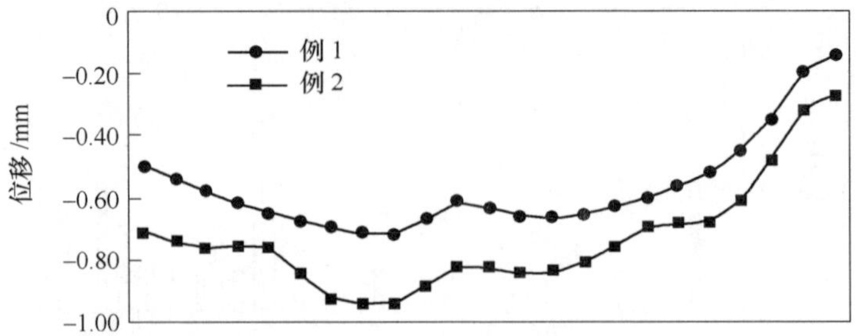

图 4-16　不同情况下隧道右边墙位移

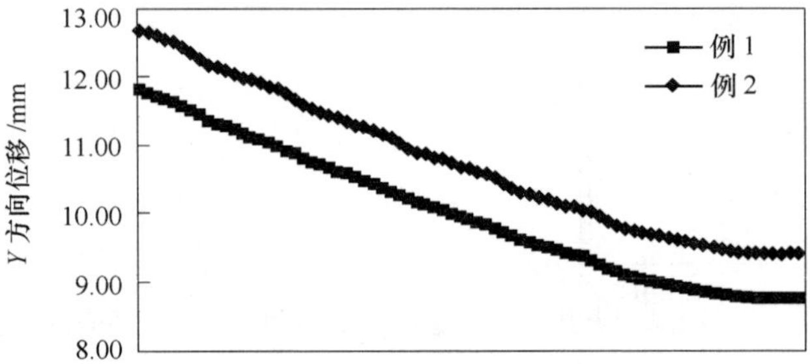

图 4-17　沿 b-b'线 Y 方向位移

4.4　地应力对节理岩体隧道变形特征的影响

4.4.1　数值模型的建立

第 4.1 节已经探讨了在地应力和不同倾角节理分布综合影响下，隧道的稳定性。本节讨论不同地应力水平对节理岩体中隧道变形特征的影响。建立数值模型如图 4-18 所示。模型含两组贯通交叉节理，节理与水平方向的夹角为 45°，两组

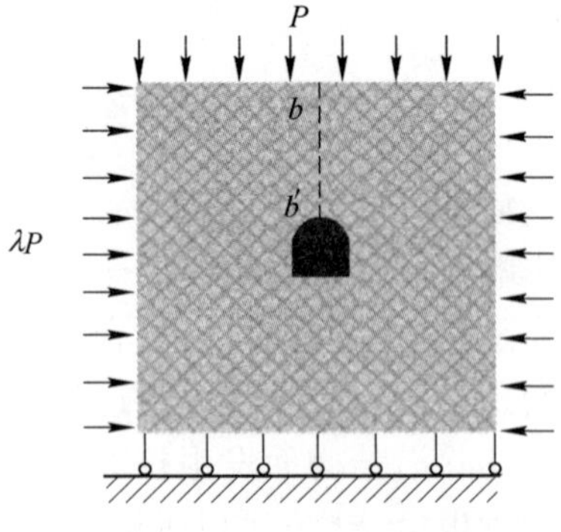

图 4-18　数值模型

节理互相垂直。模型尺寸和材料力学参数同 4.1 节。加载方式为先加载，后开挖，在模型竖直方向加载 6MPa，考虑侧压力系数 λ 分别为 0.33、0.5、1.0、1.17 四种情况。将岩体强度每步折减 0.01，直至围岩失稳破坏。

4.4.2 数值模拟结果与讨论

图 4-19 和图 4-20 是隧道刚刚开挖后不同侧压下隧道边墙的位移。随着侧压比的逐渐增大，隧道边墙的位移显著增加，两侧边墙向隧道临空面发生位移。侧压比为 1.17 时，边墙最大位移比侧压比为 0.33 时增加了 10 倍。

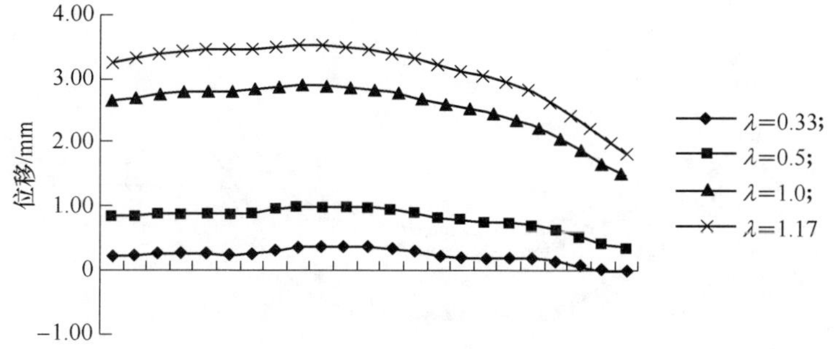

图 4-19 不同侧压力系数下隧道左边墙位移（计算步 2）

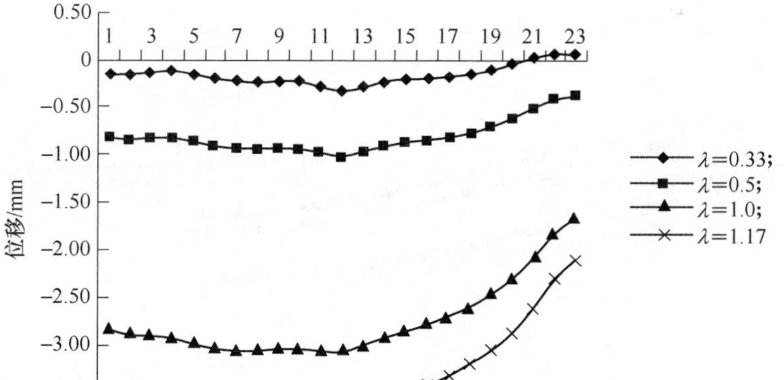

图 4-20 不同侧压力系数下隧道右边墙位移（计算步 2）

图 4-21 和图 4-22 是隧道刚刚开挖后不同侧压下隧道底部位移和拱顶 b-b' 线竖向位移。可以看出，随着侧压比的增加，隧道底部的位移明显减小，侧压比为

1.17 时隧道底部中点的位移较侧压比为 0.33 时减小了 38%。隧道拱顶位移也明显减小，侧压比为 1.17 时拱顶位移最大值是侧压比为 0.33 拱顶位移最大值的 1.37 倍。

因此，在地应力不足以导致岩体发生破坏时，水平地应力的增加，明显减小了拱顶和隧道底部岩体的位移，有利于拱顶和隧道底部的稳定，但是由于较大的水平应力，边墙位移明显增加。因此，对于水平地应力较大的岩体中开挖隧道时，应充分注意水平地应力对边墙的不利影响，加强边墙的支护措施。

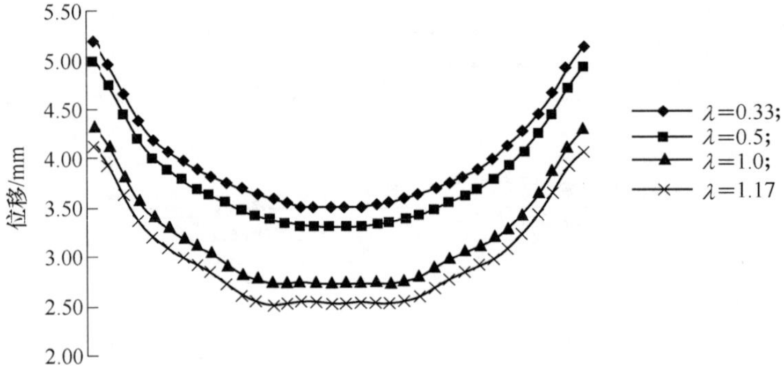

图 4-21　不同侧压力系数下隧道底部墙位移（计算步 2）

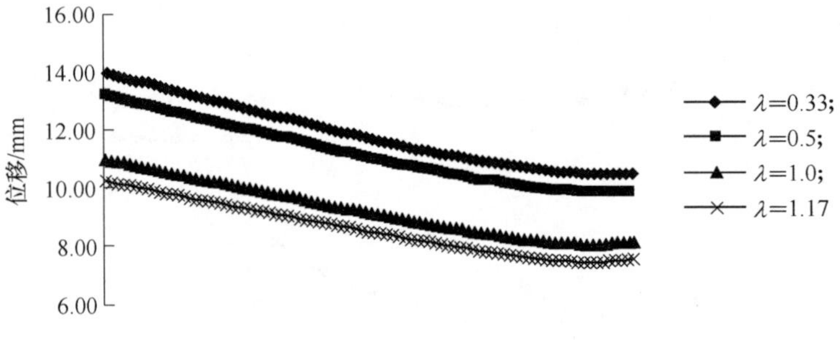

图 4-22　不同侧压力系数下隧道拱顶 b-b'线 Y 方向位移（计算步 2）

随着围岩强度的逐步衰减，由图 4-23 可以看到，在不同地应力水平下，隧道围岩的破裂区与地应力水平密切相关。随着地应力增加，隧道围岩的破坏区域逐渐由两侧边墙向拱顶和隧道底部转移。因此，在节理岩体中开挖隧道时，不但应充分注意结构面的分布和组合情况，还应充分考虑地应力的影响。

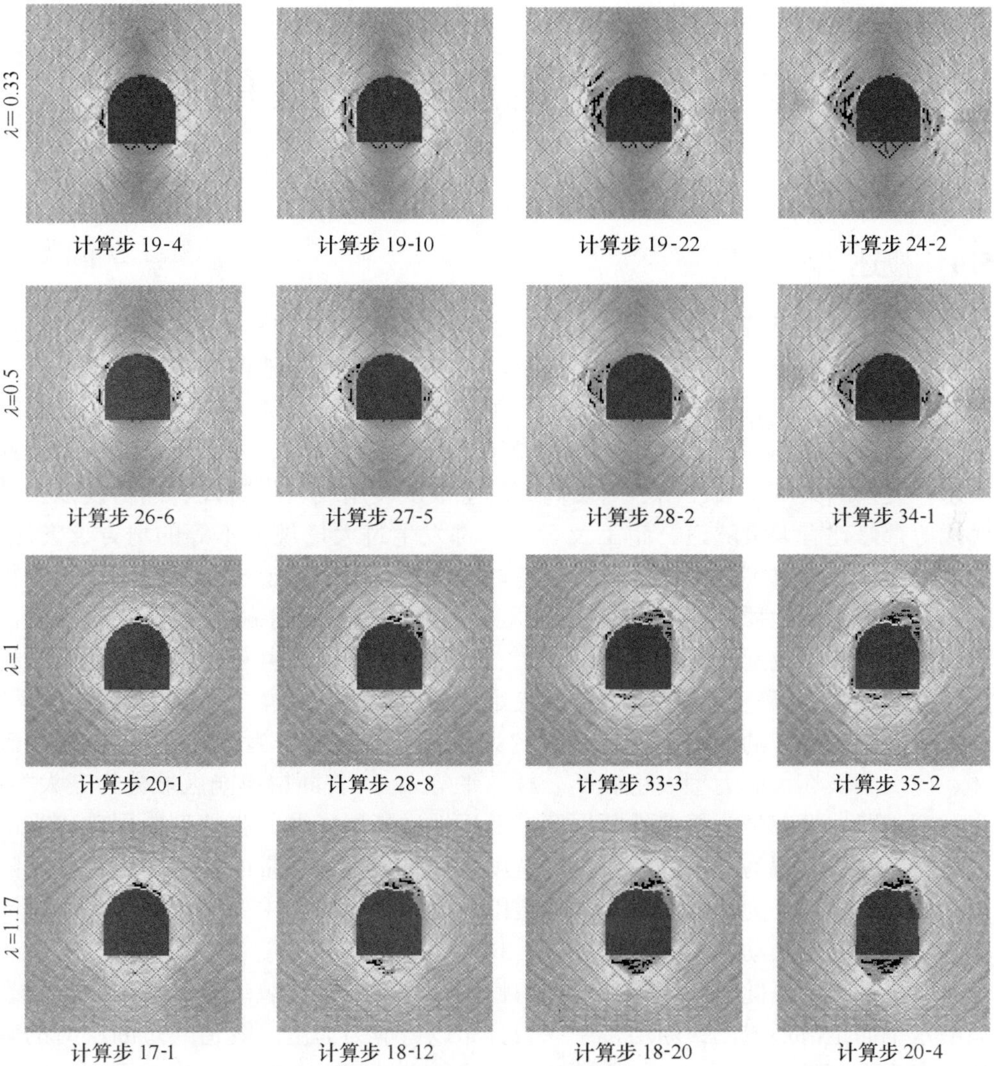

图 4-23 不同侧压力系数下隧道破坏过程及剪应力图（局部放大图）

5 隐含断层对隧道稳定性的影响

5.1 概述

断层是工程当中经常遇到的一类地质不连续结构面，特别是长隧道往往不可避免地要穿越断层，由于设计、施工及监控等原因，断层地段的各种隧道地质灾害和病害时有发生。以中国铁路隧道为例：成昆线全线有415座隧道，在施工期间约25%隧道发生过较大型坍方，93.5%发生水害、塌陷、岩爆等；穿越地形地质条件复杂的秦岭、大巴山、云贵高原的宝成线襄渝线、川黔线、湘黔线以及枝柳线等都修建有大量隧道，施工及运营中都发生过大量规模不等的坍方、突泥、地表塌陷等地质灾害。大瑶山隧道、南岭隧道、军都山隧道也是如此。综合分析隧道发生灾害的地质条件不难发现：几乎所有的隧道都穿越过各类地质不良区段，而穿越断层或通过断层影响区又首当其冲[281]。这些由断层引起的地下结构失稳破坏往往难以避免，甚至会造成灾难性的后果。

受断层破碎带的影响，隧道围岩的失稳特征大致可分为三类[282]：结构型破坏、应变型破坏、应力型失稳破坏。杜炜平等人[282]将断层影响区域分为三大类：张拉型正断层发育带、扭剪性断层区域及压性逆断层区域。张拉型断层破碎带的地质特征主要表现为：破碎带范围广宽度大。张拉型破碎带的地质特征决定了隧道围岩的失稳特征为结构型破坏。隧道围岩的结构型失稳主要表现为岩块由镶嵌状态解脱而产生松动、塌落和片帮等。Brekke 和 Howard[283,284]、Hoek[285]等人在其文章中都提到了此类破坏特征。扭剪性断层是地壳在区域动力作用下发生断裂而沿水平面走滑形成的，断层带中应力分布以剪应力为主。隧道通过断层时的破坏形式为变形失稳，称为应变型破坏，尤以断层两盘的不同岩性最为显著。Brekke 和 Howard[283,284]、Nagelhout 和 Roest[286]也指出了沿断层面滑移和向隧道内部掉块这一特征。根据压性逆断层的形成机制及大量现场实测资料可知压性断层区域的应力分布规律为：压性逆断层的边界区域为应力升高区，大的应力分布使隧道失稳以收敛及岩爆为其特征，称为应力型失稳破坏。

随着地下工程建设规模的不断加大，人们越来越重视对于断层影响下隧道围岩变形与破坏的研究[287~291]。目前对于断层对隧道围岩稳定性影响的评价方法有经验法，如工程岩体分级标准[5]、块体理论[292]、数值模拟、解析法、模型试验等。Brady 和 Brown 于 1993[293]年提出了采用立体投影法判断断层对隧道围岩稳定性的影响。Galybin[294]将开挖后产生的附加应力场简化为线弹性问题，利用

Griffith-Irwin 理论对采矿引起的断层滑动区域给出了渐近解。Seokwon Jeona[295]采用相似模型实验，研究了断层位置对隧道稳定性的影响，并与数值计算结果进行了对比。Y. H. Hao[296]采用数值方法对断层参数对隧道的影响。黄生文[297]利用有限元研究了断层对大跨度隧道围岩应力的影响。李德武[298]采用边界元方法分析了断层破碎带对隧道衬砌受力特性的影响。

实际上，断层对隧道稳定性的影响与断层的规模、断层本身的特点及其组合有关。断层的性质、产状、断层两侧地层的岩性、岩体质量、断面形态、断层破碎带的宽度、断层泥存在与否以及断层的导水性等都不同程度地影响隧道的变形破坏[299]。尽管人们对这一问题进行了广泛的探讨，断层对于隧道围岩变形与破坏的影响程度及其机理仍是一个模糊问题。

另外，断层的存在，对于隧道长期稳定性的影响存在着潜在的威胁。这是由于断层的存在使得围岩内应力分布的不均匀性以及岩体结构、强度的不均一性及各向异性都显著提高，如图 5-1 所示。它表明，当隧道附近有一个断层平行于洞壁通过时，任何一个位于断层带内的岩层单元体都要承受径向应力和切向应力的作用（见图 5-1（b）），从而使断层面上产生剪应力（见图 5-1（c））。

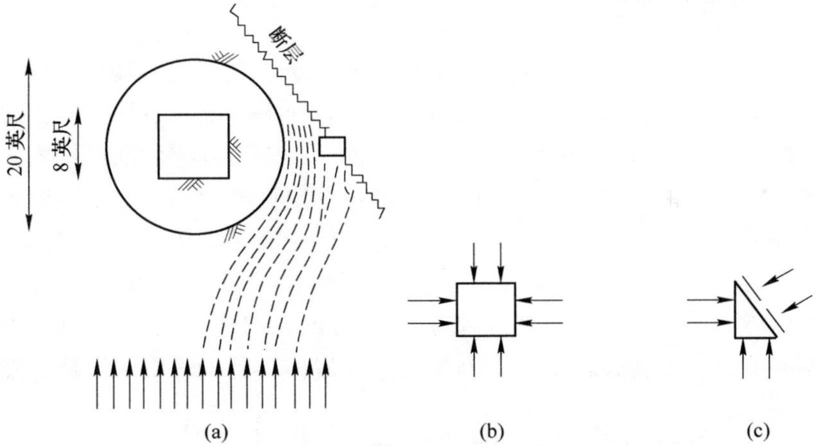

图 5-1 隐含断层对围岩应力分布的影响[62]

（a）断层平行于洞壁；（b）断层内单元承受径向应力和切向应力；（c）断层面上产生剪应力

如果这种剪应力的数值大于断层泥或断层角砾岩所能承受的应力值，则这一单元就会发生位移，从而使得传过断层面的应力较没有断层时减小了一些，由于这种原因，在隧道和断层之间的狭窄地带往往产生很高的应力集中，使该区围岩的稳定条件大为恶化。因此，那些应力集中程度高，而结构强度又相对较低的部位往往是累进性破坏的突破口，在大范围围岩尚保持整体稳定性的情况下，这些应力-强度关系中的最薄弱部位就可能发生局部破坏，并使应力向其他部位转移，引起另外一些次薄弱部位的破坏，如此逐渐发展，连锁反应，最终导致大范围围岩的失稳破坏。

在开挖隧道时，隧道有可能穿越断层，也有可能于断层附近的岩体中开挖。当隧道轴线平行于断层走向的时候，围岩稳定性为极差。当隧道穿越断层时，隧道的稳定性最差，如果不进行预加固处理，往往会造成坍塌事故。当断层在隧道附近一定范围存在时（隐含断层），在隧道开挖时，断层对隧道的影响往往不会立即显现，但其对隧道开挖后一定时间的影响是不容忽视的。Schubert 和 Riedmüller[300] 在其文中就曾经提到过此类隐含断层对于隧道的威胁。

鉴于此，本文采用 RFPA 强度折减方法，选取断层走向与隧道轴线平行的最不利情况，通过将围岩的强度参数的不断折减，来模拟隧道围岩的累进性渐进破坏，并系统地讨论探讨隐含断层的断层位置、断层倾角、断层厚度等因素对隧道稳定性的影响，以及各种不同情况下围岩中隧道的破坏失稳机理。

5.2　断层位置和倾角对隧道稳定性的影响

5.2.1　数值模型的建立

数值模型如图 5-2 所示。模型尺寸为 40m×40m，隧道为直墙拱形隧道，隧道跨度为 5.2m，边墙高度为 4m。考虑断层的走向均平行于隧道轴线时的最不利情况。由于断层强度较低，当断层穿过隧道断面时，隧道开挖后断层即发生向隧道内的塌滑，因此，本文仅讨论隐含断层对隧道稳定性的影响。为研究断层分布位置和断层倾斜角度对隧道稳定性的影响，分别讨论断层位于拱肩上方（例 1）和隧道边墙下方（例 2）两类情况，每类情况断层的倾斜角度分别为 0°、30°、45°、60°、75°五种情况。断层距离隧道周边最近处的距离均为 2.0m。断层贯穿整个模型。为进行对比，还对不含断层的完整岩体中隧道周围的位移场和应力场

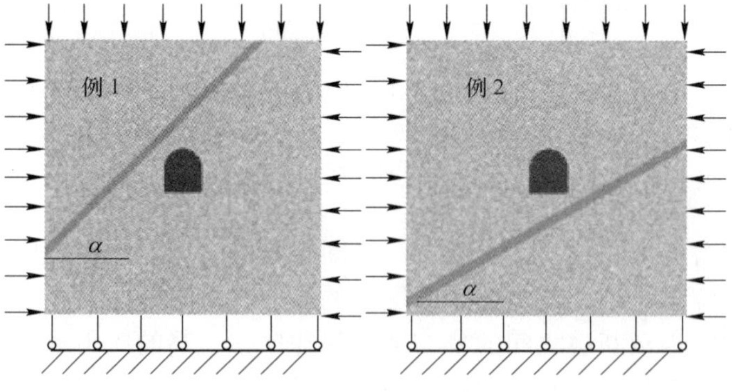

图 5-2　数值模型和边界条件

进行了计算。岩体力学参数见表 5-1。

模型的加载方式为先加载，后开挖。在开挖前，首先在左右边界施加水平和垂直应力均为 8MPa，底部竖向支撑，第二步进行开挖。为清晰再现隧道破坏失稳全过程，在每一步保持边界加载条件不变，将内摩擦角和黏聚力每步折减 0.01，直到岩体失稳破坏。

表 5-1 各岩层岩体力学参数

类 别	均质度 m	弹性模量/MPa	黏聚力/MPa	泊松比	内摩擦角/(°)
岩体	3	39800	13.76	0.14	36.8
断层	2	3000	0.6	0.45	18

5.2.2 上部隐含断层对隧道稳定性的影响

5.2.2.1 上部断层对围岩应力场和围岩破坏区域的影响

图 5-3 是不同倾角断层位于隧道拱肩上方和不含断层的完整岩体在隧道开挖后的剪应力分布图和破坏过程。在等围压下，完整岩体开挖隧道后，其应力集中程度在边墙墙脚和拱顶处最大，开挖后首先在边墙底部出现破坏区域，随围岩强度的折减，初始破坏区域逐渐向隧道底部扩展，并沿边墙墙脚向边墙上方扩展，同时在拱顶逐步出现向上逐渐扩展的破坏区域。隧道开挖后应力分布对称于隧道轴线（见图 5-4）。当隧道附近出现断层时，由于断层带对隧道周边位移场和应力场的影响，隧道最终的破坏区域发生了明显的变化。当隧道拱顶存在水平断层时，拱顶和断层带之间的区域产生了高度的应力集中，隧道开挖后，拱顶处很快发生拉伸破坏，并迅速扩展至断层区域，造成拱顶冒落。当断层具有一定倾角时，可以看到，随着断层倾角的逐步加大，隧道周边的应力分布出现了靠近断层的迁移，如图 5-4 所示。

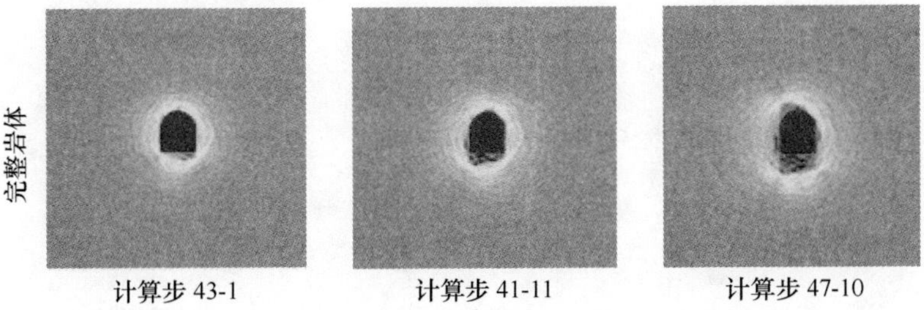

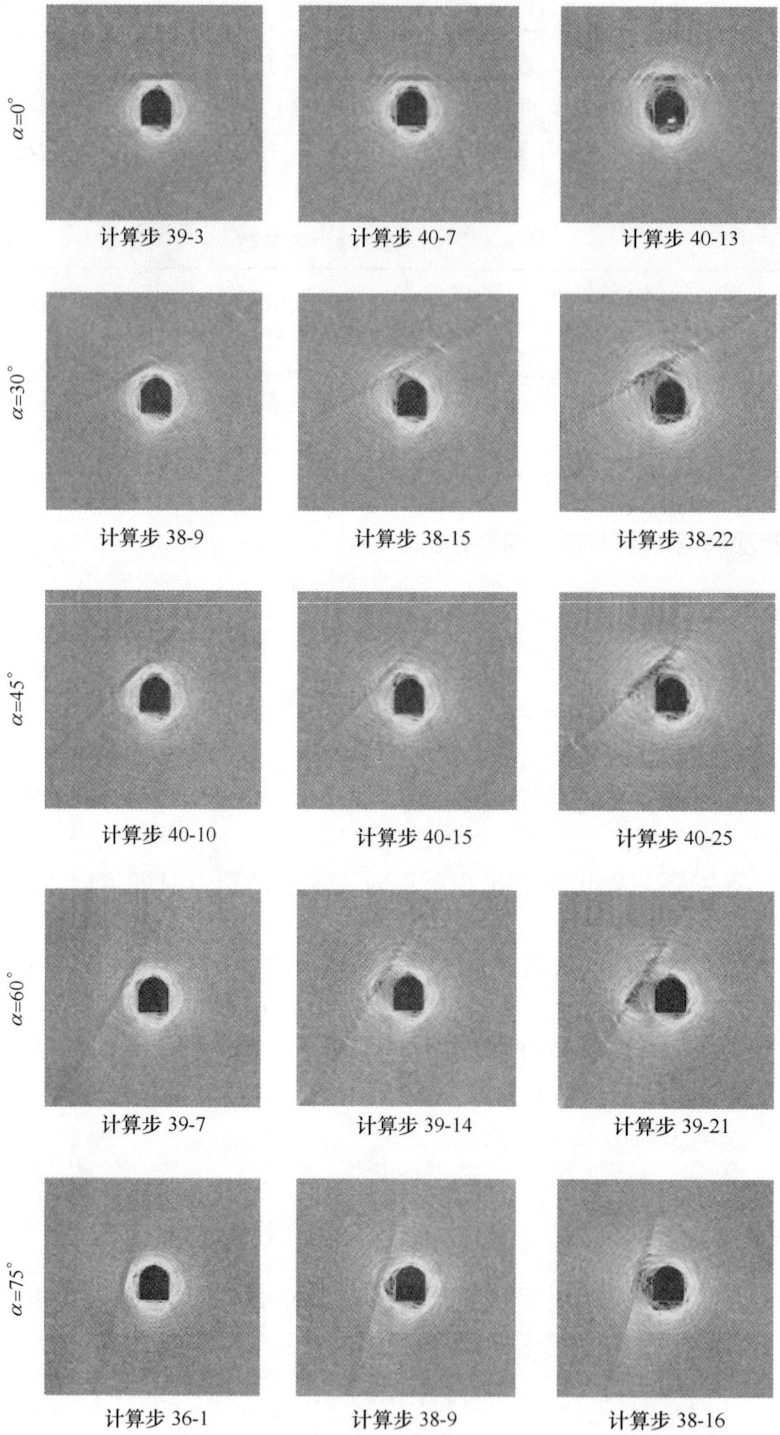

图 5-3　不同倾角断层位于拱肩上方时围岩剪应力分布和破坏过程

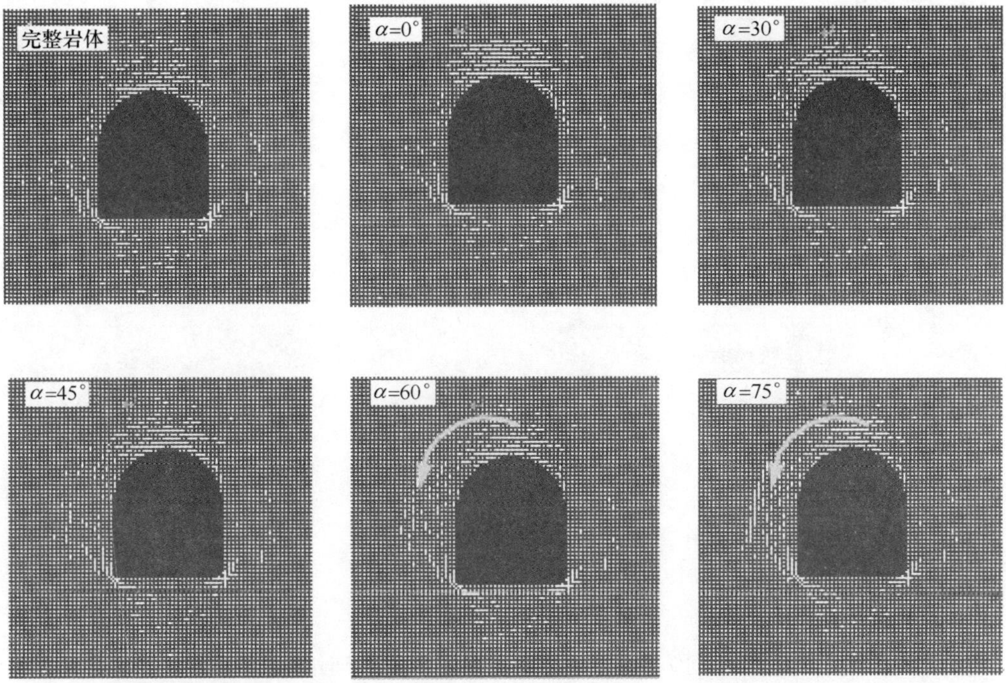

图 5-4 断层位于拱肩上方时不同倾角断层影响下隧道周围最大主应力分布图

隧道开挖后，断层与隧道之间的应力集中程度明显增加，由于隧道边墙底部应力集中程度最大，在该处首先发生破坏，同时在拱顶距离断层最近处发生局部破坏，随着围岩强度的折减，这一破坏区域迅速以沿距离断层最短的路径扩展，最终产生通向断层的贯通裂纹，隧道发生整体破坏。当断层陡倾时，其对隧道周围的应力场改变更为明显，隧道开挖后，破坏区域首先出现在右边墙脚部和左边墙与断层最近处，这些破坏区域随着围岩强度的逐渐降低而迅速扩展，最终导致左边墙部位与断层带之间的岩体和隧道底部岩体破坏，整个隧道丧失稳定性。当断层具有一定倾角时，隧道开挖后，除因隧道墙底直角处应力集中最先产生的破坏区域逐步蔓延至隧道底部外，隧道的破坏区域总是出现在断层与隧道距离最近处。

图 5-5 是不同倾角断层位于拱肩上方时隧道破坏的声发射图。在隧道附近存在的断层使得断层与隧道之间距离最近处形成应力高度集中的高变异应力区，当高变异的应力集中超过了岩体强度时产生了局部的拉伸破坏，随着围岩强度的逐渐衰减，拉伸破坏的范围逐步增加，使得周围岩体发生破坏，在硬岩当中将表现为强烈岩爆，并造成附近断层发生剪切滑动破坏，最终造成隧道的整体失稳破坏。

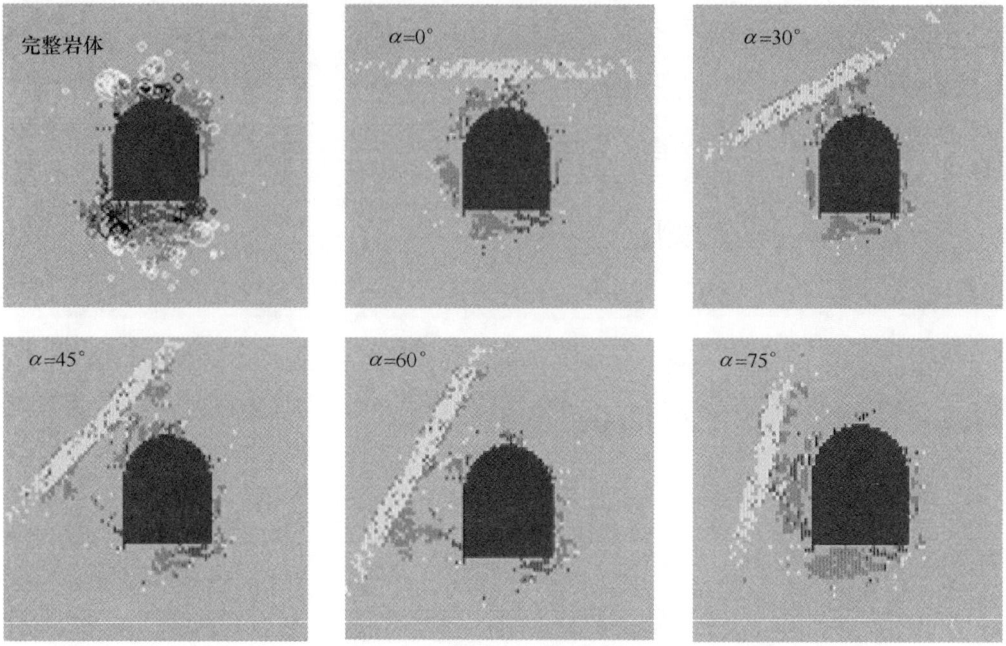

图 5-5　不同倾角断层位于拱肩上方隧道破坏时的声发射图

5.2.2.2　上部隐含断层对隧道周边位移的影响

图 5-6 是隧道左边墙位移图。可以看到，由于在左拱肩处存在的断层，使得隧道开挖后与其相邻近的隧道边墙的位移较无断层时明显增大。随着断层倾角的增加，左边墙位移逐渐增大；当断层倾角小于 45°时，相邻边墙的位移的最大值较无断层时边墙位移最大值增加了 17%；当断层倾角大于 45°时，相邻边墙的位移明显增加，尤其是当断层倾角为 75°时，位移最大值较无断层时边墙位移的最大值增加了 38%。

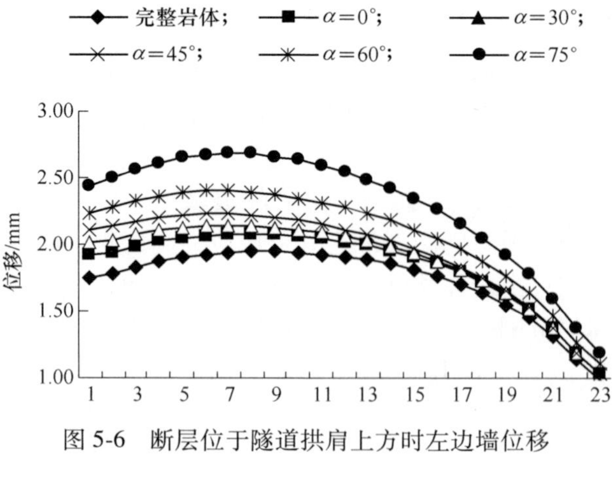

图 5-6　断层位于隧道拱肩上方时左边墙位移

图 5-7 为不同倾角断层影响下隧道右边墙（远离断层一侧）位移图。位于左拱肩处的不同倾角断层对于远离断层一侧边墙位移的影响不大。当断层倾角超过60°时，该侧边墙的位移值较无断层存在时甚至有所减小。当断层的倾角小于 45°时，远离断层一侧的边墙位移较无断层存在时增加。倾角接近于水平时，远离断层一侧的边墙位移增加最多。当拱肩处存在断层时，隧道开挖后，底部将产生向上的隆起。但是拱顶上方水平断层的存在会显著增加拱顶位移，随着断层角度的增加，拱顶位移将逐步减少，但是仍然大于无断层的情况（见图 5-8）。

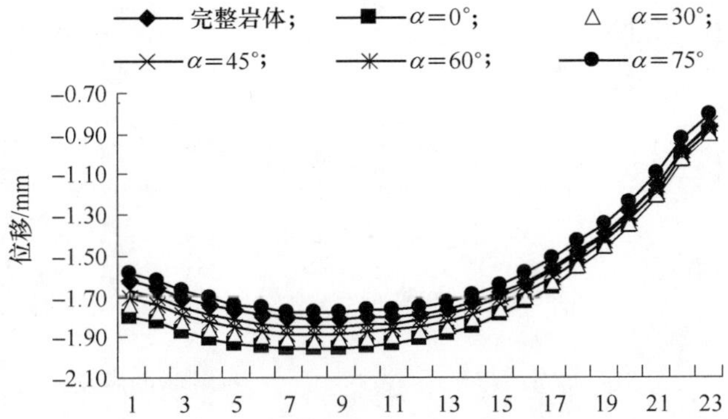

图 5-7 断层位于隧道拱肩上方时右边墙位移

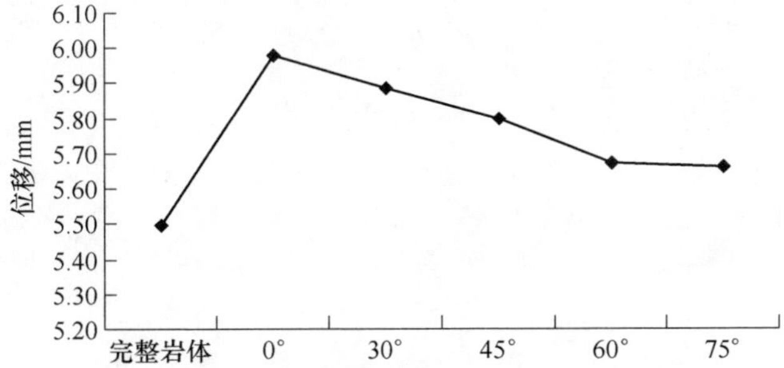

图 5-8 断层位于隧道拱肩上方时拱顶中点位移

5.2.3 下部隐含断层对隧道稳定性的影响

5.2.3.1 下部隐含断层对围岩应力场和围岩破坏区域的影响

图 5-9 是不同倾角断层位于边墙下方时围岩剪应力和破坏过程。位于隧道底部的水平断层对隧道的稳定性最为不利。隧道开挖后，在墙底直角处因高度应力集中产生的拉伸破坏迅速蔓延并与断层贯通，造成隧道破坏。随着断层倾角的增

加，原来位于隧道底部的应力集中区域也随之迁移（见图 5-11），应力集中区域总是位于断层与隧道相邻最近的部位。因而隧道的破坏总是先由边墙直角部位开始扩展，以最近的通道与断层贯通。

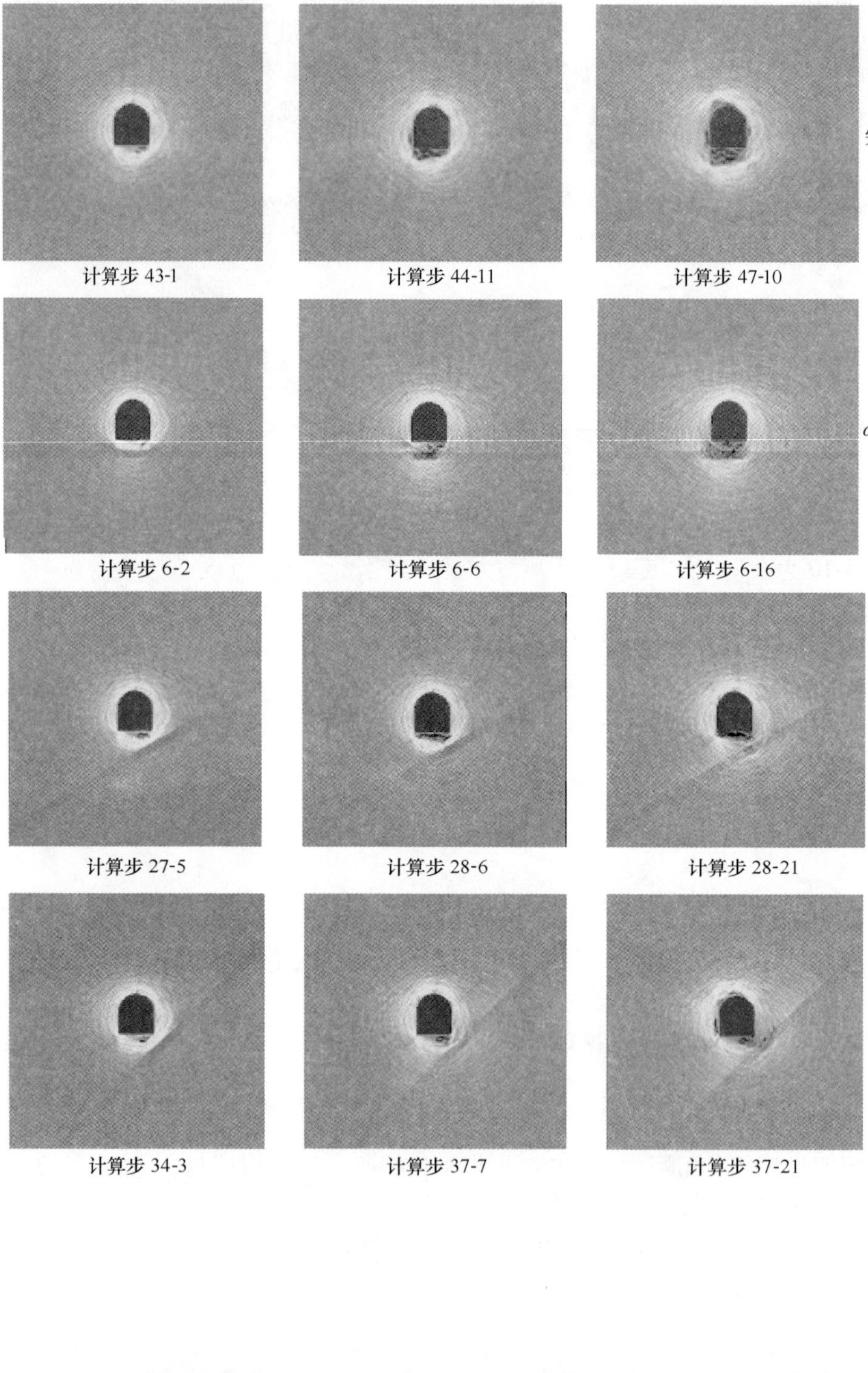

完整岩体：计算步 43-1　计算步 44-11　计算步 47-10

α=0°：计算步 6-2　计算步 6-6　计算步 6-16

α=30°：计算步 27-5　计算步 28-6　计算步 28-21

α=45°：计算步 34-3　计算步 37-7　计算步 37-21

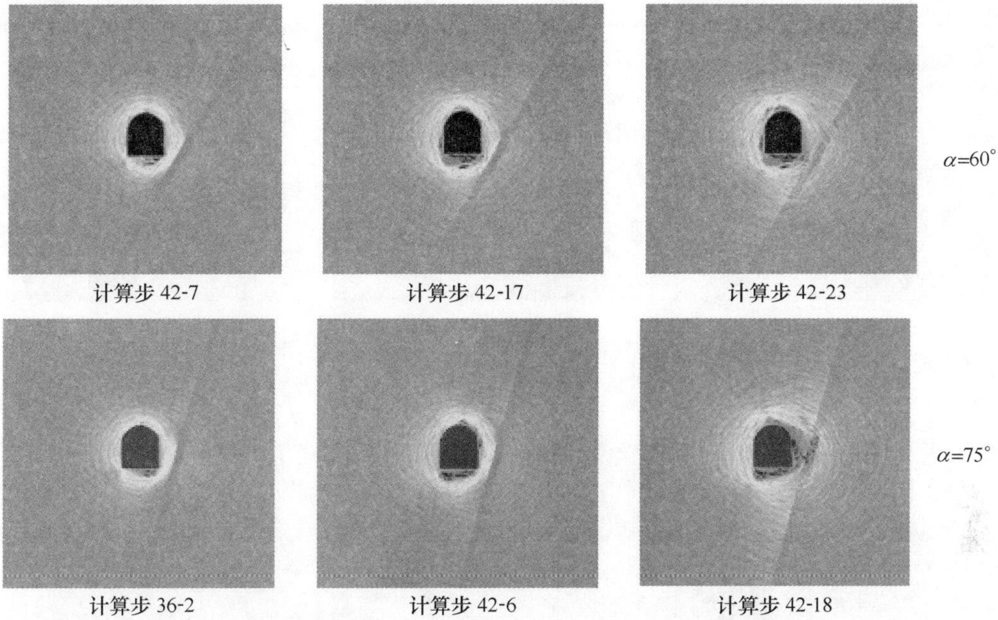

图 5-9　不同倾角断层位于边墙下方时围岩剪应力和破坏过程

图 5-10 为金川二矿区 1300 中段隧道变形典型剖面图，可见当隧道底部存在水平隐含断层时，隧道底部产生严重底鼓，其破坏模式与数值模拟结果一致。

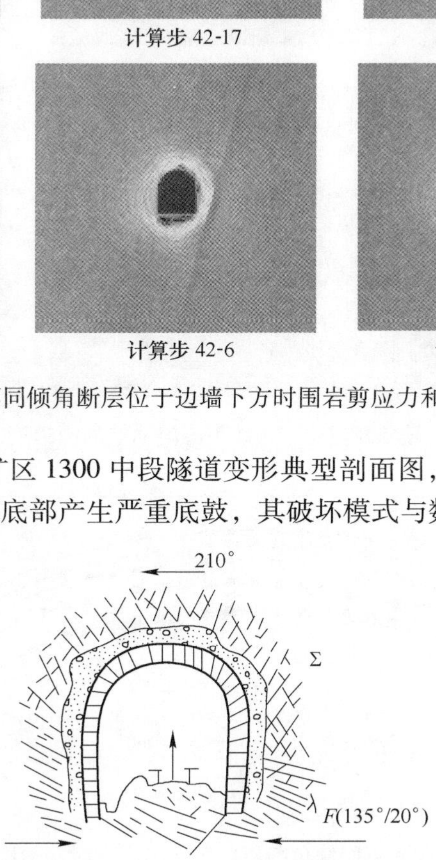

图 5-10　金川二矿区 1300 中段隧道变形典型剖面（F 为断层）

5.2.3.2　下部隐含断层对隧道周边位移的影响

不同倾角断层位于边墙下方时隧道周围最大主应力分布图如图 5-11 所示，隧道左边墙位移示于图 5-12。值得注意的是此时当断层倾角为 45°时左边墙位移最大，此时左边墙位移最大值较无断层时左边墙位移最大值增加了 36%；当断层倾角为陡倾时，对左边墙位移几乎无影响。而对于相邻侧边墙（右边墙）（见图

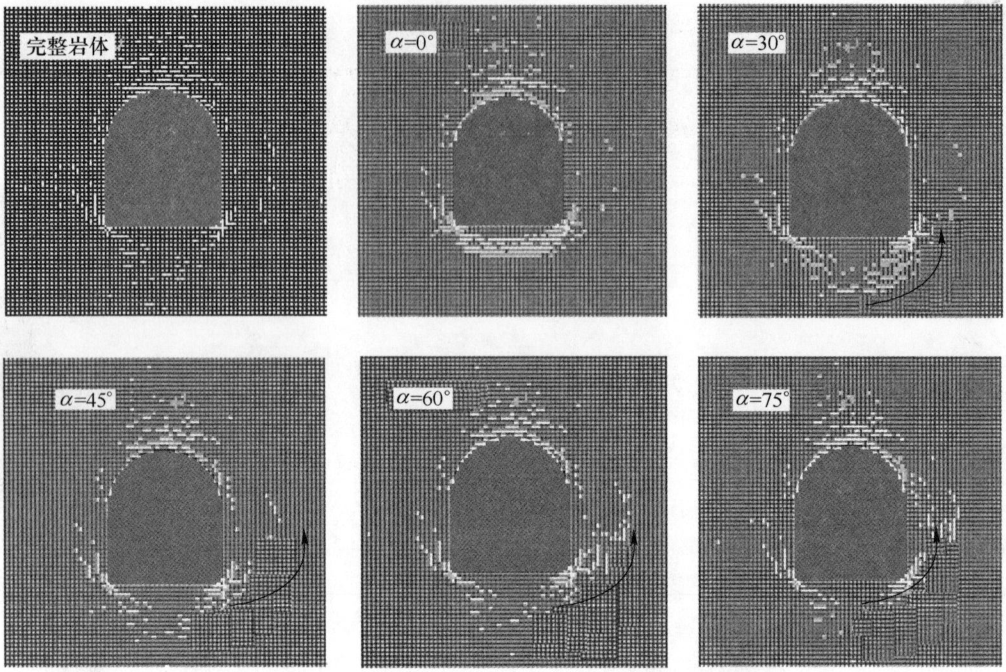

图 5-11　不同倾角断层位于边墙下方时隧道周围最大主应力分布图

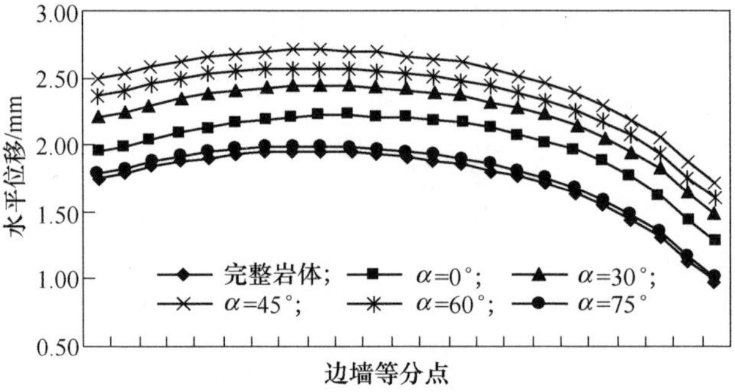

图 5-12　不同倾角断层位于边墙下方时左边墙位移

5-13），当断层倾角为 30°～60°之间时，右边墙位移较无断层时的位移有所减小，当断层倾角为 45°时为最小。但当断层倾角为陡倾或接近于 0°时，右边墙位移显著增大。断层位于边墙下方时，对隧道两侧边墙均有影响，当断层倾角为 30°～60°时应注意对对侧边墙稳定性不利；当断层为水平或陡倾时，对相邻侧边墙的稳定性不利。

图 5-14 为不同倾角断层位于边墙下方时拱顶中点位移。当断层具有一定倾角时，底板位移对断层倾角不敏感，而拱顶中点位移随断层倾角的增大而逐渐减小。

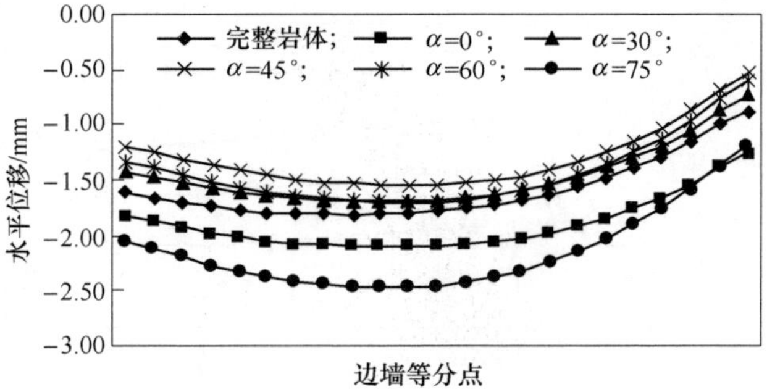

图 5-13 不同倾角断层位于边墙下方时右边墙位移

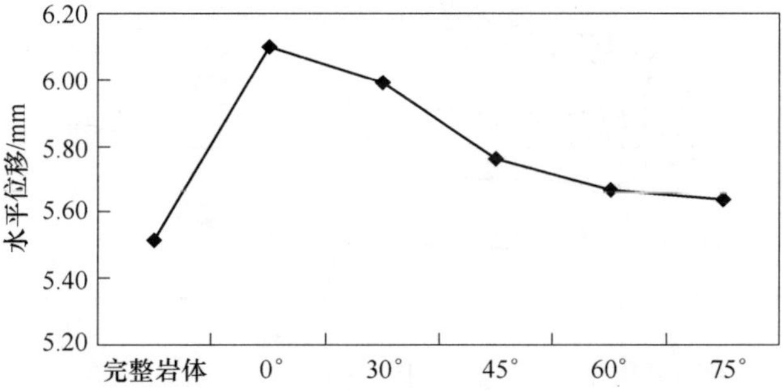

图 5-14 不同倾角断层位于边墙下方时拱顶中点位移

5.3 不同地应力水平下隐含断层对隧道稳定性的影响

前文讨论了水平应力和竖向应力相等时，位于拱肩上方和边墙墙脚下方的隐含断层对隧道稳定性的影响。本节将进一步探讨在不同地应力水平下，不同倾角的隐含断层对隧道稳定性的影响。数值模型同前。保持竖向应力不变，分别取水平侧压力系数为 $\lambda = 0.75$、1、1.25。

图 5-15～图 5-17 表明，当断层位于隧道拱肩上方时，随着侧压系数的增加，拱顶中点的位移明显减小，而隧道边墙的位移却显著增大。同时可以看出，当断层倾角超过 45°时，与断层相邻侧边墙的位移最大值呈明显增加的趋势。但是远离断层一侧，断层倾角对边墙位移的影响不敏感。

当断层位于边墙脚下端时，不同侧压力对边墙位移的影响却较为复杂。此时，随着侧压力系数的增加，拱顶中点的位移仍趋于减小（见图 5-18），远离断层侧的隧道边墙的位移也相应增加（见图 5-19），但与断层相邻侧的隧道边墙位移最大值的变化却出现了有趣的现象，如图 5-20 所示：侧压系数的增加使得右边墙位移最大值逐渐减小，但当断层倾角为 30°时，侧压力系数的变化对边墙位移的影响最小；随着断层倾角的加大，右边墙位移对于侧压力系数的敏感性亦愈

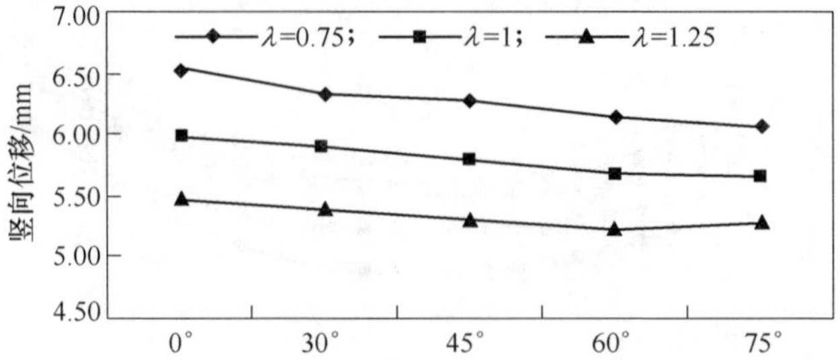

图 5-15　在不同侧压下位于拱肩上方断层对拱顶中点竖向位移的影响

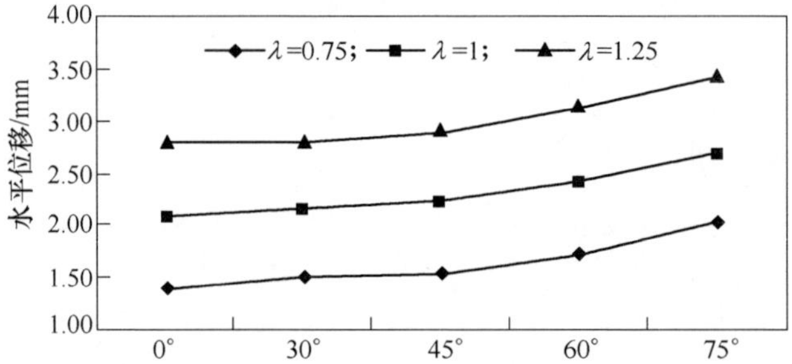

图 5-16　在不同侧压下位于拱肩上方断层引起的左边墙最大水平位移

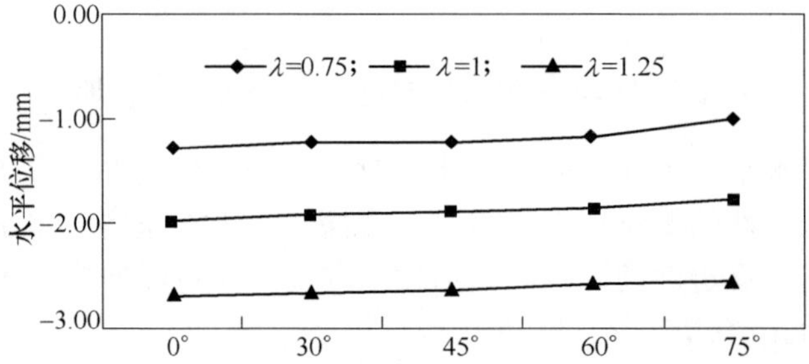

图 5-17　在不同侧压下位于拱肩上方断层引起的右边墙最大水平位移

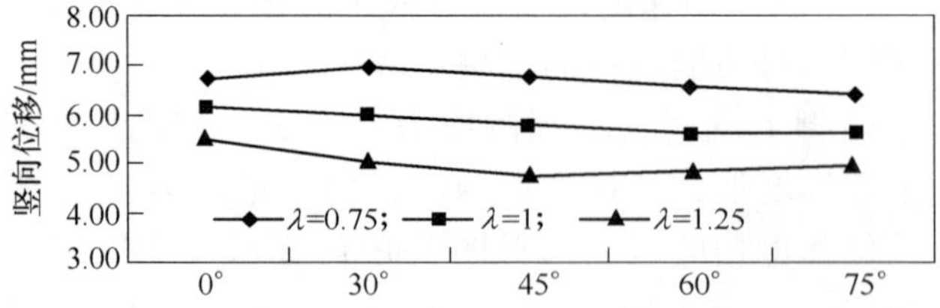

图 5-18　在不同侧压下位于右边墙下端断层对拱顶中点竖向位移的影响

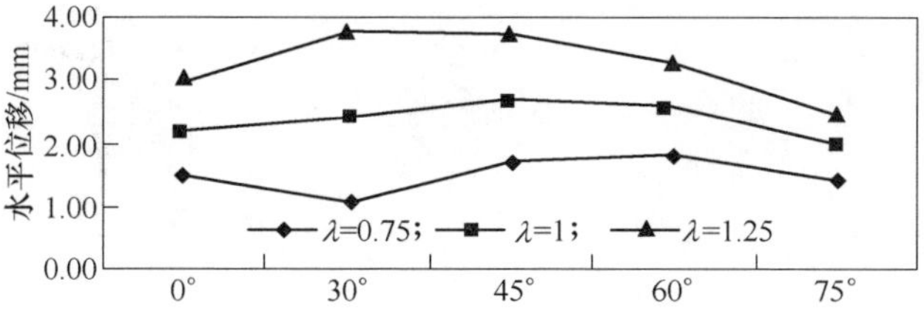

图 5-19 在不同侧压下位于右边墙下端时断层引起的左边墙最大水平位移

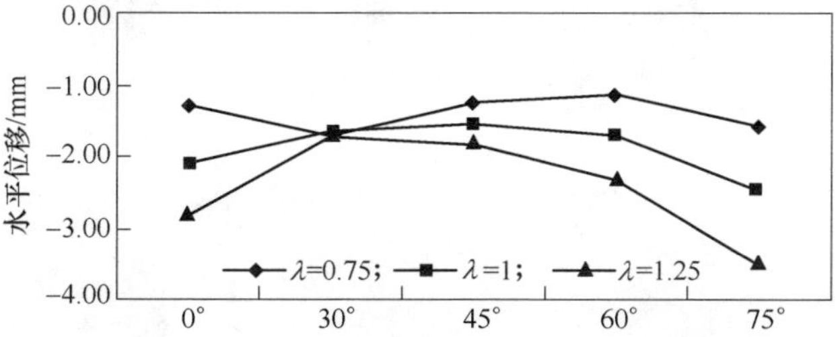

图 5-20 在不同侧压下位于右边墙下端时断层引起的右边墙最大水平位移

来愈强，当断层为陡倾时，随着侧压系数的逐渐增大，边墙向隧道临空面发生的位移也就越大。随侧压力系数的增加，左边墙位移的最大值也明显增加。

图 5-21 是隧道周围不含断层时，在不同侧压力系数下的最终破坏模式。可以看出，侧压力系数小于 1 时，破坏带集中在边墙两侧；侧压力系数为 1 时，破坏带主要集中在拱顶和隧道底部，同时墙脚的破坏带会向上延伸，造成边墙破坏；当侧压力系数大于 1 时，破坏带集中在拱顶和底部，数值模拟结果与完整岩体中倒 U 形隧道用解析法获得的应力分布一致[300]。

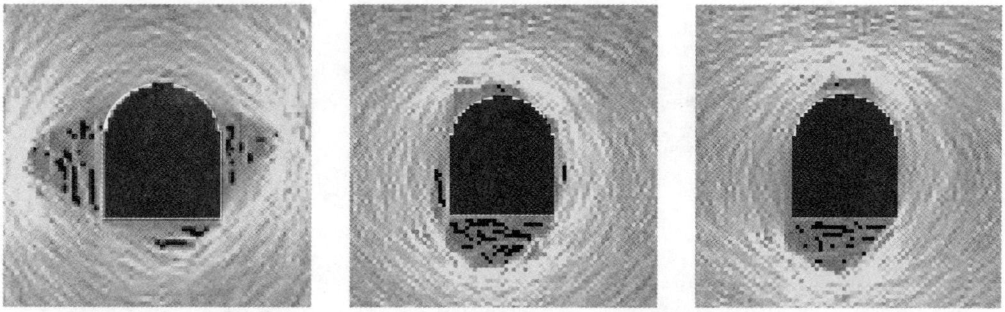

λ=0.75　　λ=1　　λ=1.25

图 5-21 不同侧压下完整岩体中隧道的破坏模式（局部）

图 5-22 和图 5-23 是断层位于拱肩上方和边墙脚外侧时隧道在不同侧压下的最终破坏模式。可以看出，在不同侧压力下，隧道破坏的规律与完整岩体中在相

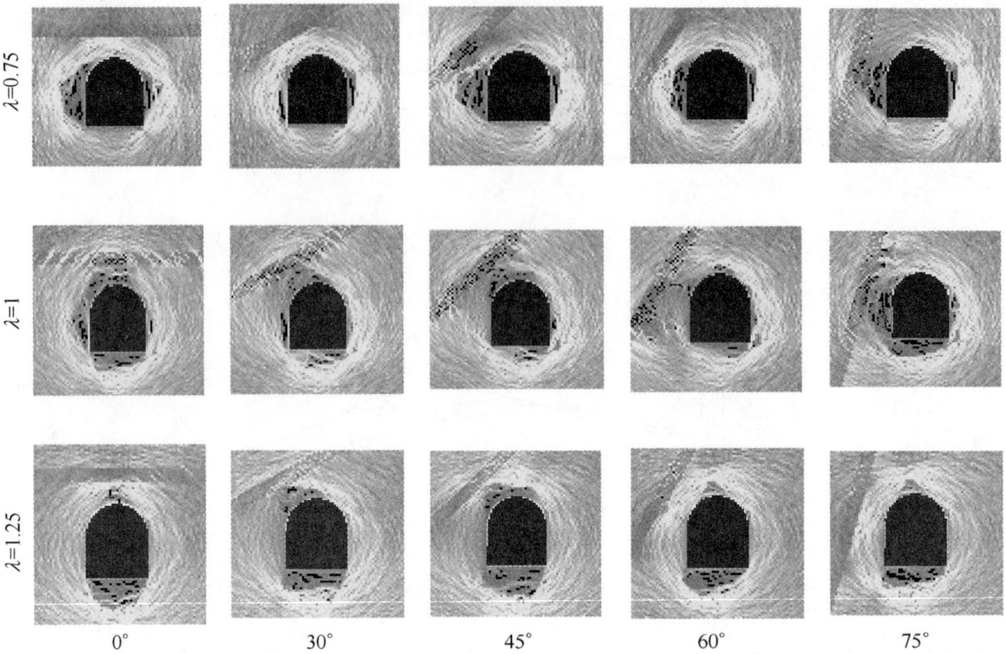

图 5-22　不同侧压下不同倾角断层位于拱肩上方时隧道最终破坏模式（局部）

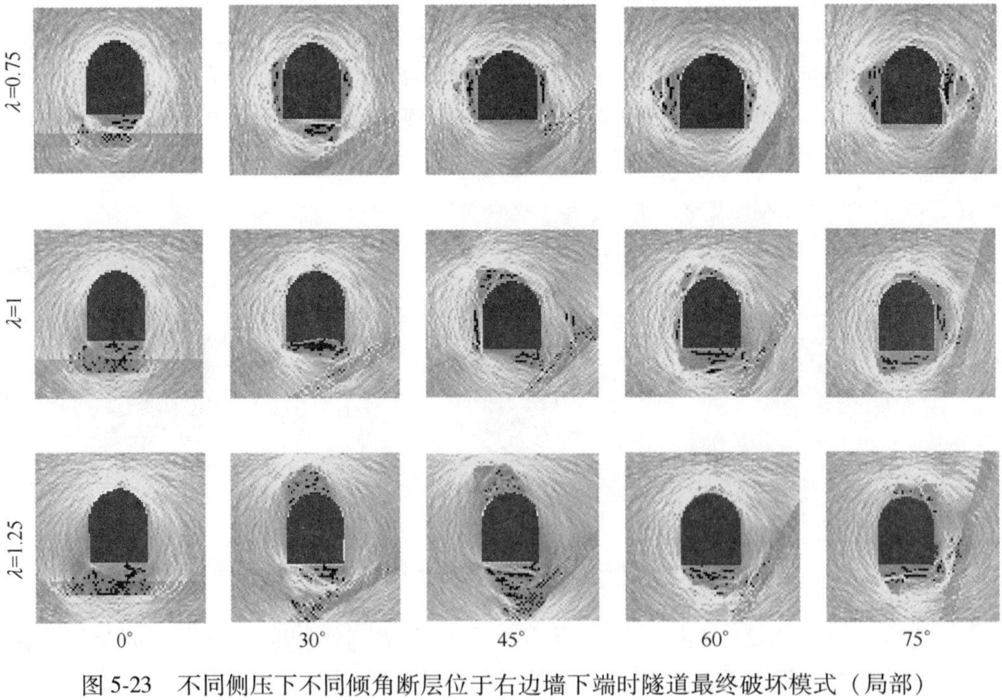

图 5-23　不同侧压下不同倾角断层位于右边墙下端时隧道最终破坏模式（局部）

同侧压力下的破坏规律基本相同，但断层的存在使拱肩处的应力向靠近断层的方向迁移，而边墙脚外侧的断层使得隧道底部的应力向靠近断层方向迁移，从而使破坏带更易发生在隧道与断层距离最近的部位。

表5-2是不同倾角断层位于拱肩和边墙脚外侧时不同侧压力下隧道发生整体失稳破坏的折减步，可以发现，对于情况1，侧压力系数为1时，隧道的强度在折减到40步左右才发生破坏，其安全储备最高，当侧压力系数大于1时，在30步左右就发生破坏，安全储备较侧压力系数为0.75时低；对于情况2，侧压力系数为1时，安全储备最低，而侧压力系数为0.75时安全储备较高。由于数值模型的隧道采用带直角的U形隧道，在直角处产生了较高的应力集中，易产生破坏，当水平断层位于隧道底部时，墙脚部位的破坏迅速蔓延与断层贯通，因此造成隧道的安全储备最低。

表5-2 不同侧压系数下隧道发生整体失稳时的折减步
（不同倾角断层位于拱肩和边墙脚外侧时）

	断层倾角/(°)	0	30	45	60	75
例1	$\lambda=0.75$	37	36	37	36	36
	$\lambda=1$	40	38	40	39	38
	$\lambda=1.25$	28	31	36	29	17
例2	$\lambda=0.75$	20	40	38	43	40
	$\lambda=1$	2	17	26	17	17
	$\lambda=1.25$	6	27	34	42	39

5.4 隐含断层厚度对隧道位移及安全储备的影响

我们已经知道，隧道直接通过断层时，断层宽度愈大，走向与隧道轴向交角愈小，在隧道内出露的愈长，对围岩稳定性影响愈大。对于隧道附近存在隐含断层的情况，通过前文的分析已经明确，在隧道不同部位存在倾角不同的隐含断层时，隐含断层明显改变了隧道周围应力场和位移场分布的对称性，隧道周边的应力分布出现了向断层附近“迁移”的现象，形成了高变异应力区，使得临近断层一侧岩体的应力集中程度和位移明显增加，造成隧道的安全度明显下降。

前文所进行的讨论是针对同一断层厚度所进行的。实际上，隐含断层的厚度可由数厘米至数米、数十米乃至几百米以上。破碎带宽约数米至数十米乃至几百米以上的大断层或区域性断层，直接关系着建设地区的地壳稳定性，一般的工程应尽量避开；破碎带宽数十厘米至数米的断层常控制工程区的山体稳定性或岩体稳定性；破碎带宽度一般数厘米至1m左右的断层主要影响或控制工程岩体，如地下隧道围岩及边坡岩体的稳定性。由于小规模的断层分布较为广泛，直接威胁工程的安全稳定性，因此，本节着重探讨破碎带宽度小于隧道跨度的情况。

数值模型如图 5-2 所示。分别考虑倾角为 0°、30°、45°、60°、75°的断层位于拱肩上方和隧道边墙脚下方的情况。断层距离隧道的距离均相同。每个倾角的断层均考虑厚度为 1m、1.4m、2.0m、2.5m 四种情况，与隧道跨度的比值分别为 β=0.2、0.27、0.38、0.48。共建立了 40 个数值模型。模型边界所受的水平和垂直压力均为 8MPa。在每一步保持边界加载条件不变，将内摩擦角和黏聚力每步折减 0.01，直到岩体失稳破坏。

图 5-24～图 5-26 分别为不同厚度和倾角的断层位于隧道拱肩外侧时隧道各部位的位移最大值。可以看到，位于拱顶的水平断层其厚度对隧道两侧边墙的影响很小，但是却对拱顶位移有着明显影响，随着断层厚度的增加，拱顶位移明显增加。由图 5-24 可以看到，拱顶外侧断层厚度的增加，会增加相邻侧边墙的位移，随着断层倾角的逐渐增加，断层厚度的影响效应也显著增加，例如当 β=0.48 时，左边墙位移最大值较 β=0.2 时增加了 18%。但是拱肩外侧断层的厚度对较远侧边墙位移的影响并不显著，尤其是当断层为水平或陡倾时，影响甚微，但对于其他倾角，其位移也随断层厚度有增加的趋势。拱顶位移随断层厚度的增加而增加，但随着断层倾角的加大，其对拱顶位移的影响也愈来愈不显著。

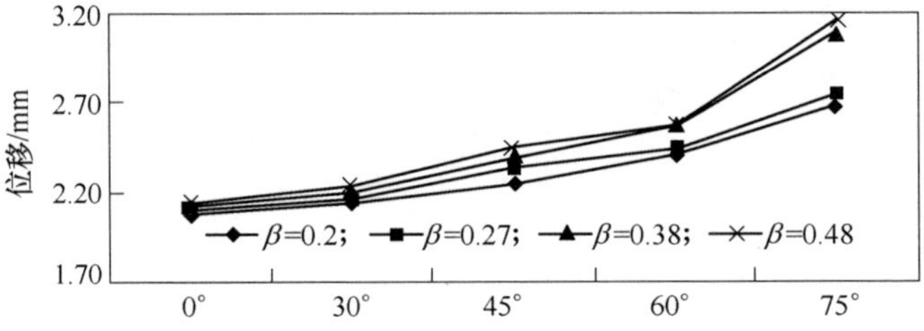

图 5-24　不同倾角和厚度的断层位于隧道拱肩上方时左边墙位移最大值

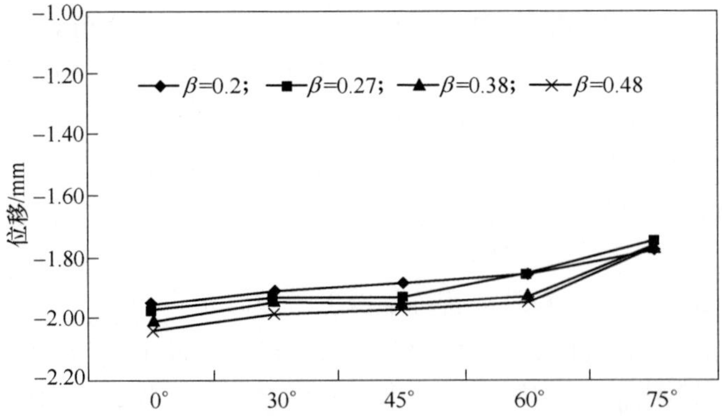

图 5-25　不同倾角和厚度的断层位于拱肩上方时右边墙位移最大值

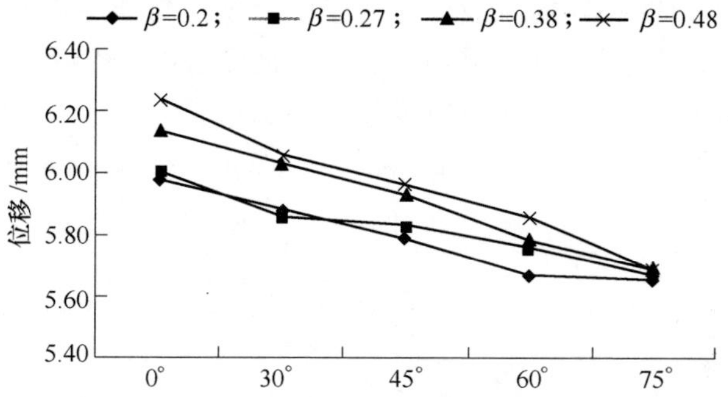

图 5-26　不同倾角和厚度的断层位于隧道拱肩上方时拱顶中点位移最大值

图 5-27～图 5-29 是不同厚度的断层位于隧道边墙脚外侧时隧道各部位位移最大值。可以看到，当断层为水平或陡倾时，其对隧道两侧边墙的影响不大，尤其是较远侧边墙，受断层厚度的影响几乎为零，而相邻侧边墙位移在断层陡倾时最大位移值仅有微小增加。值得注意的是，当断层倾角为 30°～60°时，断层厚度的增加对隧道两侧边墙位移的影响非常显著，例如当断层倾角为 45°时，$\beta=0.48$ 时远离断层一侧的边墙位移最大值比 $\beta=0.2$ 时增加了 29%，而相邻侧边墙的位移最大值减小了 52.4%。从数值模拟结果可知，位于边墙脚外侧的断层当断层倾角在 30°～60°时隧道边墙的位移对断层厚度的变化较为敏感，且右边墙位移最大值在此倾角范围内随断层厚度的增加而减少。

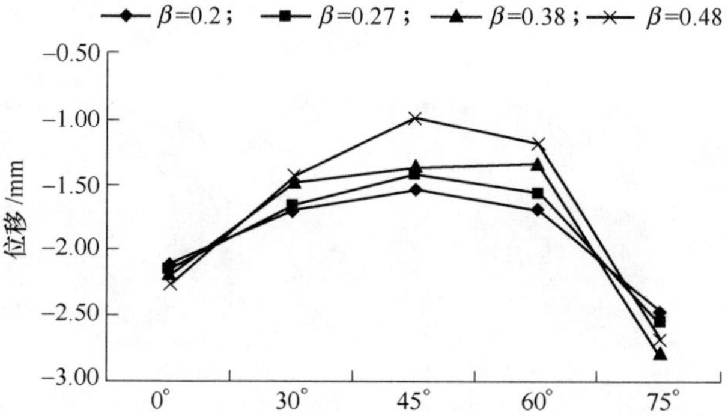

图 5-27　不同倾角和厚度的断层位于边墙脚下方时右边墙位移最大值

由图 5-29 可以看出，位于边墙脚外侧的断层的倾角大于 45°时，其厚度对拱顶位移的影响很小，而倾角小于 45°时，断层厚度的增加会使拱顶位移逐渐增加。

图 5-30 是位于拱肩外侧，倾角为 45°的不同厚度的断层，在同一折减步附近隧道周围围岩的破坏情况和声发射图。可以看到，当 $\beta=0.2$ 和 0.27 时，当围岩强度折减到第 32 步时，围岩仅在边墙脚部应力高度集中处发生局部开裂，而 $\beta=0.38$ 和 0.48 时，在断层与隧道之间的围岩已经发生了大范围的破坏。声发射图

显示，此时拱顶和边墙脚处的拉破坏带已经向上延伸与断层贯通，隧道发生了整体失稳。由此可见，断层厚度的增加会明显降低隧道的安全度，尤其是断层的厚度大于隧道跨度的30%时，隧道的安全度会极大降低。

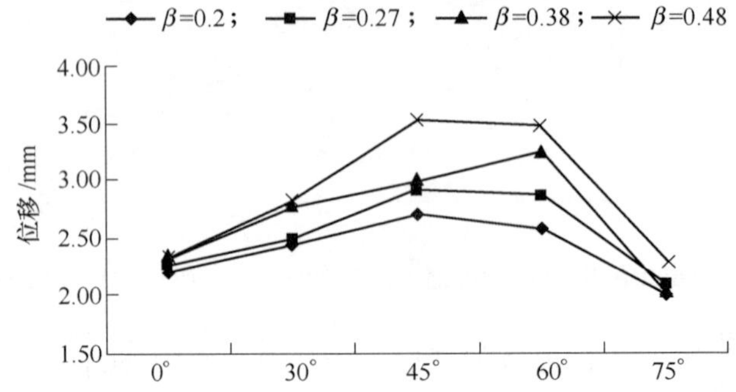

图 5-28　不同倾角和厚度的断层位于边墙脚下方时左边墙位移最大值

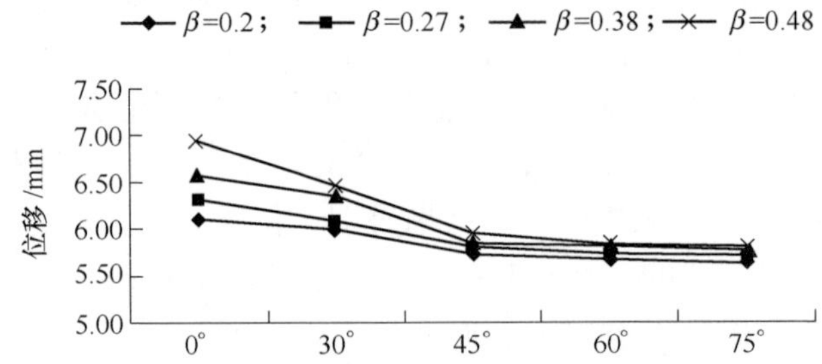

图 5-29　不同倾角和厚度的断层位于边墙脚下方时拱顶中点位移最大值

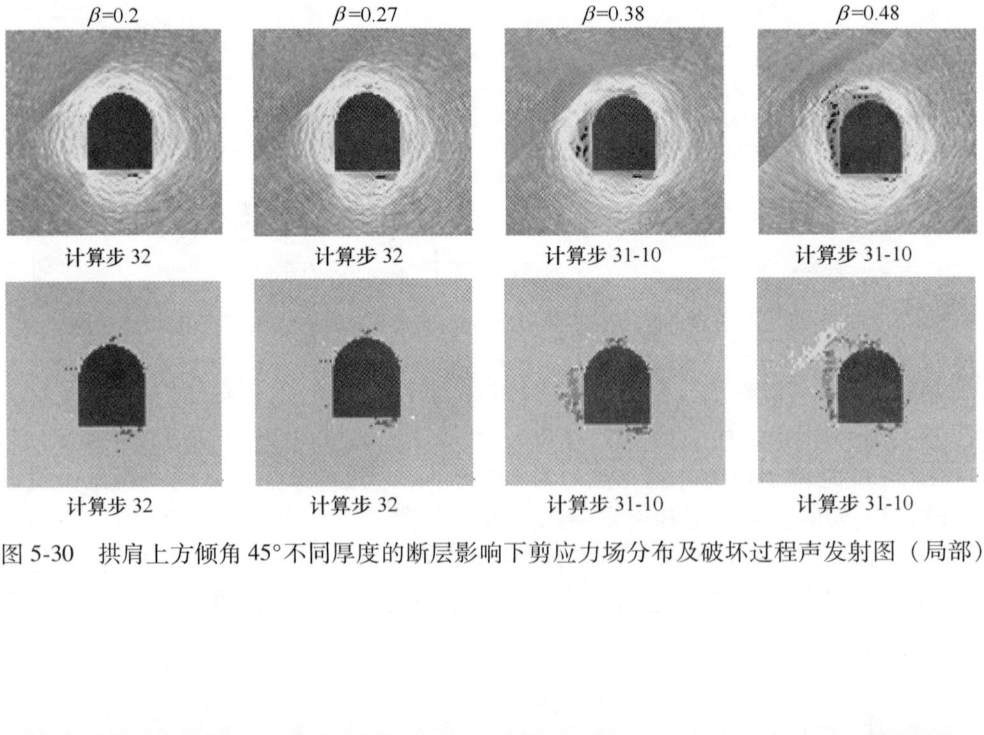

图 5-30　拱肩上方倾角 45°不同厚度的断层影响下剪应力场分布及破坏过程声发射图（局部）

6 深部隧道典型破裂模式的发生机制

6.1 概述

随着地下空间开发利用不断向深部发展，深部岩体工程围岩变形和破坏表现出一系列与浅部岩体不同的性质。与以往对浅部巷道开挖后围岩从内到外分别为破裂区、塑性区和弹性区的认识有很大不同，深部围岩独特的力学特性提出了对经典理论的严峻挑战[301]。图 6-1 为加拿大 Mine-by 隧道在三向地应力作用下（中间主应力平行于隧道轴线）沿垂直于最大主应力方向出现的 V 形槽破坏，值得注意的是在仰拱处 V 形槽尖端出现了平行于隧道临空面薄层状破裂；图 6-2 为加拿大地下实验室（URL）420m 深处隧道周边大理岩的层状剥离破裂面，层裂面平行于隧道临空面；图 6-3 为加拿大 1500m 深 Garson 矿高地应力条件下 10m 钻孔内显示的平行裂纹，其开裂方向与隧道临空面接近平行；图 6-4 为地下 942m 钻孔等厚岩芯，开裂面平行于应力释放面（临空面）；图 6-5 为锦屏二级水电站排水洞 K10+718 处洞壁围岩拉张型板裂化片帮破坏，其破坏形式与图 6-2 的层状剥离破坏非常类似，不同之处在于层裂厚度较大，但层裂面仍然与隧道临空面平行；图 6-6 为我国淮南矿区丁集矿巷道根据钻孔电视获得的围岩分区破裂分布图，值得注意的是，环状的破裂带仍然是平行于隧道临空面的。从这些深部围岩的典型破坏现象可以发现：这些破坏现象有一个共同特点，即破裂面均近似平行于隧道临空面，破裂面呈现间隔分布的特点，即破裂带和非破裂带间隔分布，因此可以将这一系列现象统称为间隔破裂现象（fracture spacing），其不同之处在于这些间隔破裂的尺度不尽相同。例如，洞壁的层状剥离或洋葱皮状破裂，其破裂面间距与隧道尺寸相比很小；而分区破裂现象，其破裂面间距却几乎与隧道尺寸在同一个数量级，显然，深部围岩的这些力学响应特点用浅部围岩的理论无法加以解释。

那么深部围岩多种破裂发生的机制究竟是什么？不同尺度间隔破裂究竟具有何种相关性？深部复杂三向高地应力究竟如何影响间隔破裂的发展？深部围岩渐进损伤究竟在空间上如何进行演化，最终的宏观破裂模式究竟会受到哪些因素的影响？要回答上述问题，首先，要认清深部围岩的破坏发生在三向高应力环境下，深部围岩的损伤破坏问题是一个典型的三维问题，明确不同破裂模式发生的三向应力边界条件，是进一步解释围岩多种破坏模式发生机制的前提。深部岩体当中的地应力与浅部围岩不同，水平方向地应力较高，甚至远远大于垂直方向地

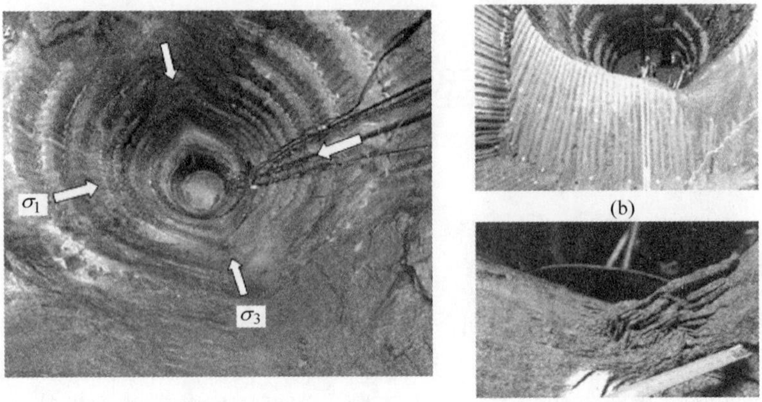

(a)　　(c)

图 6-1　加拿大 Mine-by 试验隧道显示

（a）隧道仰拱和拱顶处的 V 形槽破坏；（b）V 形槽处的横剖面；

（c）仰拱尖处的层状隆起[62]

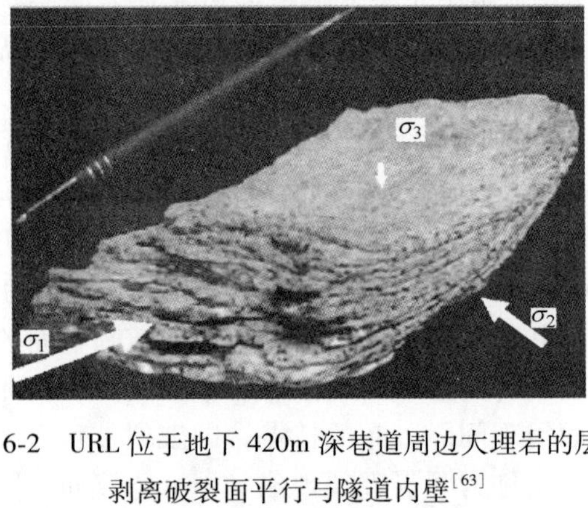

图 6-2　URL 位于地下 420m 深巷道周边大理岩的层状剥离破裂面平行与隧道内壁[63]

图 6-3　加拿大 1500m 深 Garson 矿高地应力条件 10m 钻孔内显示的平行裂纹[98]

图 6-4　地下 942m 钻孔等厚岩芯[329]

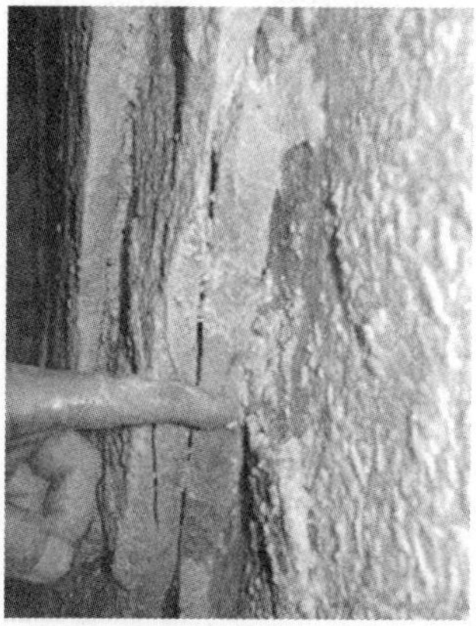

图 6-5　锦屏二级水电站排水洞 K10+718 处洞壁围岩拉张型板裂化片帮破坏[326]

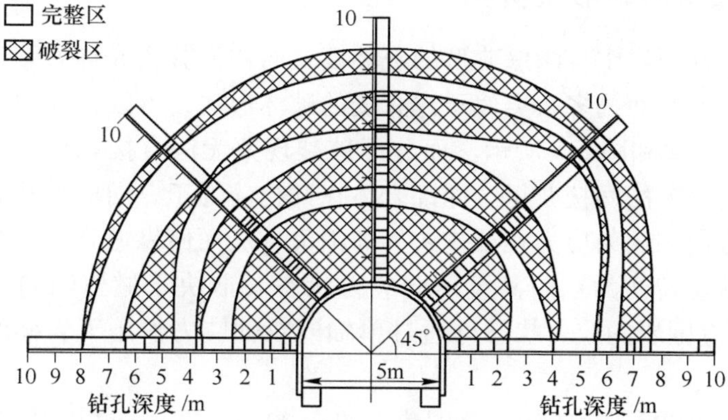

图 6-6　淮南矿区丁集矿巷道围岩分区破裂[74]

应力，尤其是在沿隧道轴线方向存在的高地应力往往不容忽视。浅部工程由于在隧道轴线方向的地应力水平低，往往简化为平面应变状态加以研究。而对于深部工程，隧道轴向方向的应力对深部围岩损伤演化的时空发展会起到重要作用[9,34,39]，更为重要的是，不同三向地应力组合对围岩破裂模式和损伤破坏位置有重要影响[9]。

其次，明确深部岩体在复杂三向应力状态下，巷道围岩因开挖引起的微损伤在三维空间内的渐进演化发展规律是揭示深部围岩一系列灾害形式的孕育、发展直至灾变的机理和规律的重要手段。深部脆性硬岩是典型的非均匀脆性介质。微裂纹由初始的空间随机分布逐渐转向局部性的集中，最后诱发宏观破坏的过程实际上是一个损伤演化诱致灾变的过程。损伤的形态及其演化过程，是发生于细观层次上的物理现象，而损伤对岩体力学性能的影响则是细观的成因在宏观上的结果或表现。遗憾的是目前的研究多数从破坏的结果加以分析，因此，将开挖引起的微损伤的渐进发展演化与岩体的宏观力学行为，即围岩的破坏联系起来，开展复杂三向高应力条件下深部围岩损伤演化的空间特性与破裂机理研究，无疑对于从根本上认识深部围岩多种破裂模式的机理和规律具有重要意义。

第三，深部围岩表现出的一系列不同尺度间隔破裂现象在发生机制上有其共性，同时又受到复杂应力地应力状况、围岩力学参数等多种因素的共同影响，因而获得深部围岩多种破裂模式的影响因素，是揭示深部围岩多种破裂模式发生机制的有效方法。目前人们对深部围岩的破坏问题往往更多集中在对分区破裂问题的研究上，而对深部围岩在三向高应力下的一系列力学响应，如层状剥离、板裂破坏、钻孔平行裂纹和分区破裂等破裂形式均呈现出间隔破裂的特点，但破裂尺度不同的原因探讨不多。本章将对深部围岩典型破裂模式的发生机制进行探讨。

6.2　洞壁层状破裂形成机制

在深部脆性硬岩中，洞壁典型的破坏模式通常为劈裂或称为剥离破坏，表现为平行于洞壁临空面的多条类似于洋葱皮的破坏形式，可以在洞内通过肉眼直接观察到，如图 6-2 和图 6-5 所示。而分区破裂现象无法直接观察，需要借助钻孔摄像或地球物理方法间接获得。深部岩体在开挖前处于三向应力状态下，一旦开挖，则径向方向的约束应力在开挖边界即消失，从而使靠近开挖边界的岩体应力由三向应力状态转变为双向甚至单向应力状态（取决于隧道轴向方向应力的大小）。因此洞壁围岩的应力状态可通过单轴或双轴应力作用下岩样的破裂行为加以模拟[106]。

本节采用 RFPA^{3D}数值软件分别建立四个 70mm×70mm×140mm 的岩样，在竖向均以 0.001mm/步的施加位移荷载，在模型 a 只施加竖向的位移荷载，在模型 b、c、d 的侧表面分别施加 0.02mm/步、0.04mm/步和 0.08mm/步的水平向位移荷载。采用 Weibull 分布赋予单元材料属性从而考虑岩石材料的非均匀性。岩样的弹性模量为 60GPa，单轴抗压强度为 260MPa，泊松比为 0.22，内摩擦角为 60°。

图 6-7 为加载后模型内部损伤单元分布和宏观破裂模式。可以看到模型 a 内部，损伤单元集中在模型局部区域，没有优势分布方向。模型的最终破裂模式取决于模型内部随机分布的若单元，当该单元的应力集中超过单元的强度时，则单

元发生破坏。然而，模型 b、c、d 的最终破裂模式却随着侧向位移荷载的逐渐增大而呈现出“有序”的特点：即破裂面逐渐平行于未加载的临空面，模型 d 中的宏观破裂面几乎平行于临空面。因此，在隧道开挖后，由于临空面的约束应力变为 0，重新分布切向集中应力与洞轴线方向的水平用力形成的双轴应力状态，使得洞壁围岩发生了平行于洞壁临空面的剥离或称层裂破坏。在围岩内部逐渐远离洞壁处，由于径向应力逐渐增加，围岩又逐渐处于三轴应力状态下，围岩的强度增大而处于未破坏状态，因此洞壁周边平行于临空面的层状剥离为在双轴应力作用下的拉破裂机制。

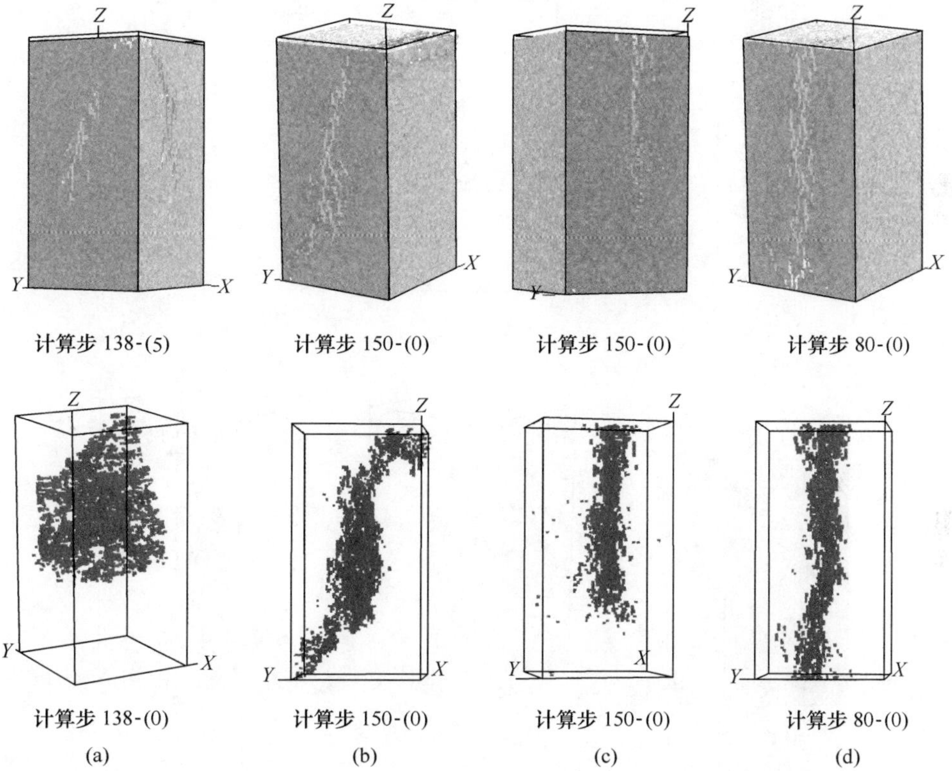

图 6-7 双轴应力下岩样内部损伤单元的空间分布和宏观破裂模式
（a）模型 a；（b）模型 b；（c）模型 c；（d）模型 d

6.3 岩石非均匀性对层状破裂的影响

由于岩石是非均匀材料，因而损伤单元的渐进发展直至最终宏观裂纹形成与岩石的非均匀性密切相关。为了解岩石非均匀性对层状裂纹扩展的影响，分别建立了三个数值岩样，岩样的均质度 m 分别为 3、10 和 100。m 值越大，则岩样的均匀程度越高。在三个岩样上分别施加竖向为 0.001mm/step 和侧向 0.04mm/step

的位移荷载，最终的宏观破裂模式见图 6-8。由图 6-8 可见，当损伤单元在模型内部的分布由有序逐渐变为无序。在均质度为 $m=3$ 的岩样内部的损伤单元几乎平行于未加载面（临空面），而在均质度 $m=100$（几乎为均质材料）岩样内部，损伤单元随机而无序分布在模型内部，没有平行破裂面形成。均质度高的岩样破坏时几乎没有渐进过程而在短时间内突然破坏。因此，可以认为洞壁附近平行于临空面的层裂或剥离破坏为在双轴应力状态下非均质岩体内在破裂特性。而更大尺度的分区破裂现象必然也与隧道轴向方向的应力密切相关。

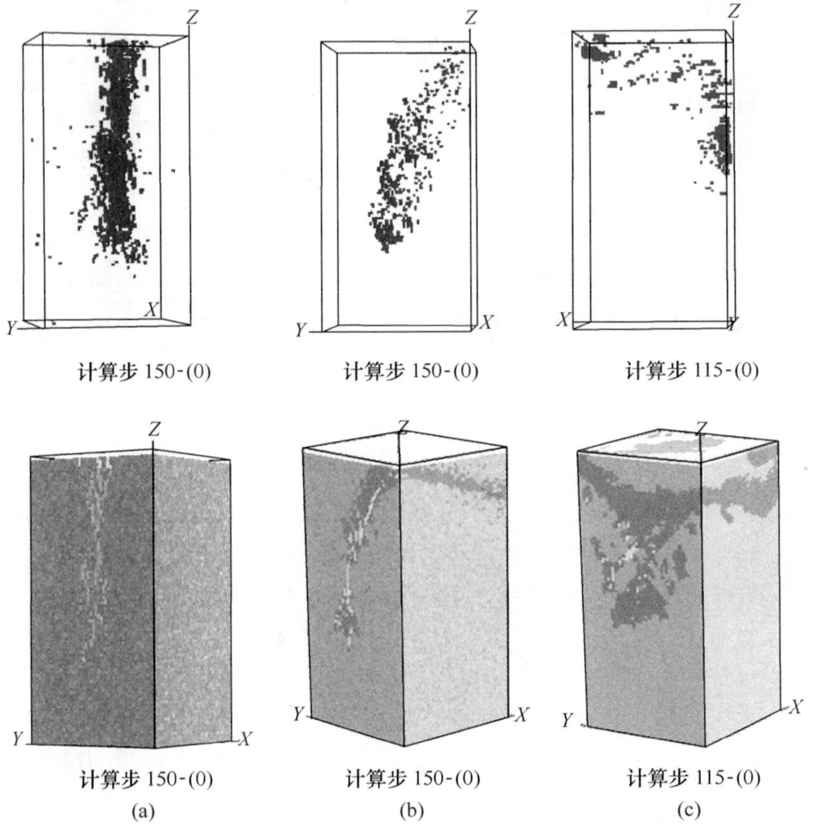

(a)　(b)　(c)

图 6-8　不同均质度岩样损伤单元的空间分布和宏观破裂模式
（a）$m=3$；（b）$m=10$；（c）$m=100$

6.4　几种典型破坏模式的渐进演化

为讨论深部隧道劈裂或板裂破裂模式与分区破裂模式间的内在联系及其演化特性，本节以加拿大 Mine-by 隧道地下实验室 URL[62,63] 试验段为例，采用数值试验模拟相应三向应力条件下隧道周边裂纹扩展演化过程加以讨论。该试验段隧道位于地下 420m 的 Lac du Bonnet（LdB）花岗岩中，隧道直径为 3.5m，隧道所处的应力为 $\sigma_v=60$MPa，$\sigma_h=11$MPa，$\sigma_H=45$MPa，其中 σ_H 为沿隧道轴向方向的应力，σ_v 为竖向应力，σ_h 为水平向应力。三向应力比 $\sigma_v:\sigma_h:\sigma_H=6:1:4$。建立的数值模型尺寸为 140mm×140mm×50mm，共划分为 980000 个单元。首先将模型通过位移加载达到初始应力水平，然后开挖隧道。模型的边界条件如图 6-9 所示。在 X、Y 轴和 Z 轴方向分别施加 0.001mm、0.003mm 和 0.002mm 每步的位移荷载以近似达到三向应力比 $\sigma_v:\sigma_h:\sigma_H=6:1:4$ 的应力状态。围岩的渐进破坏过程如图 6-10 所示。

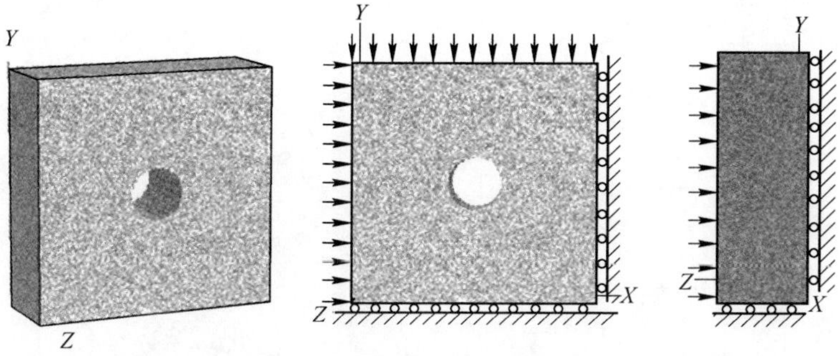

图 6-9 数值模型的边界及加载条件

洞壁的层状剥离破坏可通过将洞壁单元要划分得足够精细加以实现。但是由于层状剥离的尺度与隧道尺度存在着数量级的差异，考虑到计算速度，尽管本次数值试验的单元划分并不能细致地模拟层状剥离破坏，但是可以看到随着荷载的增加，洞壁附近的损伤单元逐渐累积，在洞壁左右边墙附近形成两个狗耳形的破坏区域（见图 6-10（b））。

如果保持三向应力比不变，而持续增加荷载，可以看到新的裂纹将从 V 形槽尖端逐渐向外扩展，然后以近似平行于洞壁的方向扩展，形成了第一个破裂环（见图 6-10（c））；在第一破裂环形成的过程中，第二破裂环（非完整）在更加远离洞壁的方向逐渐形成（见图 6-10（d））；在第二破裂环的一部分形成后，几乎同时出现了一部分第三破裂环（见图 6-10（e））。相邻破裂环的间距随着距洞壁距离的增加而增加。

图 6-11 对比了数值模拟结果（见图 6-11 左）与 Mine-by 隧道（见图 6-11 右）的实际破坏情况，可以看到，数值模拟得到的狗耳形破裂区位于开挖面内垂直于大主应力的方向，这也与现场观察到的破裂区位置和破裂形态一致。

如果将图 6-10（a）~（e）对应的加载步标注于模型的应力-应变曲线上（见图 6-12），a 代表发生层状剥离破坏的阶段，对应于应力应变曲线的初次应力降阶段，此时声发射数开始逐渐增多。b 代表形成 V 形槽破坏的阶段，由于破坏区

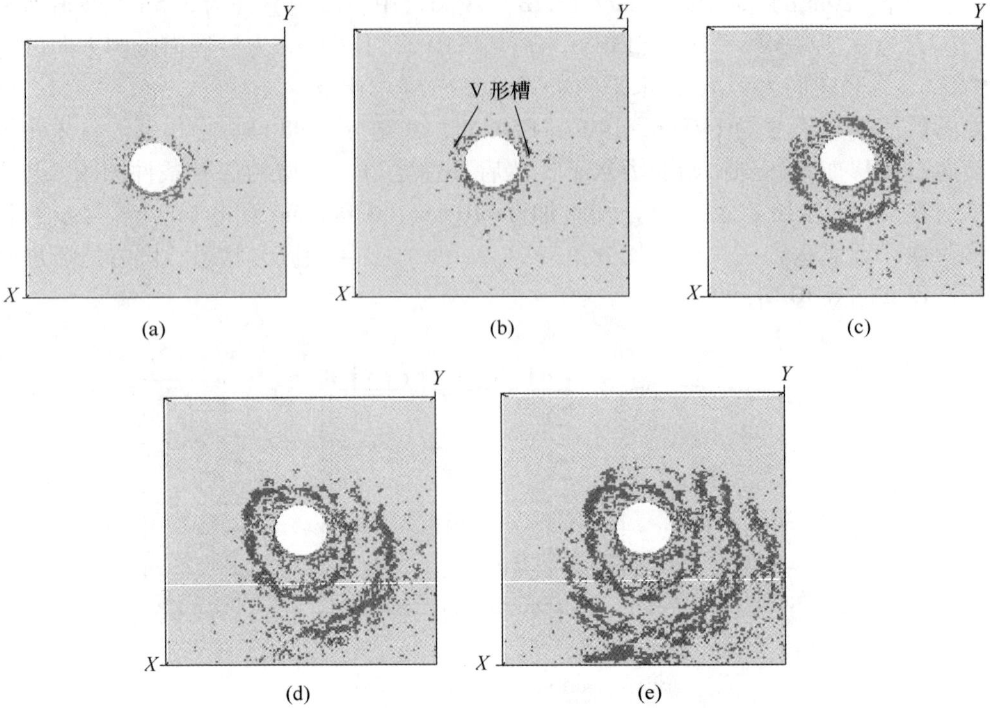

图 6-10　围岩的渐进损伤破坏过程

（a）计算步 45-(0)；（b）计算步 49-(0)；

（c）计算步 58-(1)；（d）计算步 58-(11)；

（e）计算步 58-（17）

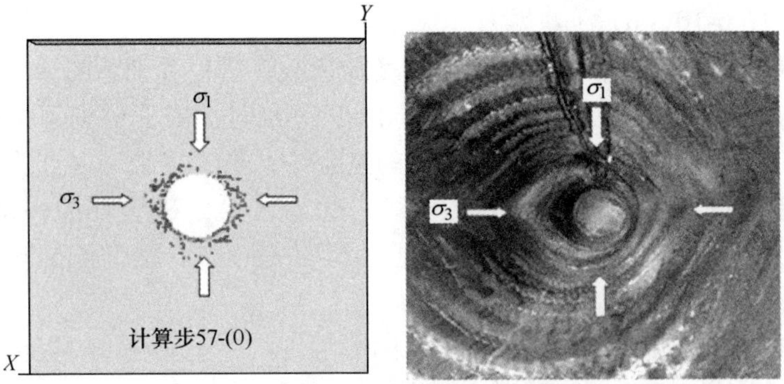

图 6-11　数值模拟结果与加拿大 URL Mine-by 隧道破坏结果[63]对比

逐渐增大，此时应力应变曲线又出现了明显的应力降，声发射数明显增加；*c*、*d*、*e* 对应于出现第一、第二、第三破裂环的阶段，即分区破裂开始出现，此时声发射数急剧增加，应力突然下降。由此可知，在一定的三向高应力条件下，分

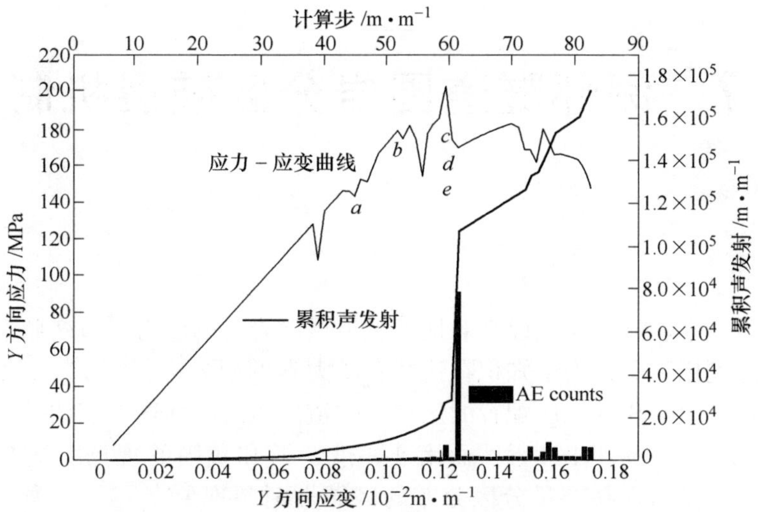

图 6-12 数值模型的应力-应变曲线及声发射图

区破裂现象可由层状剥离破坏和 V 形槽破坏逐渐演化发展而成，然而由于破裂带无法通过肉眼直接观察到，必须借助于钻孔电视或者地球物理探测手段才能够获得，因而深部高应力岩体工程在开挖过程中，应当注重及时掌握距离洞壁一定范围岩体的破裂情况，这些隐藏于围岩内部的破裂会因岩体的流变效应，或受到爆破震动的影响而对隧道的稳定性构成潜在的威胁。

7 深部隧道围岩分区破裂机制

7.1 概述

在岩石力学领域，长期以来对地下坑道周围岩石的应力 - 应变状态变化的研究，主要是利用弹塑性力学知识在连续介质力学框架内进行[302~306]。据此，地下隧道周围划分出了相互依次配置的区域：隧道周边的破坏区、非线性变形区和岩体“未扰动”区（原状区）。然而南非、俄罗斯和我国的现场实测与模拟试验中，深部隧道围岩存在有呈分区分布的区域性断裂现象[1,307~309]，如图 7-1 和图 7-2 所示。不少学者认为，深部隧道围岩出现的这种分区破裂现象揭示了深部围岩的另一种平衡过程及其新的平衡稳定形式。认识这一现象的意义还在于它能成为现代非线性科学理论的佐证[310]，即高应力下貌似杂乱无序的岩石破裂，会形成一种有规律的有序结构。

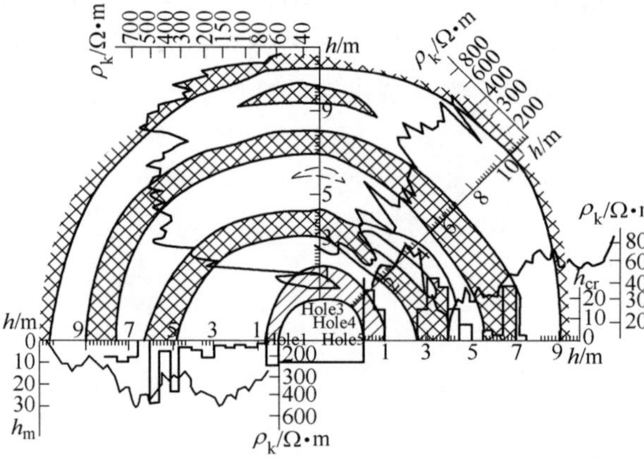

图 7-1　位于地下 957m 处 Oktyabr′skii 矿 SDN Ⅰ站的长期钻孔观测综合轮廓图[320]

虽然许多国内外学者都尝试解释这一现象[311~313]，但目前对其产生的力学机制尚没有统一定论，甚至分区破裂是否真的存在，仍然存在一定的争议。这是由于分区破裂现象发生在局里洞壁一定范围的围岩当中，无法通过肉眼直接观察，通常需要在隧道周边钻孔，利用钻孔电视观察隧道周边多个钻孔中的破裂情况，从而对洞周围岩的破裂带分布进行推演；或是通过测量距洞壁一定范围岩体的物理力学参数的变化规律[308]，间接判断隧道周边破裂带的分布情况。然而上述方

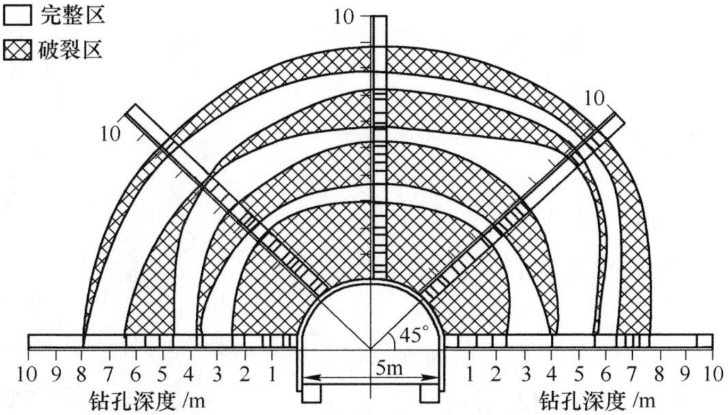

图 7-2 淮南矿区丁集矿地下 910m 巷道分区破裂现象[73]

法仅能够获得隧道周边有限个钻孔或局部范围内岩体的破裂情况，无法全面真实地反映隧道周边岩体破裂带的分布情况。顾金才院士[82]首先通过厚壁钢筒约束的含孔洞相似材料压缩实验，再现了分区破裂现象，此后不少学者开展了有围压条件下含孔洞试样的加载实验，认为沿隧道轴向方向的存在较高的应力是分区破裂产生的原因。然而上述研究未能考虑深部岩体的三向应力条件，因而难以从机理上对分区破裂现象加以明确的解释。陈旭光等人[89]通过制作尺寸为 0.6m× 0.6m× 0.6m 的相似材料模型，开展了隧道开挖真三轴相似材料试验研究，但是由于真三轴试验的成本高，试验周期长，参数调整困难，未对深部岩体分区破裂的三向应力条件进行深入讨论。

随着计算技术的不断发展，一些学者尝试通过数值模拟的方式，对深部隧道围岩的破裂机制加以研究。如 Qian[312]对锦屏二级水电站引水隧道的破坏过程进行了二维数值模拟，认为分区破裂是由隧道周围的剪切滑移破坏形成的。Zuo[314]通过三维数值模拟研究了竖向和水平荷载作用下隧道的破坏问题，但是没有讨论三向应力及其组合对隧道破坏模式的影响。李树忱等人[96]利用 FLAC^{3D}，研究了静水压力条件下，在隧道轴向施加较大应力时隧道的破坏问题，但没有对不同三向应力作用下隧道的破坏问题进行讨论。深部岩体往往处于三向不等压的高应力状态，深部隧道的破坏问题与三向应力状态密切相关。本章采用大规模科学计算分析系统 RFPA^{3D}[315]并行分析版，首先对深部围岩分区破裂现象进行数值模拟再现，然后分别探讨围压固定条件下，沿隧道轴向应力对隧道破裂模式的影响和不同三向应力组合条件下洞周裂纹扩展模式，最后给出在给定三向应力条件下判断环状分区破裂是否形成的概念性判定方法。

7.2　分区破裂现象的数值模拟再现

7.2.1　数值模型

为再现深部围岩的分区破裂现象，首先建立单一材料数值模型。数值模型尺寸为140m×140m×60mm，沿 X 方向设置半径为150mm 的圆孔。数值模型见图 7-3。模型总单元数为 1176000。

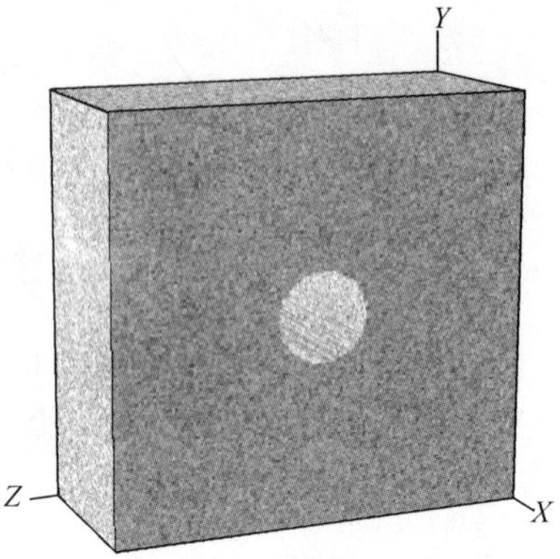

图 7-3　含孔单一材料数值模型（模型 1）

在 X=0mm，X=60mm 面上施加侧向压应力 σ_x，在 Y = 0mm、Y = 140mm，以及 Z = 0mm、Z= 140mm 面上施加侧向压应力 $\sigma_y = \sigma_z$。并且使 $\sigma_x > \sigma_y = \sigma_z$，但并没有出现分区破裂现象，而是仅在孔周发生破坏。这说明分区破裂应该是当轴向应力与周向应力达到某种特定条件时才出现，孔洞轴线方向的应力大于周向方向应力并不是分区破裂出现的充分条件。因此尝试采用位移加载，观察是否出现分区破裂。

模型在 X=140mm 处加位移增量荷载，每步增加 0.01mm，在其他各面上都施加垂直于模型表面的位移约束，而在模型表面切向上不设置约束。模型的非均匀性采用 Weibull 分布函数随机分部各个单元的力学参数。数值模型的平均弹性模量 E=40GPa，泊松比 μ=0.2，内摩擦角 φ=40°，强度取为 60MPa，残余强度系数取为 0.1。

7.2.2　模拟结果与讨论

随着荷载的逐渐增加，微破裂首先集中出现在洞周，顾金才等人指出[82]，当水平方向地应力较大，且最大应力方向与隧道轴线平行时，隧道围岩就有可能产生分区破裂现象。这是因为隧道在较大的轴向应力作用下，围岩介质将产生横向膨胀。膨胀后的介质只能朝隧道空间发展。这种围岩介质向隧道壁的变形将在靠近壁面的位置产生径向拉应力。该拉应力在洞壁上较小，在洞壁内部一定深度上较大。当隧道轴向应力达到一定值时，隧道围岩中的最大径向拉应变将达到介质的拉应变极限，从而造成介质发生拉伸破裂。当隧道周边围岩中发生了第一次破裂后，相当于在原来的围岩中又形成了一个新的更大的隧道。该隧道在较大的轴向压力作用下又会产生新的破裂。上述力学过程的结果就可能在隧道围岩中产生一圈或多圈环状裂缝。

图 7-4 为数值模拟得到的破裂过程。由图可见，随着荷载的增加，微破裂首

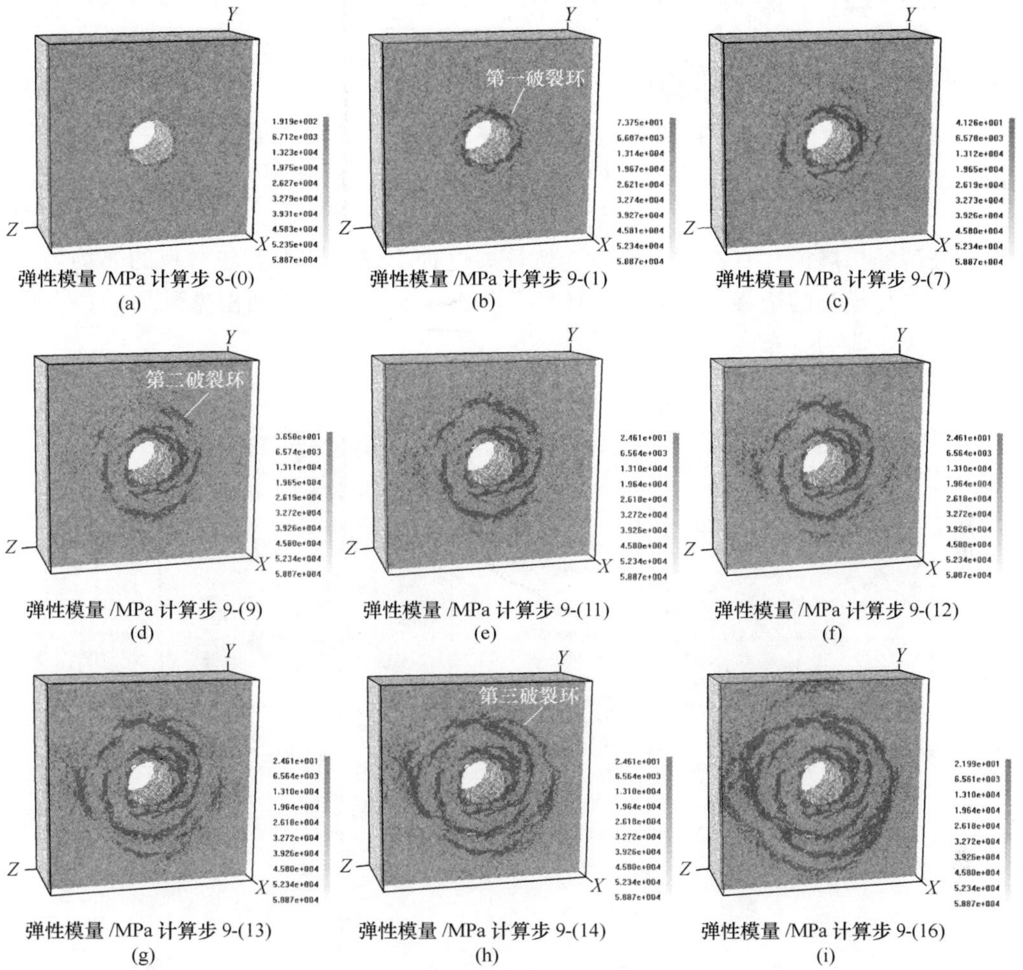

图 7-4　模型 1 的分区破裂形成过程

先出现在孔周，并逐渐增加（见图 7-4（c）、（d））。随着荷载进一步增加，分区破裂开始在孔周出现（见图 7-4（c））并进一步扩展连通。值得注意的是环状破裂并不是闭合环，而是非连续的。破裂带当中包含有完整带；完整带包含有破裂带。其破裂贯通趋势近似呈螺旋线形远离孔周发展（见图 7-4（e））。仔细观察各个破裂环的出现过程可以发现，各级破裂环的出现是不连续的，而是呈跳跃式发展的。在上一级破裂环扩展的过程当中，下一级破裂环就已经出现。此后随着荷载的继续增加，相继出现第三破裂环（见图 7-4（f））和第四破裂环（见图7-4（i））。

图 7-1 是位于地下 957m 处 Oktyabr′skii 矿 SDN Ⅰ站的长期钻孔观测综合轮廓图[310]。工程人员发现，破裂区并非是连续的，而是离散的，在破裂区内有局部

的完整带。观察各环之间的间距可以发现，在靠近孔周的破裂环，其间距与孔径处于一个数量级，而随着破裂环距离孔周距离的增加，其间距逐渐增加。数值模拟的结果与现场观测到的情况是吻合的。

图 7-5 是数值模型不同剖面处的分区破裂形态，比较后可以发现，环状破裂在孔轴线方向上也是不连续的。模型不同剖面上的分区破裂情况并非完全相同。图 7-6 可以更清楚地看到沿孔轴线方向上的分区破裂情况。也就是说在模型内部，破裂的扩展模式存在明显的不连续性。这种不连续性主要与材料的非均匀性有关，也与模型的边界条件有关。图 7-7 和图 7-8 为加载后期模型破坏的声发射图和最大主应力分布图。

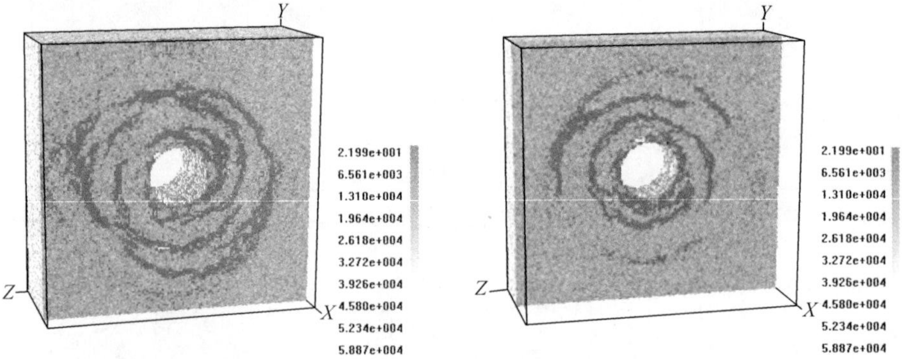

弹性模量 /MPa 计算步 9-(15)　　　　弹性模量 /MPa 计算步 9-(15)

图 7-5　不同剖面处的分区破裂形态（模型 1）

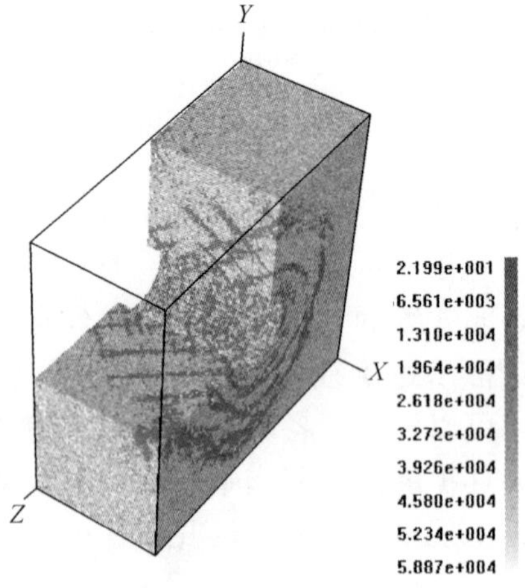

弹性模量/MPa 计算步9-(15)

图 7-6　数值模型内部分区破裂发展情况（模型 1）

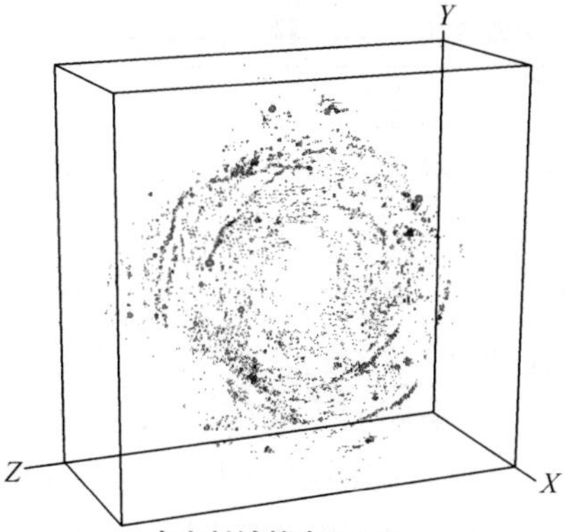

图 7-7 分区破裂声发射图（模型 1）

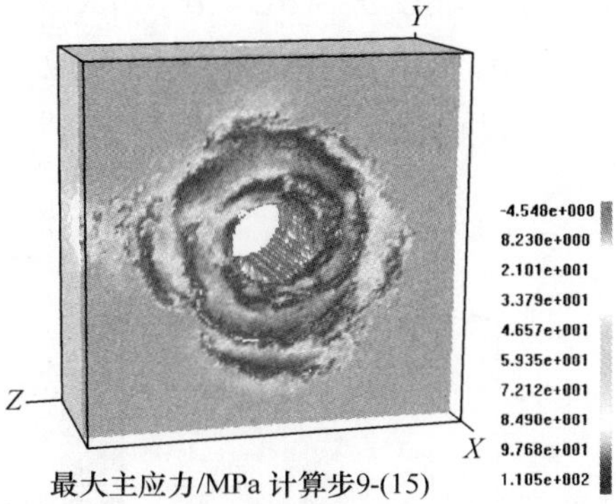

图 7-8 加载后期模型内部最大主应力图（模型 1）

7.3 沿隧道轴向应力对破裂模式的影响

基于已有的研究，目前普遍认为沿隧道轴向方向的较高的应力是产生分区破裂的原因[96,311]，也有学者认为沿隧道轴向应力为最大主应力是产生分区破裂的条件。本节通过数值试验，讨论在相同围压条件下，不同轴向应力对隧道破坏模式的影响。模型尺寸为 1m×1m×1m，包含 10^6 个单元。每个单元的尺寸为 1cm。为使裂纹在隧道周围充分扩展，而不是仅仅集中在洞壁附近，采用了如下的加载方案：首先将模型加载到初始应力状态，然后开挖直径为 0.2m 的隧道。为获得掌子面前方的破裂情况，隧道开挖至模型长度的一半。为消除隧道开挖步对最终破坏模式的影响，隧道一次开挖成型，且不考虑支护的作用。当应力重新平衡支护，继续加载直至获得充分扩展的破裂带。数值模型的参数依据发现分区破裂现象的现场围岩力学参数选取，见表 7-1。为获得较为明显的破裂带，选取的均质度参数 m 选为 8。尽管均质度有可能改变局部损伤区分布，但并不会大范围改变破坏的程度[316]。

表 7-1　数值模型岩体力学参数

弹性模量 /GPa	抗压强度 /MPa	抗拉强度 /MPa	泊松比	内摩擦角 /(°)	均质度
40	60	6	0.3	32	8

为了解沿隧道轴向方向的应力 σ_H 对于形成环状分区破裂带的影响，采用了静水压力条件（$\sigma_v=\sigma_h$）以消除偏应力对破裂模式的影响而在隧道轴向方向施加不同大小的应力 σ_H。采用模型底部固定的边界条件限制模型的位移。

在评价三向应力对隧道破坏模式的影响时，采用三向应力比相较采用三向应力的绝对值更为有效，因而在本节的模拟中，共采用了四种模拟方案，即方案① $\sigma_v:\sigma_h=1:1$，$\sigma_H=0\text{MPa}$；方案② $\sigma_v:\sigma_h:\sigma_H=1:1:1$；方案③ $\sigma_v:\sigma_h:\sigma_H=1:1:2$；方案④ $\sigma_v:\sigma_h:\sigma_H=1:1:4$。$\sigma_v$ 为竖向应力，σ_h 为垂直于 *YZ* 面的水平应力，σ_H 为沿隧道轴向的应力，如图 7-9 所示。

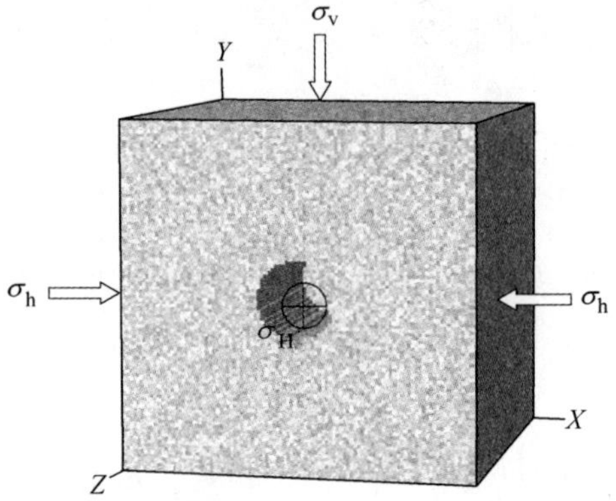

图 7-9　数值模型及加载方向

各加载方案的模型内部最终破裂模式示于图 7-10[317]。图 7-10（a）为各方案模型在掌子面位置处的截面上的损伤破裂情况；图 7-10（b）为各方案模型在掌子面后方（近洞口方向）同一位置截面上的损伤破裂情况；图 7-10（c）为各方案模型在沿隧道轴线纵剖面上的损伤破裂情况。当采用方案①加载时，损伤单元首先出现在洞壁附近，随着荷载的增加，损伤单元逐渐汇集形成多个剪切破裂带，并以螺旋线的形式向远离洞壁的方向扩展，然后相互交割，在洞壁附近形成对称的 V 形破裂，模拟结果与 Meier 等人[318]为研究钻孔的破坏问题所进行的实验结果非常吻合，如图 7-11 所示。页岩岩样直径为 25mm、高 50mm，岩样中间钻取直径为 1mm 钻孔后，在静水围压条件下对岩样进行加载实验，可以看到在钻孔的破裂模式与裂纹扩展模式与数值模拟结果一致，钻孔周边的V形槽破裂是由于以近似螺旋线形式扩展的裂纹相互交割后形成的，裂纹扩展的范围与施加的轴向应力的大小有关。数值模拟结果与实验结果的一致性，尽管是现象上的，但却为 $RFPA^{3D}$ 模拟深部脆性硬岩破裂问题的可行性提供了支撑。

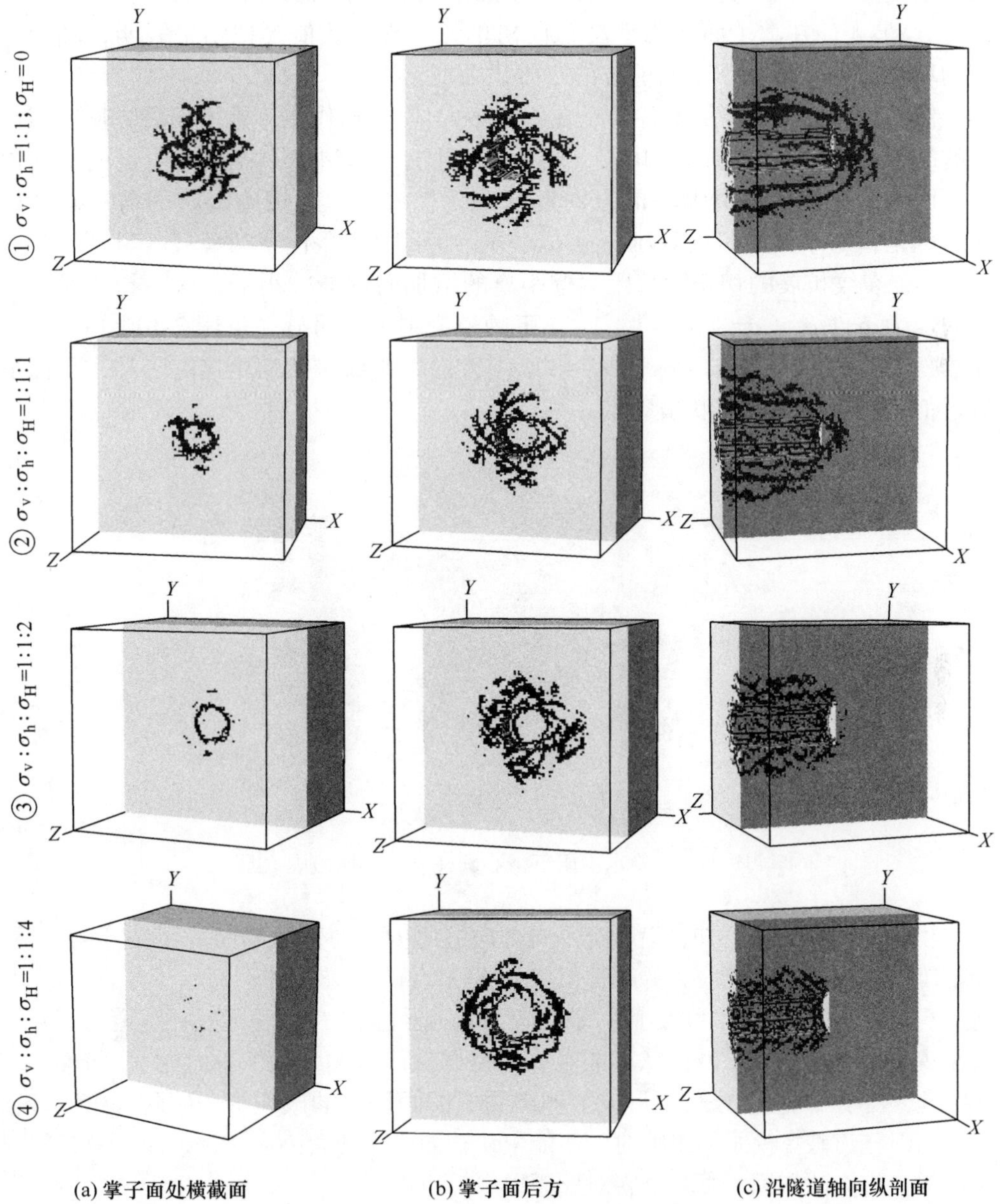

图 7-10 不同加载方案模型内部破裂损伤单元分布[317]

从图 7-10（a）、（c）列可以看出，随着 σ_H的增加，在掌子面以及掌子面前方的损伤单元数量明显减少。如在没有轴向应力的方案①的模型中，在隧道掌子面前方由两组剪切破裂带相互交割，在掌子面前方形成了锥形破裂区，并且随着荷载的增加，掌子面前两破裂带继续从交割点向相反的方向远离掌子面的方向扩展；但是随着轴向应力 σ_H的增加，掌子面前的裂纹扩展受到抑制，对于方案④，此时 σ_H最大，在掌子面前几乎没有损伤单元出现。数值模拟结果表明，轴向应力的增加有助于增加掌子面前方的三维拱效应。

图 7-10（b）列显示了各模型在不同轴向应力 σ_H作用下掌子面后方同一截面处的裂纹扩展情况。由图 7-10①（b）可以看出，起初集中在洞壁附近的损伤以近乎固定的切角向远离洞壁的方向逐渐演化扩展，形成螺旋线状的剪切破坏模式。但是，对于处于三向等压 $\sigma_v : \sigma_h : \sigma_H = 1:1:1$ 条件下的模型（见图 7-10②（b）），裂纹扩展的切角随着距洞壁距离的增加而逐渐减小了，这一趋势对处于三向应力条件 $\sigma_v : \sigma_h : \sigma_H = 1:1:2$ 下的模型则更加明显（见图 7-10③（b）），而当三向应力条件为 $\sigma_v : \sigma_h : \sigma_H = 1:1:4$ 时，裂纹扩展切角接近于零，从而形成近似平行于洞壁的环状破裂带。

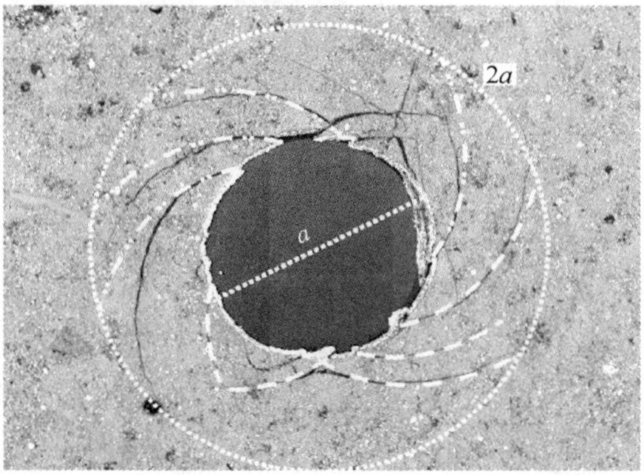

图 7-11　静水围压下空心圆柱岩样受压破裂[318]

由上述模拟结果可知，沿隧道轴向方向的应力有助于“卷曲”状裂纹的扩展，但是轴向应力是最大主应力并非是环状破裂出现的充分条件。例如，在 $\sigma_v : \sigma_h : \sigma_H = 1:1:2$ 的应力条件下，此时轴向应力 σ_H是最大主应力，但是在隧道周围并没有出现近似平行于洞壁的环状破裂带，而是螺旋线状的破裂带，而在 $\sigma_v : \sigma_h : \sigma_H = 1:1:4$ 的三向应力条件下形成了环绕洞壁的圆环状的破裂带。因此，在评价轴向应力对隧道破坏模式的影响时，不能仅从轴向应力的大小去评价，而也应该同时考虑侧向应力的作用，下一节将对此予以专门讨论。

图 7-12 将本文的数值模拟结果与监测到分区破裂现象的锦屏水电站的钻孔观察结果进行了比较[319]。值得注意的是，在数值模拟结果和现场钻孔观察结果

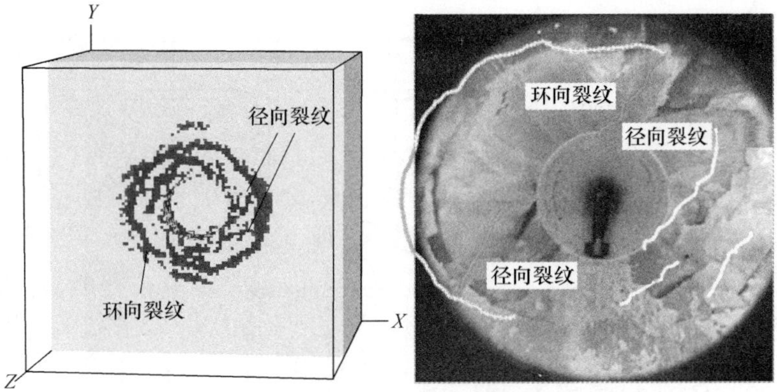

图 7-12 数值模拟结果与锦屏水电站钻孔监测结果对比[317,319]

中都出现了径向裂纹，从数值模拟的结果来看，这些径向裂纹是洞壁附近的剪切破裂带向环状的拉裂纹转换时的转换段。图 7-13 为在三向应力 $\sigma_v : \sigma_h : \sigma_H = 1 : 1 : 4$ 条件下，模型内部垂直于隧道轴线不同截面处的破裂情况，可以看到由于模型考虑了岩体的非均匀性，破裂环在隧道轴线方向是不连续的。如果将裂纹演化扩展过程同模型加载过程和声发射数进行比较（见图 7-14），可以看出环状破裂主要发生在峰后阶段，并伴有大量的声发射，说明环状破裂是深部岩体在三向应力条件下的峰后力学行为的体现。

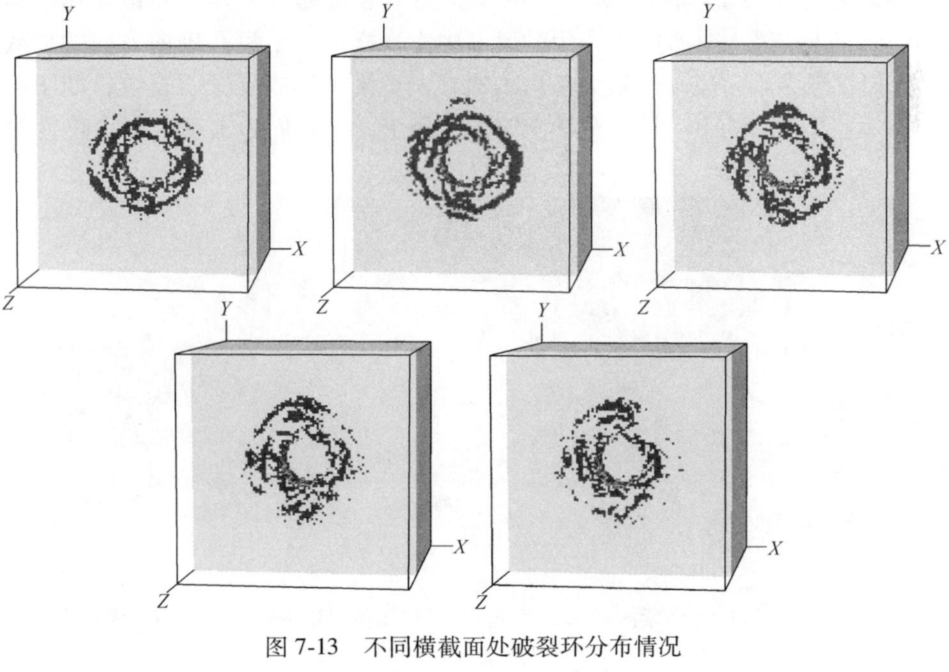

图 7-13 不同横截面处破裂环分布情况

（$\sigma_v : \sigma_h : \sigma_H = 1 : 1 : 4$）[317]

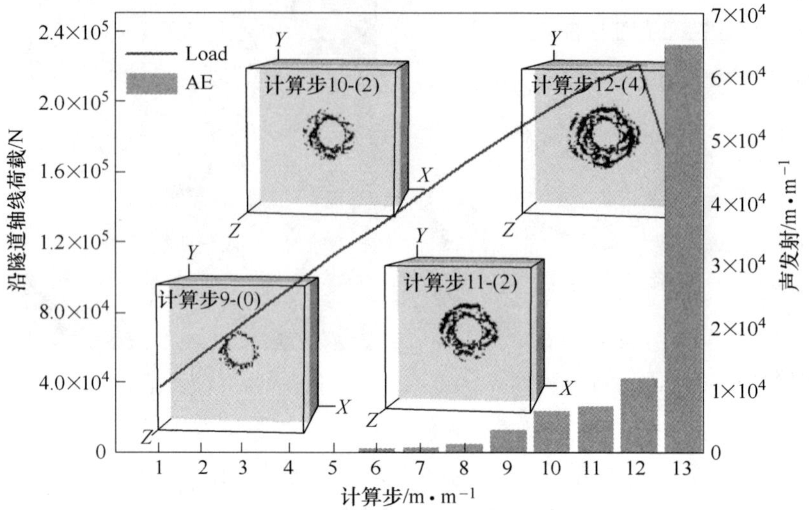

图 7-14　环状破裂演化过程与荷载-加载步曲线及声发射数的关系[317]

从图 7-10（c）可以观察到另外一个有趣的现象，即随着轴向应力 σ_H 的增加，在沿隧道轴向纵剖面上可以观察到在洞壁附近出现了与洞壁有一定交角的倾斜裂纹，然而对于没有轴向应力作用的模型 7-10①（c）内部，则没有观察到倾斜裂纹。这一结果与 Papamichos[320] 的实验结果非常吻合。为研究钻孔孔壁稳定性，Papamichos 等人对有围压作用的厚壁中空岩样进行了沿孔轴向方向的加载试验，他们发现当轴向应力是最大主应力时在洞壁附近形成了倾斜裂纹，如图 7-15（a）所示。图 7-15（b）显示在轴向应力作用下，钻孔周边出现了环状破裂的模

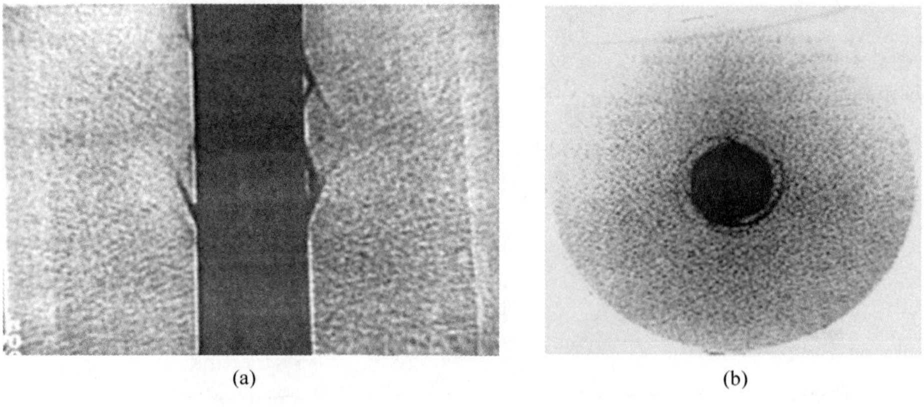

图 7-15　含孔圆柱岩样紧向和水平 X 光 CT 扫描图像显示的钻孔环状破裂模式[320]
（a）竖向；（b）水平向

式，与图 7.10④（b）的数值模拟结果吻合。数值试验结果表明，轴向应力的增加有助于环绕洞壁的“卷曲”裂纹和洞壁附近倾斜裂纹的扩展，且对于掌子面前方的稳定性有增强作用。

7.4　不同三向应力下隧道的破坏模式

上一节的数值试验是在侧压力系数为 1 的条件下进行的，然而对于深部岩体来说，水平方向的应力往往具有各向异性，且水平方向的应力往往大于竖向地应力。Zhu 等人[321]基于二维数值模拟研究的结果表明，侧压力对隧道的破坏模式有重要的影响。因此本节研究三向应力对深部隧道破坏模式的影响。为研究不同三向应力对隧道破坏模式的影响，分别采用了几种不同的三向应力比。模型的尺寸及参数与前文相同。图 7-16 为加载后不同模型的最小主应变分布。当三向应力比为 $\sigma_y : \sigma_x : \sigma_z = 6 : 1 : 4$（图 7-16（a））时，破裂首先集中在垂直于最大主应力的方向，即左右边墙，随着荷载的进一步增大，破裂带向远离洞壁的方向扩

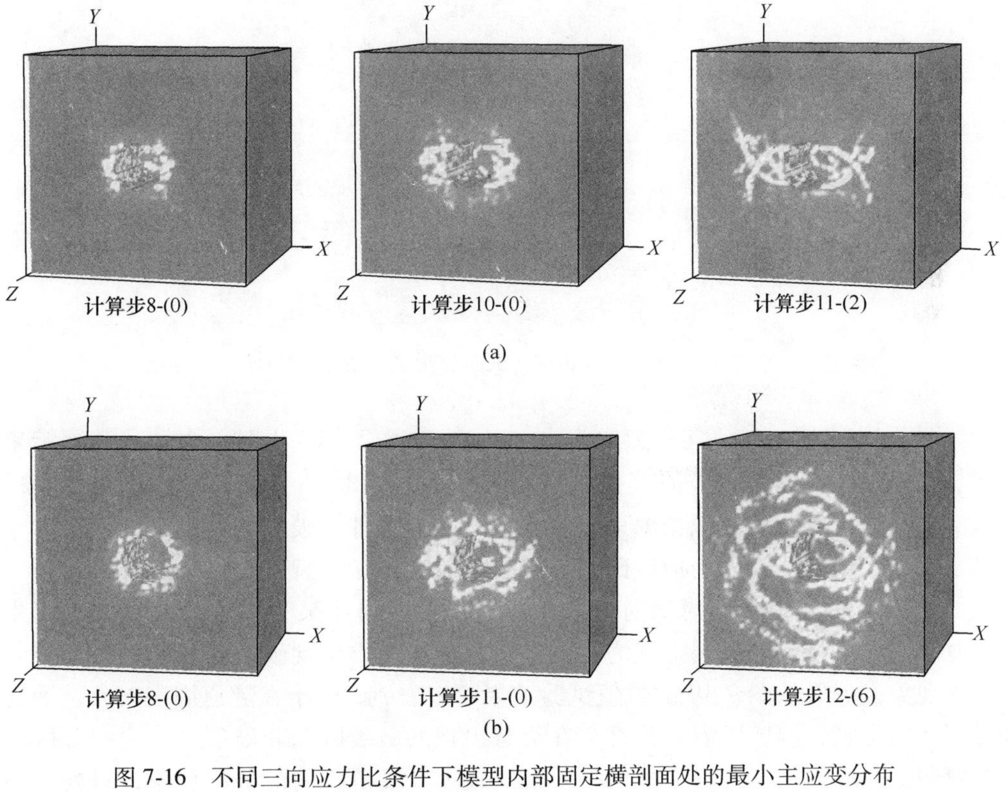

图 7-16　不同三向应力比条件下模型内部固定横剖面处的最小主应变分布

（a）在不同计算步的最小主应变（$\sigma_v : \sigma_h : \sigma_H = 6 : 1 : 4$）；

（b）在不同计算步的最小主应变（$\sigma_v : \sigma_h : \sigma_H = 4 : 1 : 6$）

展并相互交割，在洞壁附近形成 V 形槽破坏。图 7-17 为加拿大 Mine-by 隧道地下实验室（URL）观察到的破裂模式[301]。该隧道位于地下 420m 的 Lac du Bonnet（LdB）花岗岩中，隧道直径为 3.5m，隧道所处的应力为 $\sigma_v = 60$MPa，$\sigma_h = 11$MPa，$\sigma_H = 45$MPa，三向应力比 $\sigma_v : \sigma_h : \sigma_H = 6:1:4$，数值模拟的结果与现场破坏结果十分吻合。

在三向应力比为 $\sigma_v : \sigma_h : \sigma_H = 4:1:6$ 时（图 7-16（b）），此时隧道轴向方向的应力成为最大主应力。可以看到在加载的初始阶段，最小主应变迹线以剪切滑移线的形式向远离洞壁的方向扩展，在洞壁两侧（在 *XY* 平面内垂直于最大应力的方向）逐渐相互交割成 V 形槽破坏，但是随着应力的逐渐增加，应力迹线逐渐沿着与洞壁近似平行的方向扩展，形成了环状破裂的模式。可见三向应力及其组合，对隧道的破坏模式有明显影响，这也进一步说明，深部隧道的破坏问题必须作为三维问题加以研究。

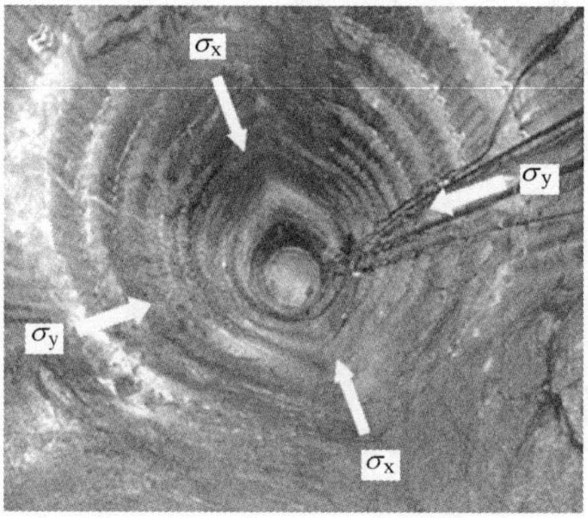

图 7-17　加拿大 Mine-by 试验隧道的 V 形槽破坏[62]

图 7-18 比较了在三向应力比为 $\sigma_v : \sigma_h : \sigma_H = 2:1:1$ 时，由钻孔观察结果推断出的破裂带形状和数值模拟的结果[322]。图 7-18（b）中所示的直线代表现场钻孔位置，由数值模拟结果可以看出在该应力条件下破裂带并非环状，但由于现场钻孔数量有限，人为地将破裂连接起来成为环状破裂带。

图 7-19 比较了在不同三向应力条件下，模型内部某一固定截面处的中间主应力图。如果将分区破裂定义为在洞壁或掌子面前方出现破裂区和破裂区交替分布的现象，那么从图 7-19 的数值试验结果可以看到，由于在隧道周围充分扩展的裂纹互相交割，洞壁围岩几乎都存在交替出现的破裂区和非破裂区，说明分区破裂现象是在较高的三向应力条件下出现的较大尺度范围内的破坏现象，只要应力足够大，这种现象就可能出现。而环状破裂带的出现，必须满足一定的三向应力条件。

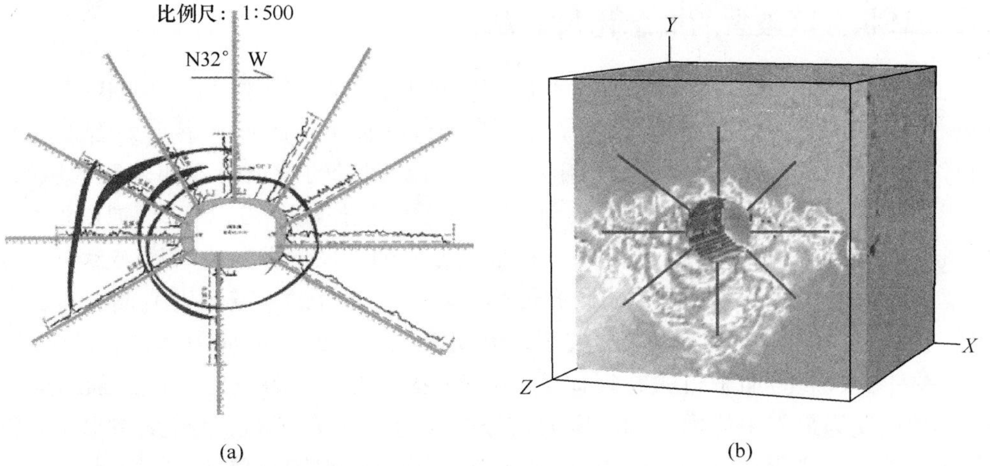

图 7-18 现场监测结果与数值模拟结果对比（$\sigma_v : \sigma_h : \sigma_H = 2:1:1$）

（a）根据有限个钻孔勾勒的分区破裂情况（锦屏水电站，$\sigma_v : \sigma_h : \sigma_H = 2:1:1$[322]）；

（b）数值模拟获得的中主应力集中带（$\sigma_v : \sigma_h : \sigma_H = 2:1:1$，图中直线代表钻孔位置）

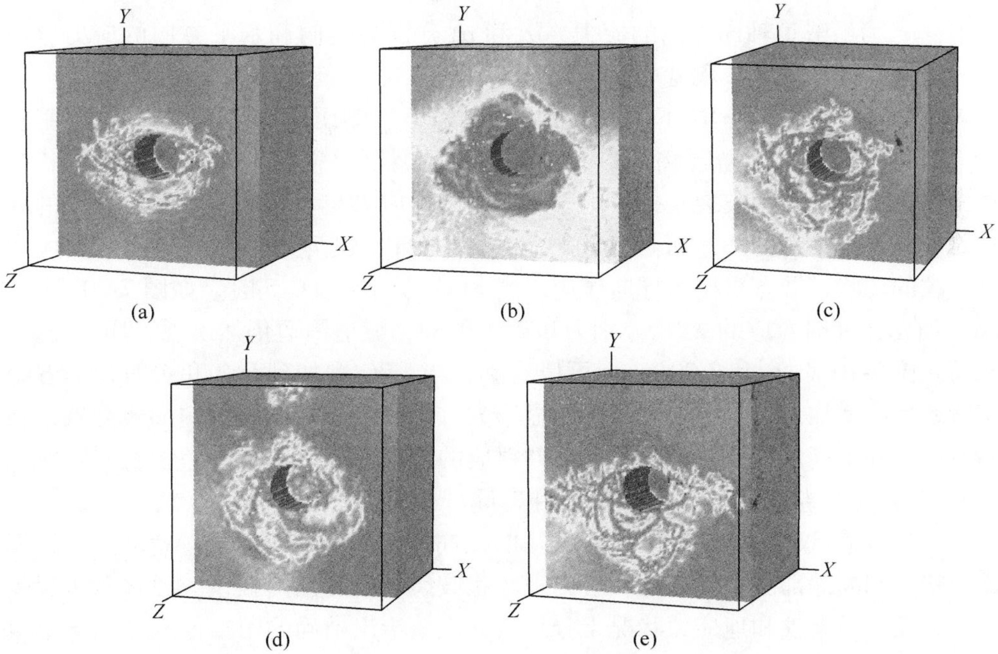

图 7-19 在不同三向应力条件下模型内部中间主应力分布

（a）$\sigma_y : \sigma_x : \sigma_z = 6:1:4$；（b）$\sigma_y : \sigma_x : \sigma_z = 4:1:6$；（c）$\sigma_y : \sigma_x : \sigma_z = 1:1:1$；

（d）$\sigma_y : \sigma_x : \sigma_z = 1:1:2$；（e）$\sigma_y : \sigma_x : \sigma_z = 2:1:1$

7.5 环状分区破裂的概念化判定方法

在隧道开挖区域的水平应力与垂直应力的比值，即侧压比 LPC（Lateral Pressure Coefficient）是评价隧道开挖后应力重分布以及塑性区形状的重要参数[323]。而对于处于深部三向应力条件下的隧道，在判定围岩的破裂模式和破裂区域时，除侧压比外，轴向应力的影响也必须加以考虑。类似的，可以定义轴压比 APC（Axial Pressure Coefficient）用以评价在轴向方向的平面内偏应力对应力分布和破坏模式的影响。基于前面几节的研究可知，轴向应力有助于隧道周围裂纹的“卷曲”状扩展，但是要形成环状的破裂，需要满足一定的三向应力条件，基于此，本节设计了如下的加载方案，以研究环状破裂出现的三向应力条件：轴向应力 σ_H 均被设置为最大主应力，轴向应力与竖向应力的比值 σ_H/σ_v 固定为 3/2，而将侧压比 LPC 分别设置为 0.01、0.3、0.5、0.7 和 1。因圆形隧道的对称性，LPC 可定义为：

$$\mathrm{LPC}=(\sigma_v,\ \sigma_h)_{\min}/(\sigma_v,\ \sigma_h)_{\max},\ (\mathrm{LPC}\leqslant 1) \tag{7-1}$$

相应地，轴压比可定义为：

$$\mathrm{APC}=(\sigma_v,\ \sigma_h)_{\min}/\sigma_H \tag{7-2}$$

式中，σ_H 为沿隧道轴向方向的应力，σ_v 和 σ_h 分别为竖向和水平方向的应力。模型的加载方式和力学参数见 7.3 节。

图 7-20 为不同侧压比下的裂纹扩展模式[317]。侧压比为 0.01 时，在洞壁左右边墙处形成了 V 形槽（狗耳形）破坏，然后裂纹由狗耳尖端呈“卷曲”状扩展，形成接近环状的破裂模式。由于模型的竖向应力与水平应力不等，形成的环状破裂并非严格的圆环，而是上下略扁。此时 APC 仅为 0.0067，说明轴向应力对裂纹的环状扩展有重要的导向作用。当 LPC 为 0.3 和 0.5 时，如图 7-20（b）、（c）所示，此时对应的 APC 分别为 0.2 和 0.33，隧道周边仍然出现了环状裂纹；然而从图 7-20（d）和 7-20（e）可以看到，当 LPC 增加到 0.7 和 1 时，随着距洞壁距离的增加，裂纹扩展的切角明显增大，裂纹呈类似螺旋线的形式扩展，在隧道周边并不能形成环状的裂纹。此时对应的 APC 为 0.47 和 0.67，表明轴向应力 σ_H 对裂纹“卷曲”扩展的导向作用变弱。

上述数值试验的结果表明，在已知的三向应力条件下，可将 APC = 0.3 近似作为初步判断深部隧道周边是否会出现环状破裂的概念性门槛值，尽管对于实际工程，其地质条件和地应力状况十分复杂，无法给出精确的门槛值或是门槛值范围，但是在已知三向应力条件下，对于初步判断给定位置隧道的破裂模式，从而为选择恰当的支护方案仍然是有意义的。同样，也可以根据现场监测到的围岩破裂模式，推断出三向地应力状况。例如，已知三向应力比为 $\sigma_v:\sigma_h:\sigma_H=1:1.4:5$，可计算出 APC = 0.2，小于 0.3 的门槛值，因而可知在隧道周边可能形成环状破裂，如图 7-21（a）为在该三向应力比条件下的物理试验结果[92]，可看到洞周形成了多条环状裂纹；图 7-21（b）为在该三向应力比条件下的数值试验结果，与物理试验结果具有很好的一致性。

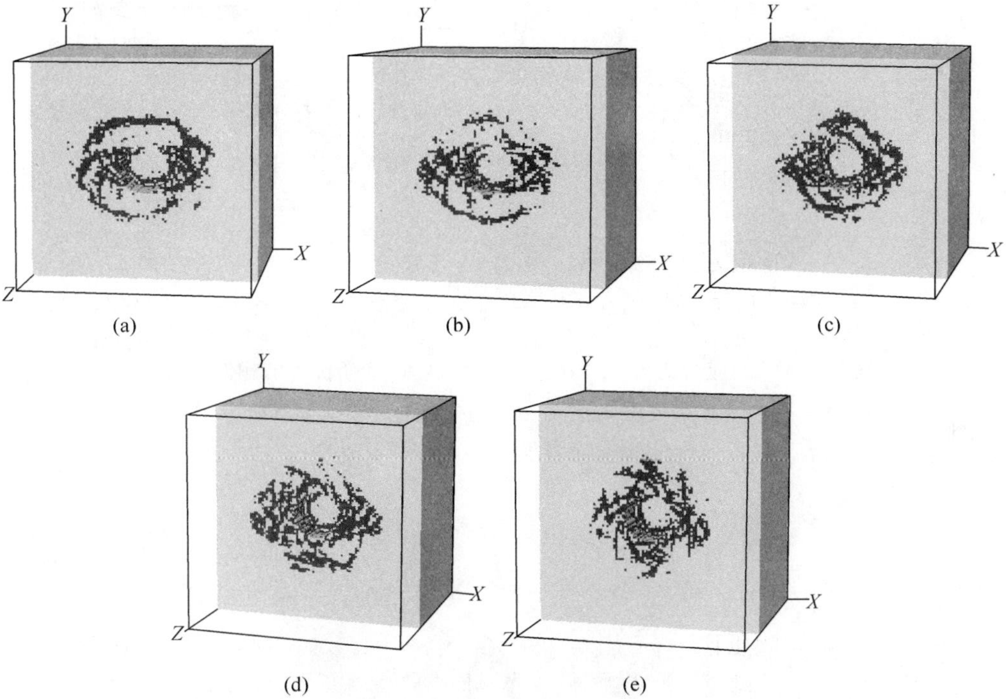

图 7-20 侧压力系数 LPC 对损伤单元分布的影响

（a）$\sigma_v : \sigma_h : \sigma_H = 2 : 0.02 : 3$；LPC = 0.01；APC = 0.0067；

（b）$\sigma_v : \sigma_h : \sigma_H = 2 : 0.6 : 3$；LPC = 0.3；APC = 0.2；

（c）$\sigma_v : \sigma_h : \sigma_H = 2 : 1 : 3$；LPC = 0.5；APC = 0.33；

（d）$\sigma_v : \sigma_h : \sigma_H = 2 : 1.4 : 3$；LPC = 0.7；APC = 0.47；

（e）$\sigma_v : \sigma_h : \sigma_H = 2 : 2 : 3$；LPC = 1；APC = 0.67

APC 用以判断三向应力下距离洞壁较远处的破裂模式，而 LPC 可以用来判断靠近洞壁的局部破坏区位置。例如，靠近洞壁的应力驱动型破坏（stress-driven failure），例如剥离、板裂以及随后形成的 V 形槽（狗耳形）破坏，通常可以依据开挖面内小主应力的方向来确定 Martin[324]。如果 APC 小于 0.3，则在距离洞壁较远处可能形成环状破裂带，破裂带的间距和破裂形状的影响因素将在后面的章节加以讨论。例如，对于三向应力比为 $\sigma_v : \sigma_h : \sigma_H = 1 : 5 : 1.5$ 的情况，相应的 APC = 0.67，大于 0.3，则可判断在隧道周边不会形成环状破裂带，而在隧道周边垂直于大主应力的方向，将出现狗耳形的破坏模式。图 7-22 为在该三向应力条件下的物理模型试验结果[92]。可以看到仅在拱顶和拱底位置出现了 V 形槽破坏，在隧道周边未出现环状破裂带，这与本节提出的概念化判定方法判定的结论相同。

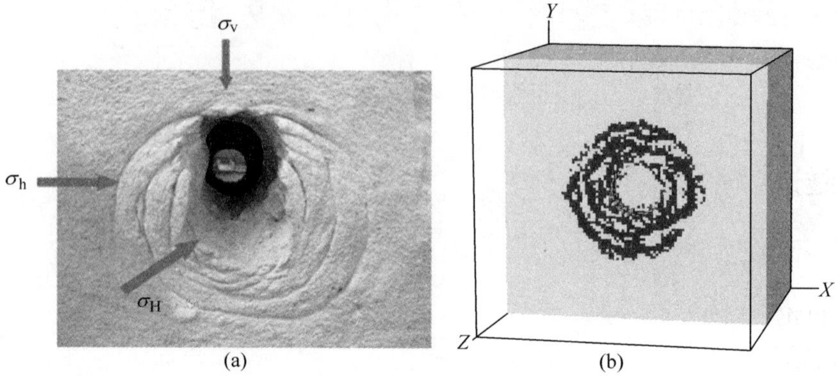

图 7-21　三向应力比为 $\sigma_v:\sigma_h:\sigma_H=1:1.4:5$ 条件下的相似材料模型试验结果[92]与数值试验损伤单元分布结果对比

（a）物理试验结果；（b）数值试验结果

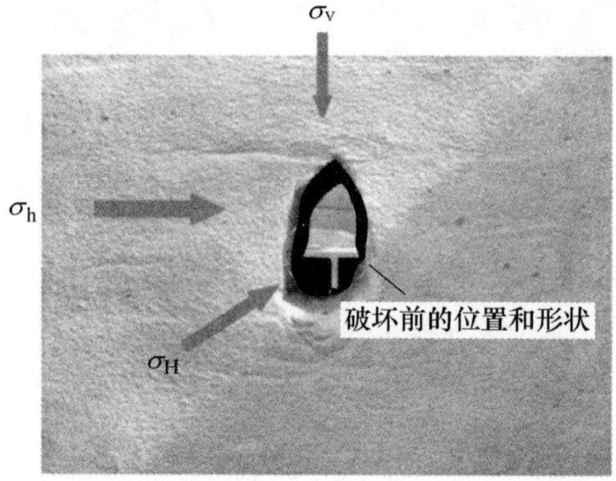

图 7-22　U 形隧道相似材料模型在三向应力比为 $\sigma_v:\sigma_h:\sigma_H=1:5:1.5$ 时的破坏模式[92]

8 深部隧道围岩分区破裂的影响因素

8.1 隧道尺寸对分区破裂的影响

8.1.1 不同直径隧道围岩分区破裂的数值试验

为讨论隧道断面大小对分区破裂的影响，建立了尺寸为 140mm×140mm×50mm 的数值模型，每个模型在 X、Y 和 Z 方向分别施加每加载步 0.003mm、每加载步 0.001mm 和每加载步 0.002mm 的位移荷载达到一定的初始应力水平，然后分别开挖直径为 20mm、30mm 和 40mm 直径的隧道，然后继续加载直至获得充分发展的破裂带。

由图 8-1 可以看到，由于在开挖面内，竖向和水平向的荷载不同，所形成的环状破裂带并非完全对称的圆环状，但可以看到随着隧道尺寸的增加，环状破裂带间距明显逐渐增大，破裂带数量减少。可以注意到在相同的加载条件下，含较大孔的模型在加载到第 73 步破坏即达到模型边界，而含孔洞较小的模型在加载第 89 步，含有较大孔径的模型承载力更低，更易出现环状破裂带。

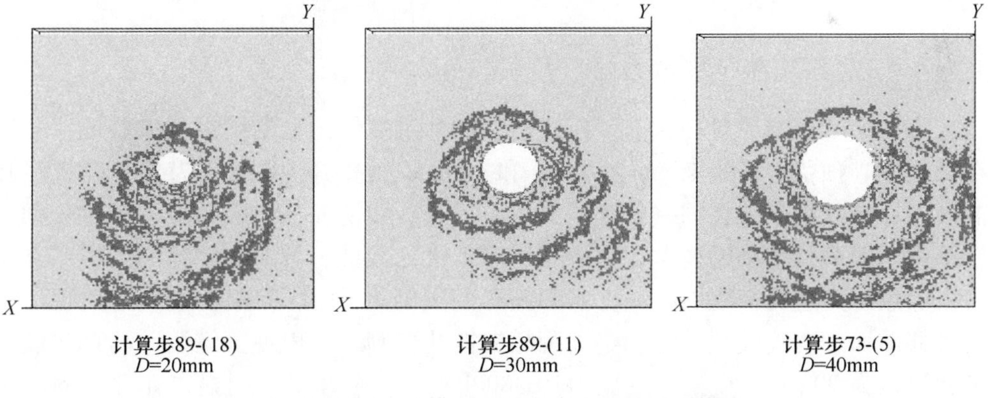

计算步89-(18)　D=20mm　　计算步89-(11)　D=30mm　　计算步73-(5)　D=40mm

图 8-1　不同洞径模型在三向应力下的破裂模式

8.1.2 不同直径隧道围岩分区破裂的模型试验

8.1.2.1 试验方法及材料配比[325]

模型试验在 500t 的压力机上进行，根据压力机承台底座的最大尺寸选取

430mm 的钢筒外径，钢筒壁厚 12mm，如图 8-2 所示。由于在钢筒的约束下，试件的抗压强度将大幅提高，因此试件所用材料应为低强度脆性材料。通过一系列配比试验，最终选定的材料配比为 m(水泥)∶m(砂)∶m(水)= 1∶12∶1.5，其标准立方体试块的单轴抗压强度为 2.23MPa，单轴抗拉强度为 0.18MPa，黏聚力为 0.78MPa，内摩擦角 49°，变形模量为 0.81GPa。材料混合前对河沙进行洗净和晾干，按配比进行称重、掺混、加水、掺拌的步骤完成混合材料的加工。对钢桶内壁进行打磨并在钢桶内壁表面涂抹黄油并粘贴保鲜膜以减小摩擦力的影响。

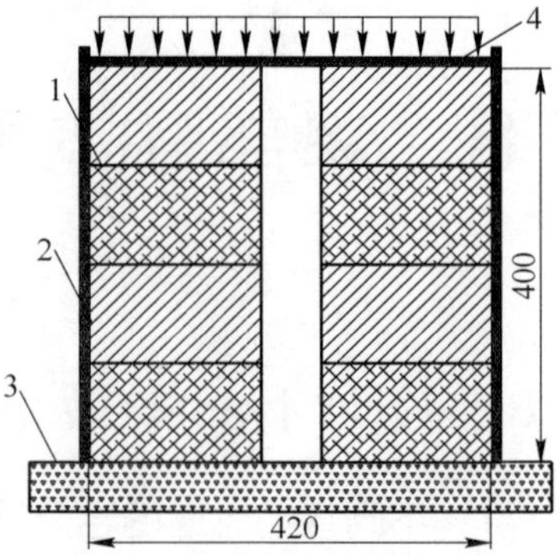

图 8-2　单隧道物理模型加载方式示意图
1—分层浇筑；2—钢筒；3—压力机承台；4—垫板

模型采用分层浇筑并捣实，在模型中间部位预留管模，并在材料达到一定的强度后抽出以形成孔洞。浇筑完毕后，在自然状态下养护 28d 后进行加载试验。在模型的最上部放置直径为 420mm，厚度为 14mm 钢垫板以使模型材料均匀受压。加载前在孔洞内填充陶粒泡沫以保持洞壁破裂岩体的位置以便观察破坏形态。以 100kN/min 的速度加载，当轴向位移突然增大时，即认为模型材料的内部出现了破裂，停止加载并保持一段时间后卸载，剖开模型材料，观察内部破裂现象。

8.1.2.2　试验结果与讨论

为讨论隧道洞径对环状破裂模式的影响并对数值试验的结果加以验证，分别在试样中心预留直径为 75mm、90mm 和 120mm 的孔洞。图 8-3 为含不同直径孔洞模型在加载结束后在同一位置剖开后显示的破裂情况，加载的最大压力分别示于图中。因洞径越小的模型，其承载压力越大，因此，含 75mm 孔洞的模型在压力机加载压力达到行程上限时，洞周破坏范围仍然有限，仅沿洞壁周边出现了剪切滑移破坏，两簇破裂带在洞壁周围相交彼此切割，未出现围绕洞壁的环状破裂带；洞径为 90mm 的模型，当压力达 3800kN 时，位移增大明显，在孔洞周围出现了较大范围的剪切滑移破坏，两簇等角度滑移线沿相反方向扩展并在洞周相互交割，但并没有环状破裂带出现；当模型洞径增加到 120mm 时，加载压力达 2500kN 时模型即达破坏，可以看到在洞周相交的两簇剪切滑移带将洞壁围岩切割得更加破碎，在剪切滑移交割带的外部，有一段环形裂纹由两簇剪切带的交点处沿近似平行于洞壁的方向扩展，如箭头所示。可见隧道直径越大，则出现环状破裂带所需的轴向压力越小。测量各模型相互交割的破裂带间距发现：洞径为

75mm 的模型，其破裂带间距在 5mm 左右，洞径为 90mm 模型，其周边破裂带间距在 5~10mm，而洞径为 120mm 模型，其周边破裂带间距在 10~15mm。可见，环状破裂带的间距随隧道直径的增加而增大。可见模型试验与数值试验的结果一致。

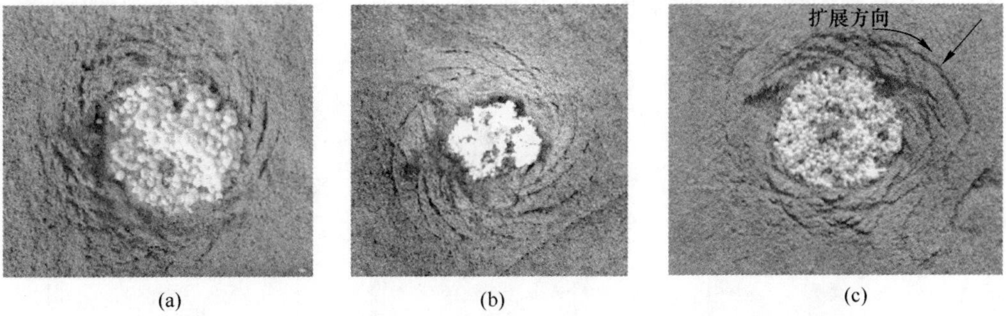

图 8-3 含不同直径圆孔模型在高轴向应力作用下的内部破裂情况
（因拍照距离不同，截图后造成洞径的视觉直径大小不同，以标注直径为准）
（a）ϕ75，加载压力 4300kN；（b）ϕ90，加载压力 3800kN；（c）ϕ120，加载压力 2500kN

8.2 隧道形状对分区破裂的影响

8.2.1 不同高跨比对分区破裂影响的数值试验

在采矿、石油和水电工程中，由于隧道需满足的功能要求不同，其形状也有较大差异。如水电隧道的高跨比往往较大，在开挖时在高边墙附近常常出现层状破裂的情况，如图 8-4 所示。为讨论隧道形状对分区破裂的影响，本节分别建立高跨比分别为 1、1.5、3 的含 U 形隧道的数值模型。模型的尺寸及加载方式同上。

图 8-4 锦屏水电站边墙的层状破裂[326]

为消除隧道断面大小对最终破裂模式的影响，不同高跨比隧道的断面面积均与面积为 90mm 的圆形隧道相同。同时，为避免在开挖面内的偏应力对最终破裂模式的影响，设置侧压比为 1，三向应力比为 $\sigma_v:\sigma_h:\sigma_H=1:1:4$。其中 σ_v 和 σ_h 分别为平面内竖向和水平向应力，σ_H 为沿隧道轴向方向的应力。由于此时 APC = 0. 25，因此判断可以出现环状破裂。各模型的最终破裂模式如图 8-5 所示[317]。

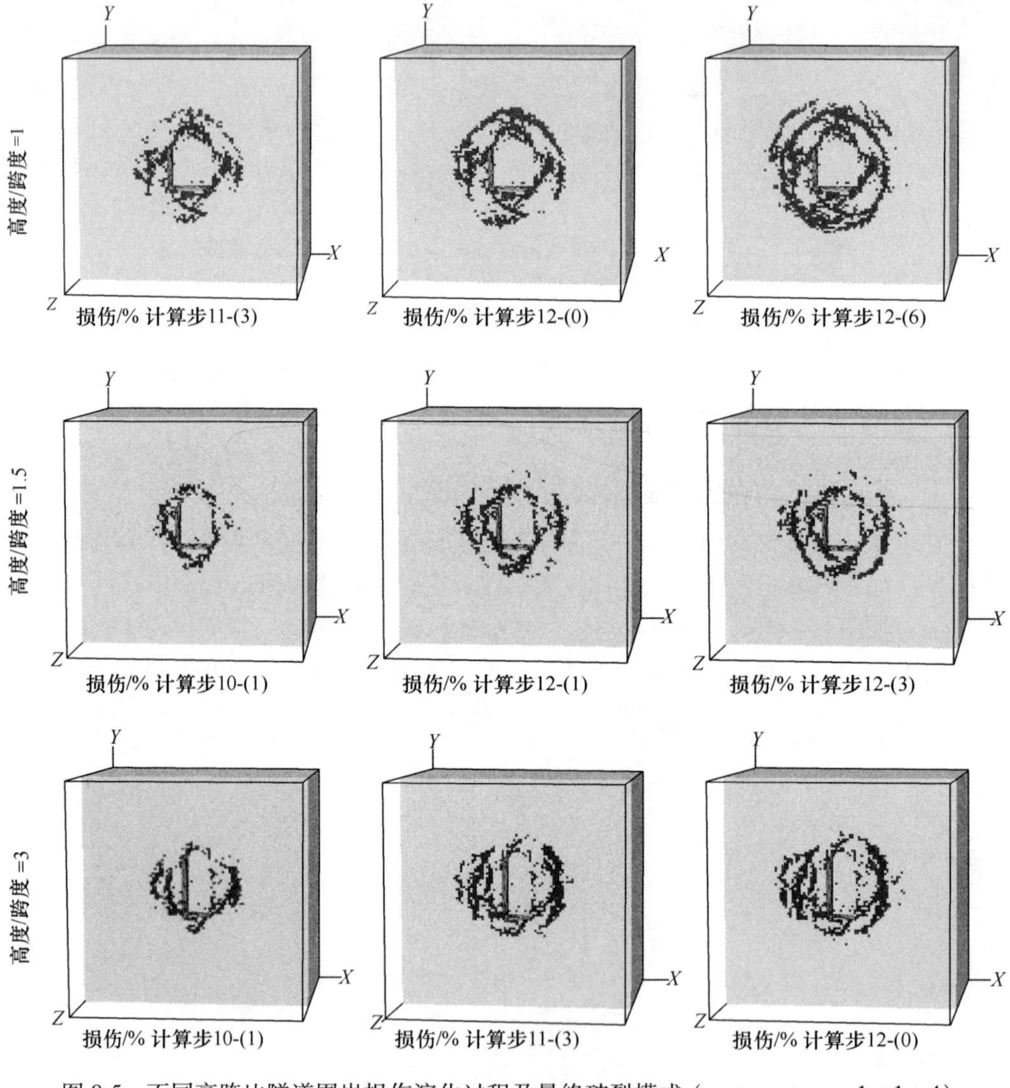

图 8-5　不同高跨比隧道围岩损伤演化过程及最终破裂模式（$\sigma_v:\sigma_h:\sigma_H=1:1:4$）

对于高跨比为 1 的隧道，环向裂纹环绕洞周开展，然而随着高跨比的增加，只有部分环向裂纹在边墙两侧出现，而在拱顶和拱底的部位没有出现；对于高跨比为3的隧道，这一趋势更加明显，环状裂纹只在边墙的部分出现，而在拱顶和拱底没有出现。这些在边墙部位形成的多道环向裂纹近似平行于边墙，形成了多条平行的层状裂纹。

数值试验结果表明，在深部三向高应力下，隧道的破坏模式不但与三向比有关，还与隧道的形状有关。成层破裂更易出现在曲率半径大的临空面附近。在侧压力系数为1时，较完整地环状破裂易出现在高度和跨度相近的隧道周围，而对于高边墙隧道，隧道的形状并不能改变破裂的环状分布趋势，但由于边墙的曲率半径更大，则仅在边墙部位出现近乎平行的成层破坏现象。

8.2.2 不同高跨比对隧道分区破裂影响的模型试验

8.2.2.1 模型试验结果

本节采用相似材料模型试验对上节的数值试验结果加以验证。为便于对比，本节模型当中的高边墙隧道面积均与直径为90mm圆形隧道面积相同，其高跨比分别为1.5、2和2.5，模型材料及加载方式均与上节相同。图8-6为含不同高跨比高边墙倒U形隧道模型在加载结束后的内部破裂情况，加载最大压力示于图中。由于边墙较高，且支护阻力几乎为零，加载后边墙向洞内发生了较大的位移。但从最终破坏模式可以看出，在拱顶上方均出现了由剪切滑移带相互交割形成的倒V字形破坏；在每侧拱脚处，分别出现了向拱底中央和边墙延伸的两簇剪切滑移带，其中左右拱脚处向拱底扩展的剪切带在拱底相互交割，形成拱底破碎带；而拱脚处分别向两侧边墙扩展的剪切滑移带逐渐向上方扩展时，其扩展方向与洞壁夹角逐渐减小，逐渐改变为近似平行于洞壁的方向，形成了数条近似平行于边墙的破裂带。这些破裂带主要分布在边墙两侧，而在拱顶和拱底

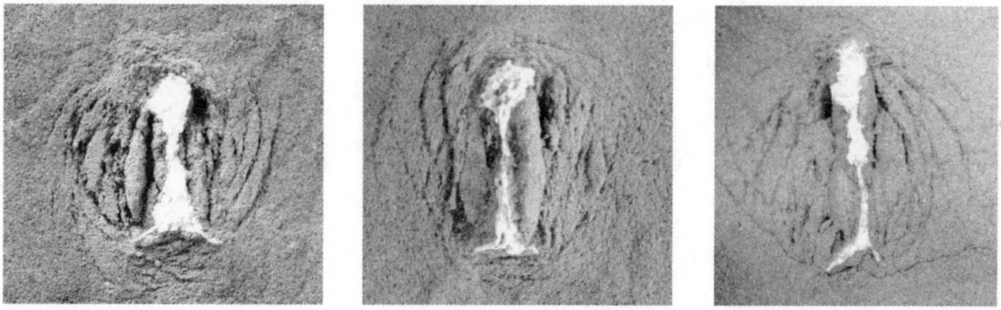

图8-6 不同高跨比高边墙U形隧道在高轴向应力条件下的内部破裂情况

均没有出现平行于拱顶和拱底洞壁轮廓的破裂带，在离洞壁较远处的破裂带近似呈环状。

可见，在高轴向应力作用下，尽管高跨比较大，洞壁围岩仍会出现环状破裂带，只是破裂带的形状越靠近边墙（曲率为零），则越接近洞壁的形状，表现为近乎平行的层状破裂带。而在拱顶处，由于曲率远大于边墙曲率，未形成环状破裂带，在底板处，由于跨度远小于边墙，也没有形成环状或层状的破裂带。这说明，在高轴向应力下环状破裂带的出现与洞壁临空面的曲率和跨度密切相关，曲率越小，跨度越大的临空面附近易形成近似平行于该临空面的层状破裂。具有相同面积的不同高跨比隧道模型，其破裂带间距无明显差异，均为5~10mm。模型试验的结果和数值试验结果具有很好的一致性。

8.2.2.2　隧道破裂机制分析

在试验之前，在洞壁周围模型内部布置了应变片，其布置示意图如图8-7所示。在加载过程中模型内部的应变发展情况如图8-8所示。在左右边墙靠近拱肩部位的应变监测数据表明，在加载过程中，第2、17、18、20号应变片均经历了明显的受压过程，但最终破坏模式均为拉伸破坏；在左右边墙靠底板处，除7、15号应变片损坏未测到数据外，左右边墙下部各测点的应变几乎均为拉应变，只有14测点在加载过程当中有很小的压应变。可见，在高轴向应力作用下，高跨比较大的直立高边墙隧道边墙部位的层状破裂主要为拉伸破坏。

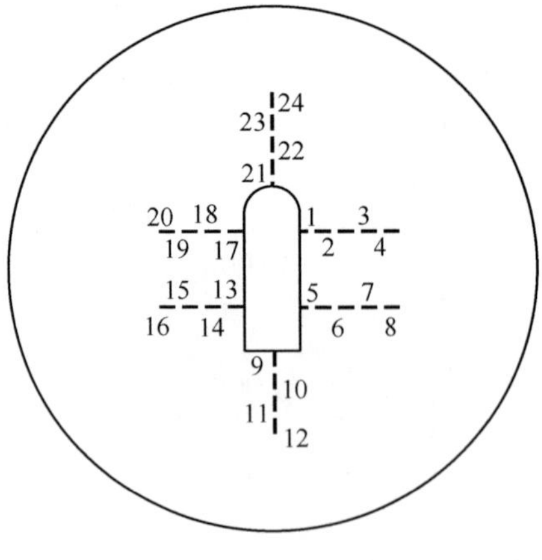

图8-7　高跨比为2.5高边墙隧道模型内应变片布置

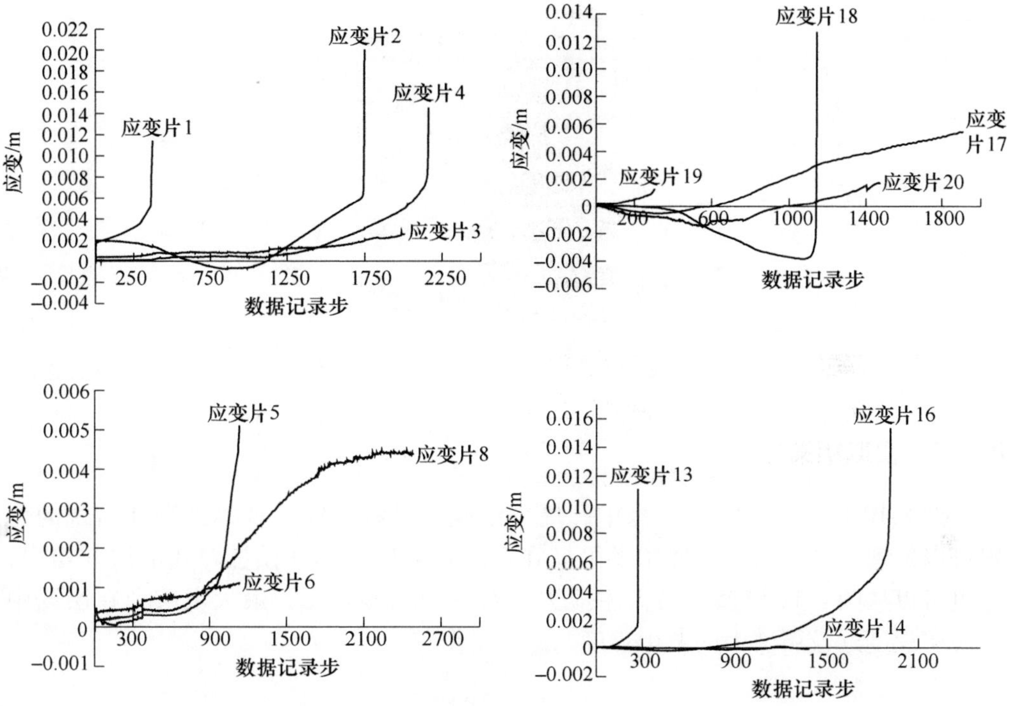

图 8-8 加载过程中高跨比为 2.5 隧道模型内部不同部位应变变化情况（以拉为正）

8.3 层状岩体中的分区破裂

8.3.1 数值模型

深部隧（巷）道经常遇到在互层状地层当中通过的情况。为研究互层状岩体的中隧道围岩的分区破裂规律，本节首先建立厚层状介质当中圆形孔洞在三维加载条件下的数值模型（见图 8-9），模型材料的颜色越暗，其弹性模量相对越低。数值模型的尺寸以及边界加载条件如图 7-3 所示。数值模型的材料参数见表 8-1。

表 8-1 数值模型 1 的材料参数

分层	均质度 m	弹性模量/GPa	强度/ MPa	泊松比	内摩擦角/(°)	残余强度系数
层①	5	40	60	0. 2	40	0. 1
层②	5	25	40	0. 25	35	0. 1
层③	5	15	20	0. 3	30	0. 1

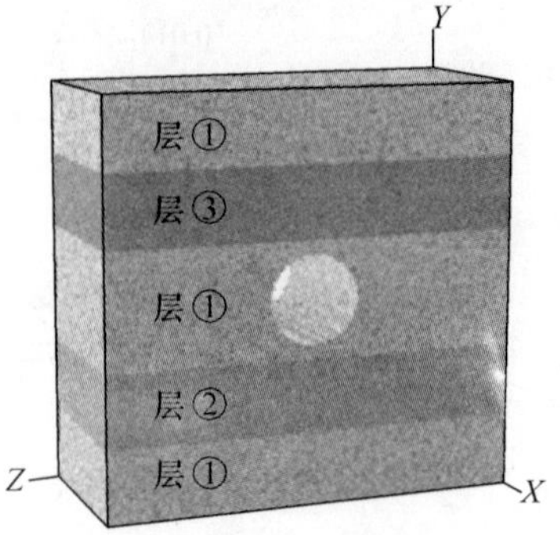

图 8-9　含孔厚层材料数值模型（模型 1）

8.3.2　模拟结果与讨论

图 8-10 是在厚层状介质当中孔周分区破裂过程。仔细观察破裂环出现的位置可以发现，第二级破裂环主要出现在强度较弱层，弹性模量较大的层③当中，这也可以从图 8-11 模型的最大主应力分布图中明显看出，最大主应力在层③中的集中程度远较层②中的集中程度高。

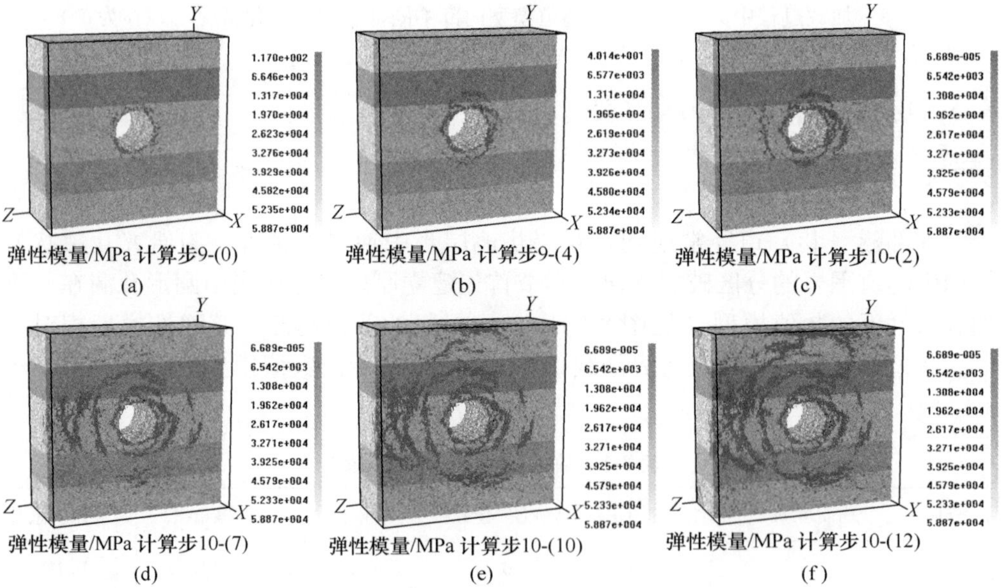

图 8-10　厚层状介质中分区破裂过程（模型 1）

比较图 7-4 和图 8-10 可以发现，在单一材料当中孔洞周边的环状破裂比在多层材料当中相对完整，环间距较均匀；而在多层材料当中，孔周的破裂环连续性更差，环间距变化大，这说明材料的非均匀性会对破裂环的位置和形态造成影响。

为了进一步探讨材料强度以及非均匀程度对分区破裂的影响，建立了薄层状模型（模型 2）（见图 8-12）模型颜色越暗则代表弹性模量相对越低。该模型由四种不同力学参数的岩层组成，材料的强度参数见表 8-2。其中层④强度最弱。模型的尺寸和单元划分同前。

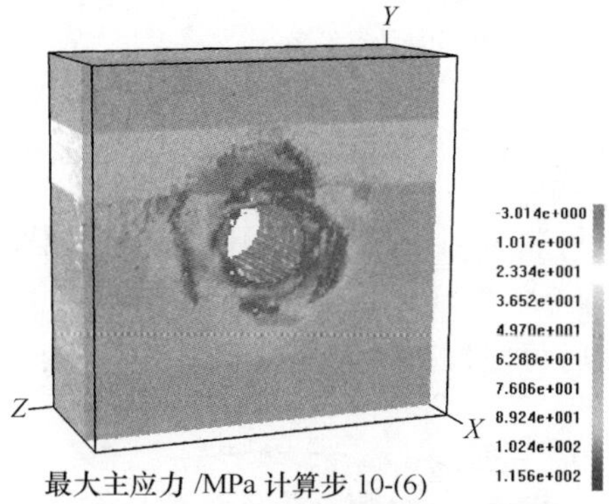

图 8-11 最大主应力分布图（模型 1）

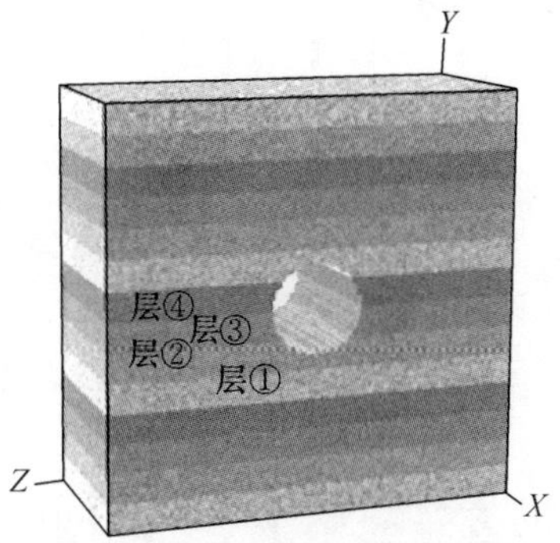

图 8-12 含孔薄层材料数值模型（模型 2）

表 8-2 数值模型 2 的材料参数

分层	均质度 m	弹性模量 /GPa	抗压强度 /MPa	泊松比	内摩擦角/(°)	残余强度系数
层①	5	40	60	0. 2	40	0. 1
层②	5	25	40	0. 25	35	0. 1
层③	5	15	20	0. 3	30	0. 1
层④	5	6	8	0. 35	26	0. 1

图 8-13 是模型 2 内部破裂环较完整处的剖面图。比较 7. 2 节模型 1 和本节模型 2 的分区破裂情况可以发现，模型 2 的破裂环数目明显少于模型 1，并且其二级破裂环与一级破裂环的间距较大。这说明在弹性模量小、强度低的岩层中产生的变形大，从而大大降低了周围岩层当中的径向拉应力，从而大大降低了周围材料当中的径向拉应力，因而破裂环的数量会有所减少，环间距会有所增加。

上述模型材料均为脆性材料，那么在强度较低的塑性材料中，会不会出现破裂环呢？为解答这一问题，建立数值模型 3，将模型 2 中层④的材料参数其他值

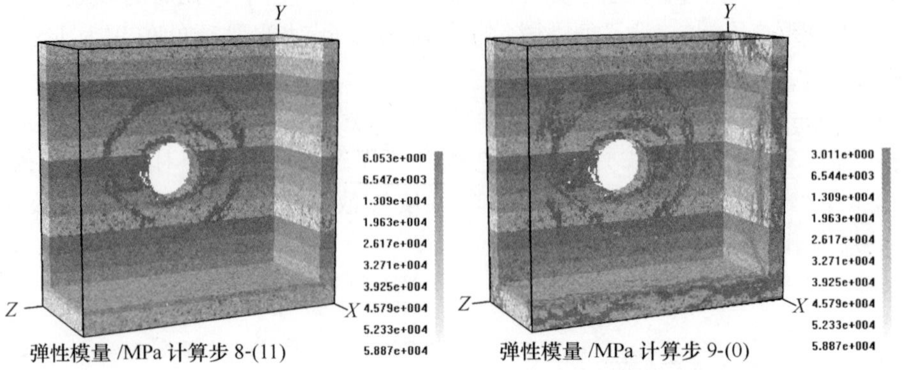

图 8-13　含弱层薄层状介质中分区破裂（模型 2）

保持不变，而将残余强度提高到 0.8，其他材料参数不变，采用相同的加载方式，探讨分区破裂机制。

图 8-14 是模型 3 的分区破裂情况。观察后可以发现，在层④当中并没有环

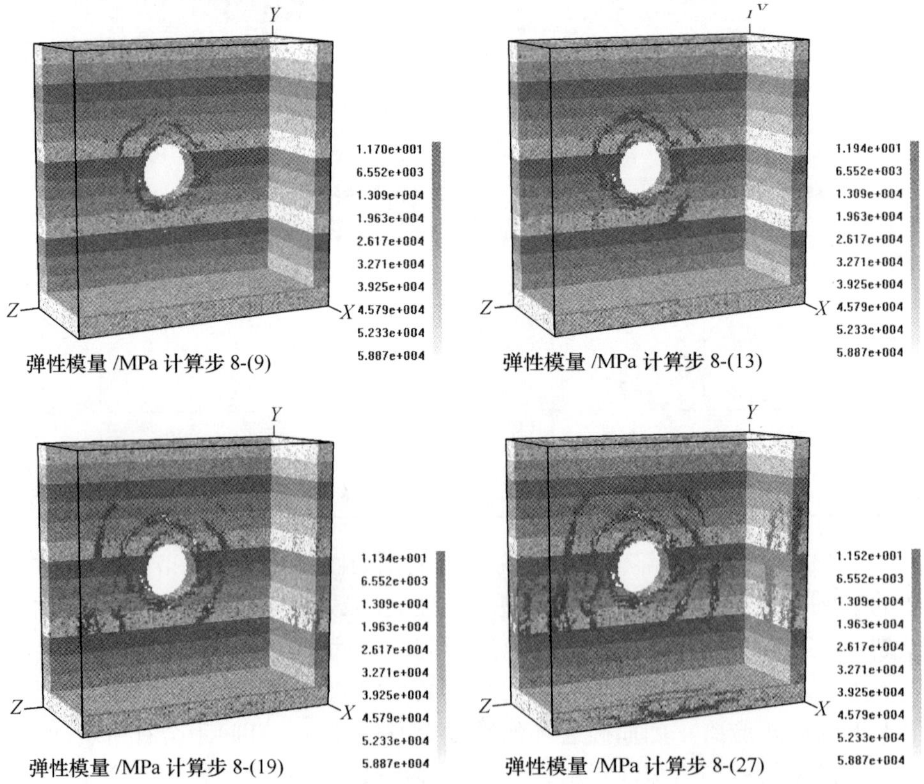

图 8-14　含塑性材料薄层介质当中的分区破裂情况（模型 3）

状破裂出现，并且位于隧道上部和底部的层④阻隔了下一级破裂环的出现。这可由图 8-15 模型 3 的最大主应力云图清晰看到：在层④当中并未出现破裂环，而从图 8-16 模型 2 的最大主应力图可看出在层④当中有明显的应力集中和破裂。由此可以得出结论，分区破裂易出现在脆性围岩当中，而在塑性较高的岩体当中不易出现。

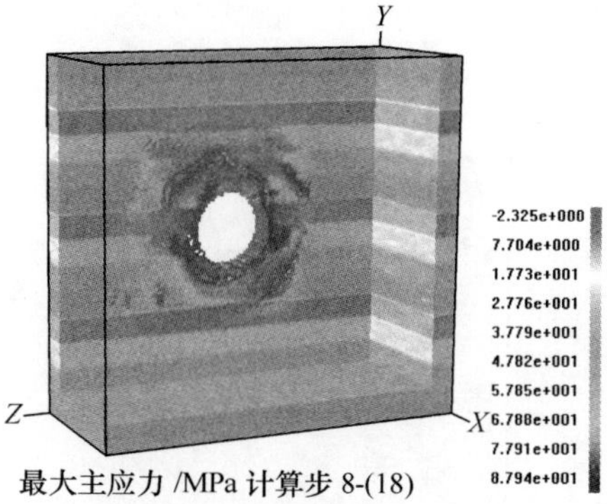

图 8-15 模型 3 最大主应力分布图

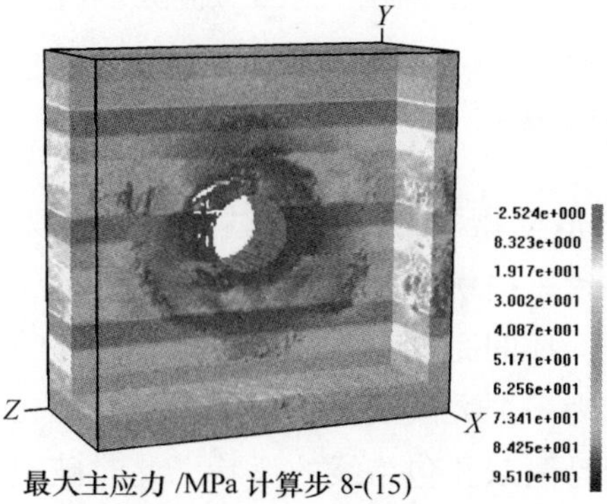

图 8-16 模型 2 最大主应力分布图

8.4 平行隧道的分区破裂

8.4.1 平行隧道分区破裂数值试验

8.4.1.1 数值模型

以往对于高轴压下洞周围岩破裂模式的研究，多集中在对单洞隧道围岩破裂模式和破裂机制的探讨，对于深部工程中较常见的近距离隧（巷）道在高轴向应力下的破裂问题讨论不多。本节针对深部岩石工程中经常遇到平行隧道施工的情况，探讨在深部岩体中近距离平行隧道的分区破裂。建立的含有并行双隧道的数值模型 4，如图 8-17 所示，模型尺寸为 200mm × 200mm × 30mm。划分为 1 200 000 个单元。模型加载方式同数值模型 1。孔直径为 10mm，孔中心距为 18mm。模型的材料参数见表 8-2。

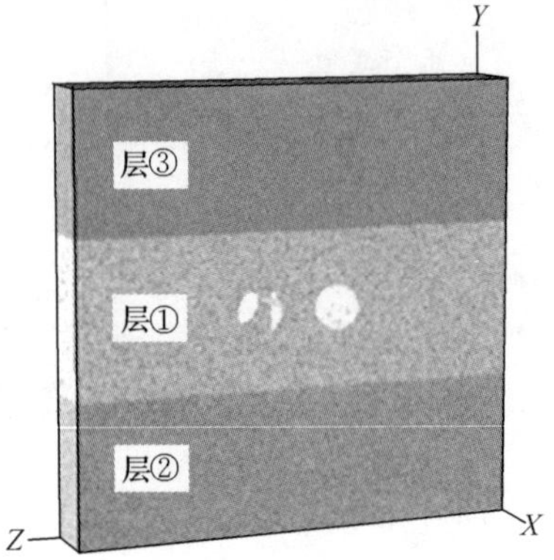

图 8-17　互层介质中的双孔数值模型（模型 4）

8.4.1.2　模拟结果与讨论

从图 8-18 含双孔数值模型的分区破裂过程可以发现，损伤演化在荷载增加的初期时与单孔隧道一致，损伤单元首先产生在洞周；随着荷载的增加，在隧道周边逐渐形成环状破裂，环间距同单孔直径处于一个数量级。随着荷载的增加，新出现的破裂环演化成为一个大破裂环，包围着两个单孔，并且这一较大的破裂环的外形并非圆形，而是两双孔包络线的形状。此时破裂环的间距明显较孔周处破裂环的间距增大，其间距与双孔中心距处于一个数量级。

图 8-19 和图 8-20 是双孔数值模型在加载后期（计算步 5-(20)）时的最大主应力图和 X 方向位移分布云图。从图中可以看到，由于模型上部层③强度较弱，因而在该层中的最大主应力集中程度和位移均较大。图 8-21 为分区破裂声发射图。从图中可以看出，破裂带轮廓重复双孔外包络线的轮廓。

以上的数值模拟结果表明，近距离平行隧道周边仍然可出现环状破裂，且在接近洞周处的破裂环分别环绕单孔隧道，破裂环间距与单孔直径处于一个数量级，而在较远处的破裂环，将共同围绕双孔隧道，其外形为双孔隧道包络线的形状，破裂环间距与隧道中心距处于一个数量级。

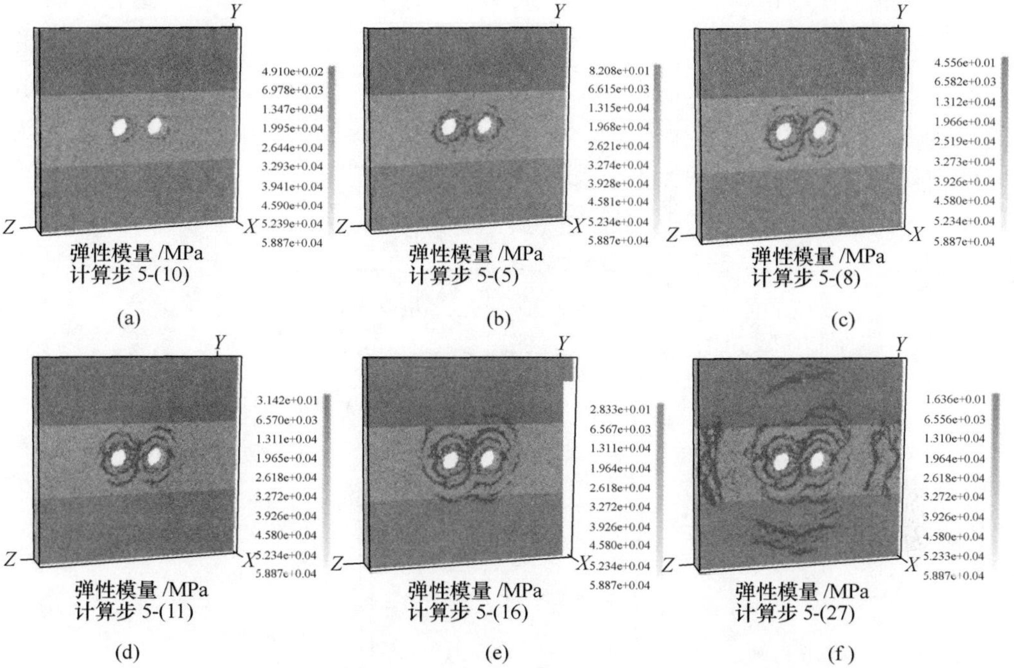

图 8-18 互层岩层中的双孔隧道分区破裂（模型 4）

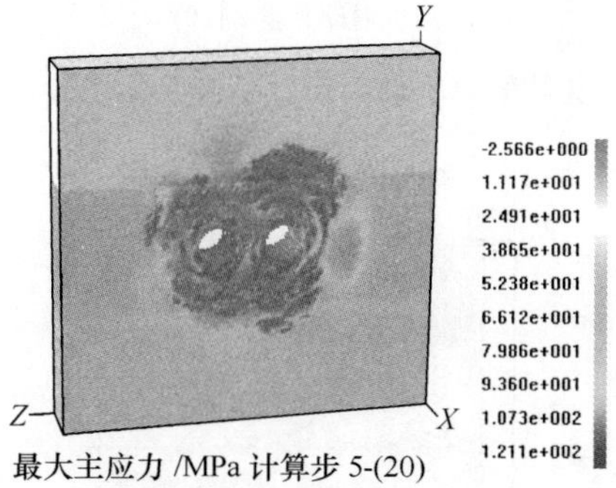

图 8-19 双孔数值模型在 5-(20) 计算步时的最大主应力分布图

在薄层状岩体中，隧道围岩分区破裂可能会受到不同岩层力学参数的影响。因而本节还建立了含双孔薄层状材料的方形试件，数值模型 5 如图 8-22 所示。模型尺寸为 180mm×180mm×50mm，孔直径为 10mm，孔间距为 18mm。材料力学参数见表 8-2。模型的加载方式同上。

从模型 5 的分区破裂结果（见图 8-23）可以看出，在加载初期，微破裂集中出现在洞顶较弱层内，随着荷载的进一步增加，在双孔周围形成了围绕双孔的第

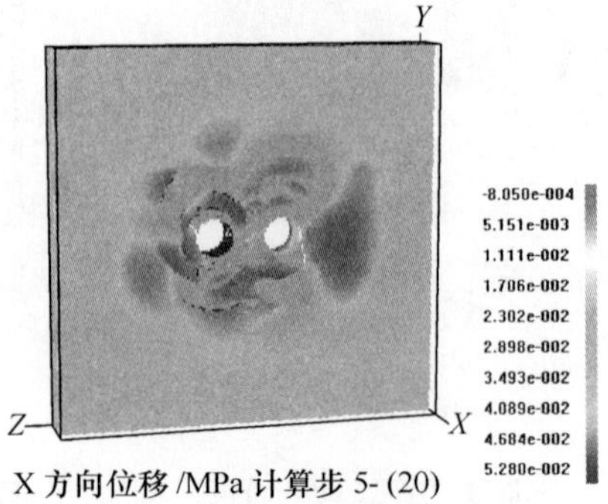

X 方向位移 /MPa 计算步 5- (20)

图 8-20　双孔数值模型在 5-(20) 计算步时的 X 方向位移分布图

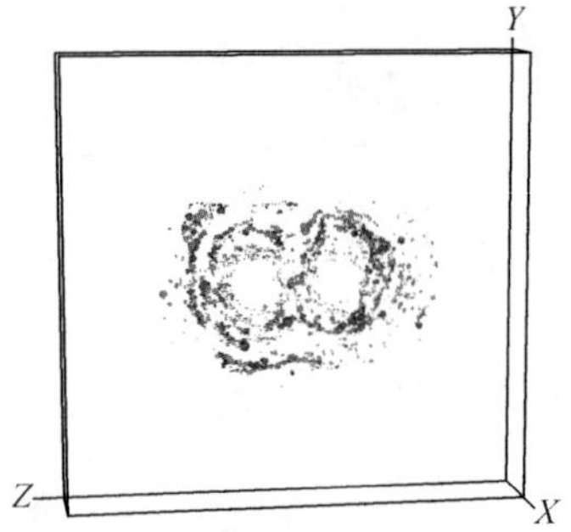

声发射计算步 5-(20)

图 8-21　含双孔数值模型分区破裂过程声发射图（计算步 5-20）

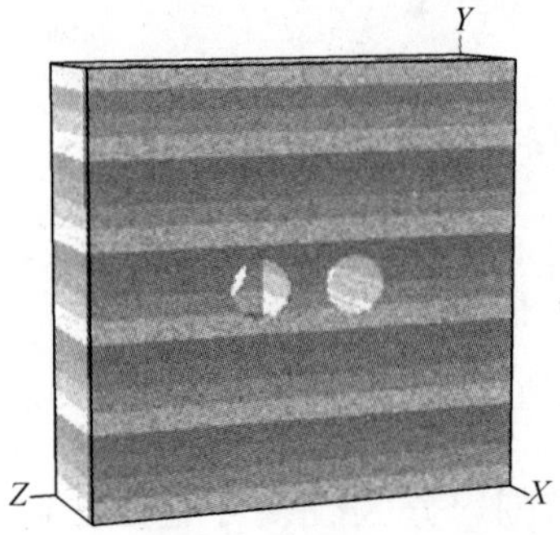

图 8-22　含弱层的薄层互层介质双孔薄层试件（模型 5）

一级破裂环，此后出现的第二级破裂环与第一级破裂环的间距较大，并且连续形差。从图 8-24 的模型 5 的最大主应力分布图可以看出，应力主要集中在强度最低的层④当中。

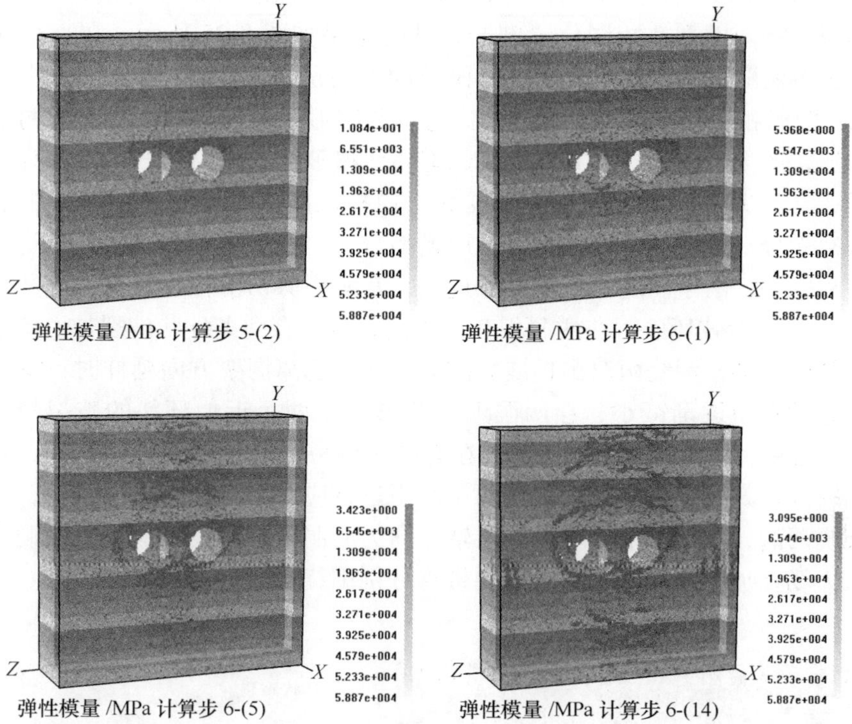

图 8-23 含弱层的薄层互层介质双孔薄层试件的分区破裂过程（剖面）

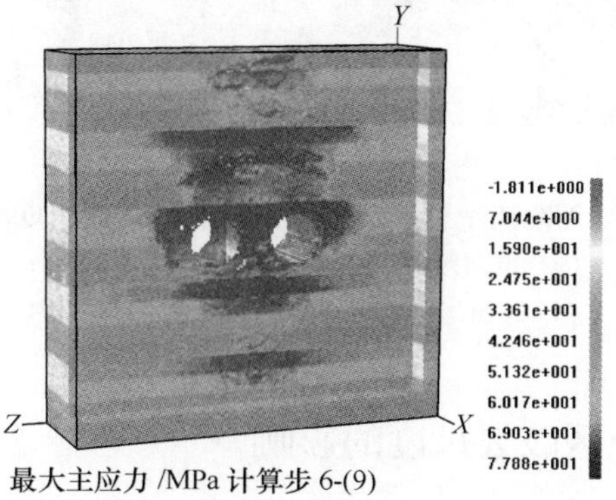

图 8-24 模型 5 在计算步 6-(9) 时的最大主应力分布图（剖面）

8.4.2 平行隧道围岩分区破裂模型试验

分别制作了 2 个含双洞的模型试件，其洞间距分别为洞径的 1.5 倍和 2 倍，单洞直径为75mm。模型的整体尺寸、材料配比及加载方式均与前述试验相同。加载结束后将两模型在相同位置剖开，试验结果如图 8-25 所示。在高轴向应力下，两个单洞隧道周边都出现了靠近洞壁的剪切滑移破裂，模型（a）由于洞间距较大，两洞相互影响较小，破裂模式与单洞圆形隧道模型相同。即在两个单洞洞壁附近，产生了两簇扩展方向相反的剪切滑移破坏，在离洞壁一定距离处，由剪切滑移交割尖端出现了沿平行于洞壁方向扩展的环状破裂带，如图中箭头所示。破裂带分别环绕两个单洞扩展。而模型（b）由于洞间距较小，洞间岩柱应力集中程度大，两单洞隧道在相互靠近侧，其洞周剪切滑移线相互切割严重，分别形成两个 V 形破坏区；在两洞相互远离侧，分别有两条环状破裂带由剪切滑移带交割处的尖端，围绕两双洞扩展。破裂带在向远离洞壁方向延伸时，其扩展方向与洞壁的夹角逐渐减小，在两洞上下侧形成了两个近似环状的破裂带，如图 8-25中的箭头所示。实验结果表明，在有围压约束的高轴向应力作用下，环状破裂是洞周围岩的特定力学响应。当两洞间距近，应力场相互叠加强烈时，环状破裂将环绕两洞，呈椭圆形，椭圆的长轴方向为两洞中心连线方向；当两洞距离较远，应力场叠加不明显时，环状破裂带将分别围绕单洞扩展。

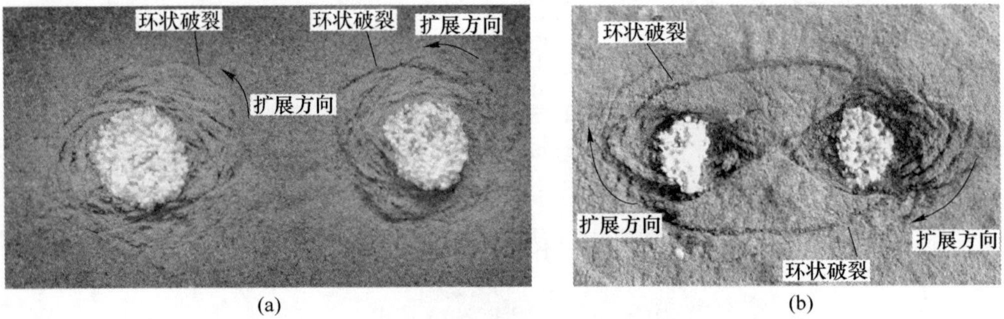

图 8-25　近距离平行隧道模型在高轴向应力下的破裂模式

（a）洞间距 1.5 倍洞径；加载压力 3500kN；

（b）洞间距 2 倍洞径；加载压力 3594kN

8.5　非均匀性对分区破裂尺度的影响

8.5.1　非均匀性对分区破裂尺度影响的数值试验

尽管通过相似材料试验和数值模拟可以成功再现分区破裂现象，但如果仔细比较试验结果和现场监测结果（见图 8-26），可以发现，破裂环的间距与隧道的尺寸比值，试验结果与现场监测结果有很大的不同，如果用尺度比 $R = S/D$ 进行描述，S 为相邻破裂环间的距离，D 为隧道的直径，则试验结果与现场监测结果的尺度比具有数量级上的差别。例如，顾金才等人[82]的试验结果（见图 8-26（a））尺度比 R 仅约为 0.15，而陈旭光等人[89]的试验结果（见图 8-26（b））尺度比约为 0.25，李术才等人[74]的现场监测结果（见图 8-26（c））尺度比 R 却达到 0.5 左右。

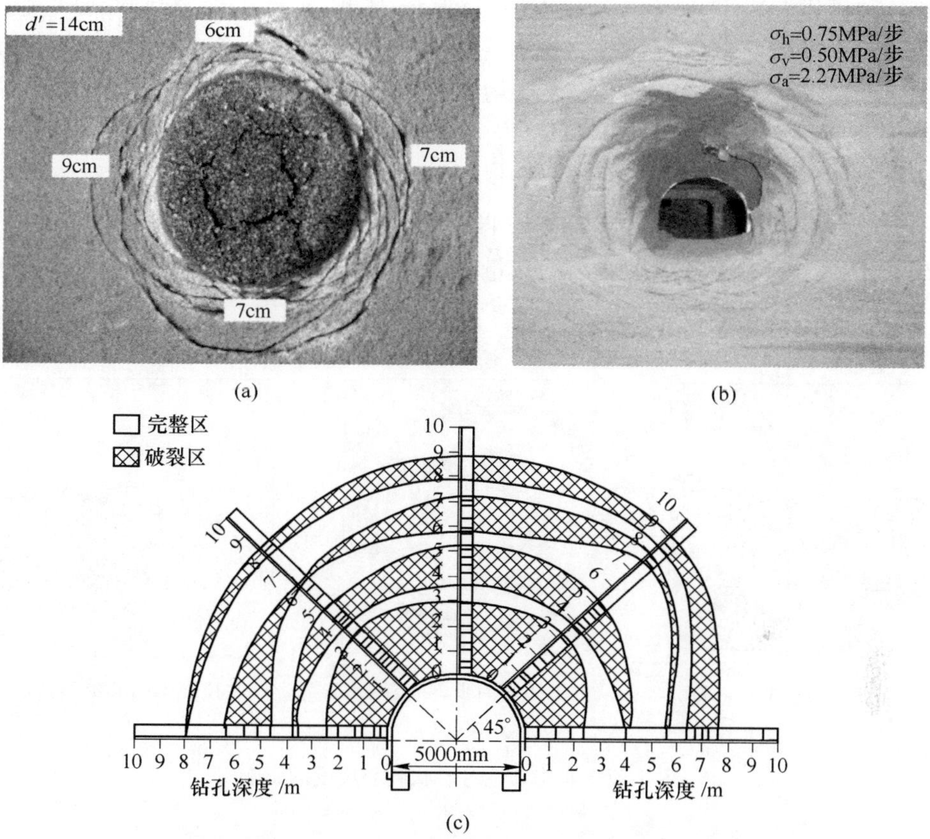

图 8-26 不同尺度的分区破裂

（a）顾金才等人的模型试验结果[82]；（b）陈旭光等人的模型试验结果[89]；（c）李术才等人的分区破裂现场监测结果[74]

岩石材料是典型的非均匀材料，工程开挖影响范围内的岩体内部包含众多的节理、裂隙等结构面，其力学性质、结构特点各不相同，对洞壁围岩的破裂模式影响也不尽相同，即使是在力学特性较为接近但岩性不同的完整岩体中，由于构成岩石材料的矿物颗粒大小不同，洞壁围岩的破裂模式也可能不同。由于岩石材料具有明显的非均匀特性，造成破裂尺度不同的原因可能与材料的非均匀特性有关。为研究材料的非均匀性对环状破裂尺度的影响，分别建立三个均质度分别为

3、30 和 100 的数值模型，均质度数值越大，则代表材料越均匀[327]。模型的尺寸均为 140mm×140mm×50mm。在模型的上下和左右边界施加位移约束。首先沿拟开挖洞的轴向施加每加载步 0.001mm 的位移荷载达到初始应力水平，然后开挖隧道。位移荷载继续施加，直至模型发生破坏。模型的弹性模量为 40GPa，平均抗压强度为 60MPa，泊松比为 0.2，内摩擦为 40°。各个模型在破坏阶段的损伤单元分布如图 8-27 所示。

对于均质度为 3 的模型，由于非均匀性较强，可以看到相邻环状破裂带的间距最大，均质度为 30 时，环状破裂带的间距明显减小，而破裂带数量增加，而均质度为 100 时，环状破裂带间距密集，且都集中在洞壁的附近。由数值模拟结果可知，环状破裂带的间距与岩体的非均匀性密切相关，岩体的非均匀性越强，则破裂带间距越大，环状破裂带的数量越少。

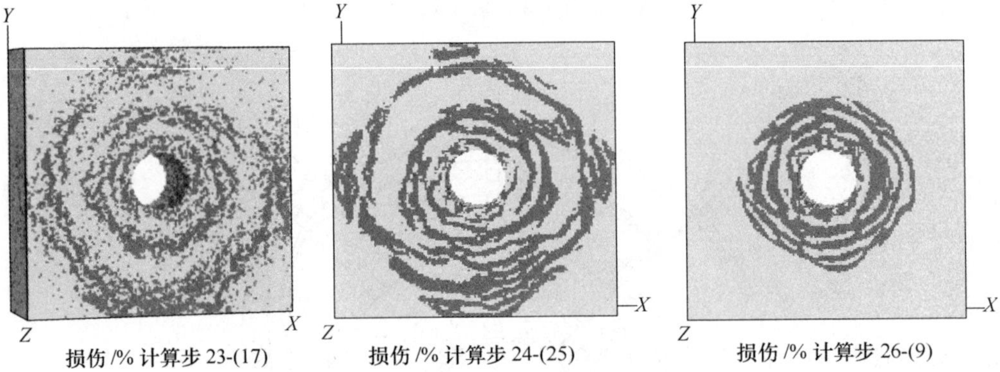

(a)　　(b)　　(c)

图 8-27　非均匀性对层状破裂尺度的影响

(a) $m=3$；(b) $m=30$；(c) $m=100$

8.5.2　非均匀性对分区破裂影响的模型试验

为讨论完整岩体岩石材料本身矿物颗粒大小的非均匀程度对环状破裂的影响，分别建立三个均匀程度不同的相似材料模型，模型制作和试验方法见 8.1.2 节。模型预留孔直径为 90mm，分别在每个模型中加入不同比例的粗砂、中砂和细砂以模拟完整岩体岩石材料本身矿物颗粒大小的非均匀程度。模型（a）材料配比为水泥：细砂：水=1：12：1.5；模型（b）材料配比为水泥：砂：水=1：12：1.5，其中砂为粗砂：细沙=1：4.4；模型（c）材料配比为水泥（石膏）：砂：水=1：13：1.21，砂为粗砂：中砂：细砂=1：2：5，为避免增加粗骨料导致材料强度提高而无法压坏，在水泥中加入了少量石膏（水泥：石膏=5.4：1）

以降低材料的强度。三种配比材料的单轴压缩试验均表现为脆性破坏特征。粗、中、细砂如图 8-28 所示，其中粗砂粒径在 6mm 左右。图 8-29 为加载后在各模型同一位置剖开的破裂情况。

图 8-28 模型材料中添加的粗、中、细砂

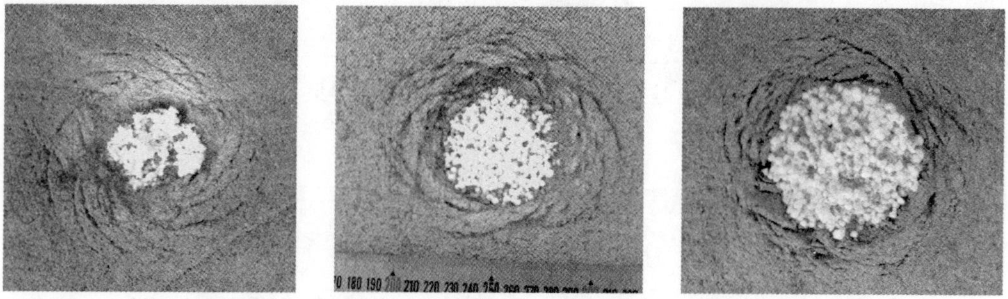

(a) (b) (c)

图 8-29 材料非均匀性对破裂模式的影响

（因拍照距离不同，造成洞径的视觉直径大小不同，孔直径均为 90mm）

（a）加载压力 3800kN；（b）加载压力 3600kN；（c）加载压力 4000kN

试验结果显示，由于粗骨料增加了试件的强度且洞径较小，在压力几乎达到压力机行程时，在洞周也并未出现明显的环状破裂带。但比较三个模型的试验结果仍然可以看到，由于图 8-29（a）材料较均匀，在洞壁附近出现了明显的剪切滑移破坏，但随着材料非均匀性的增加，图 8-29（b）和图 8-29（c）洞壁围岩破碎程度逐渐增加，图 8-29（c）洞壁的剪切滑移破坏现象不明显，裂纹张开明显，显示较为明显的拉破裂特征。这说明，环状破裂带的间距与岩体的非均匀性密切相关，岩体的非均匀性越强，则破裂带间距越大，环状破裂带的数量越少。这与前文的数值模拟结果一致。

8.6　非均匀性对围岩破裂机制的影响

8.6.1　非均匀性对围岩破裂模式的影响

上述结论可以解释加拿大 Mine-by 隧道洞壁的薄层状剥离现象，由于该隧道围岩为晶粒非常细密的完整花岗岩，均质度很高，因此出现了薄层状剥离现象。为验证这一推论，建立了 Mine-by 隧道所处应力场条件下 4 个不同均质度的数值模型，均质度分别为 4、8、15 和 30。三向应力比为 $\sigma_y:\sigma_x:\sigma_z=4:1:6$。在破坏阶段各模型的损伤单元分布如图 8-30 所示[328]。

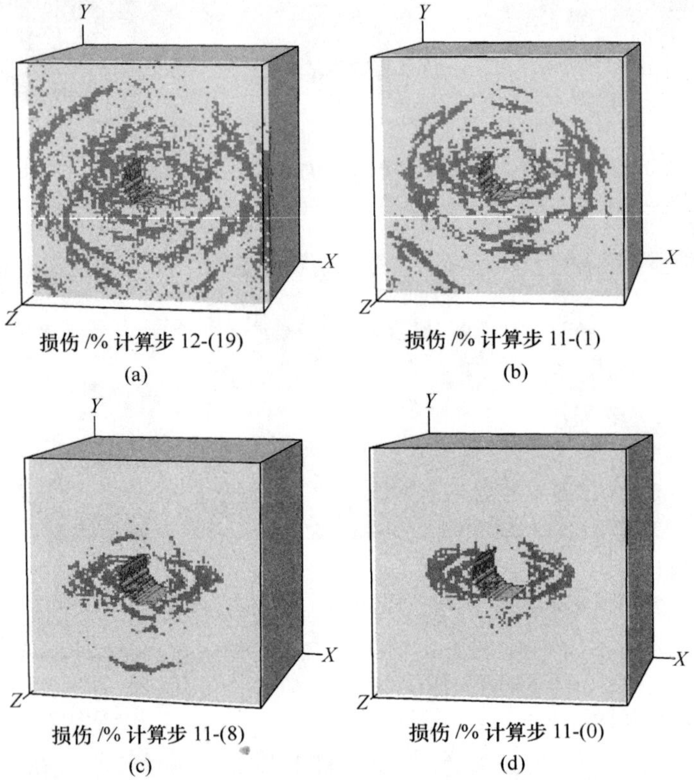

图 8-30　不同均质度模型的损伤单元分布（$\sigma_y:\sigma_x:\sigma_z=4:1:6$）

（a）$m=4$；（b）$m=8$；（c）$m=15$；（d）$m=30$

可以看到，在均质度为较低值 4 时，整个模型损伤范围大，破裂带间隔与隧道直径的比值接近于 1，但当均质度增加到 8 时，破裂带间隔和损伤单元数量均减小。对于均质度为 15 和 30 的模型（图 8-30（c）、（d）），在左右边墙两侧出现密集的剪切滑移破裂带，剪切滑移带相互交割，在边墙的两侧形成 V 形槽破坏。此时即使再增加荷载，也不会出现环绕隧道的环状破裂带。图 8-30（d）的破裂结果与图 8-31 所示的加拿大 URL Mine-by 隧道现场破坏模式一致。值得说明的是，Mine-by 隧道开挖于晶粒非常细密的完整花岗岩中，均质度较高。数值模拟结果和加拿大 Mine-by 隧道破坏结果表明，岩体的非均匀性对破坏的模式和尺度具有重要影响。

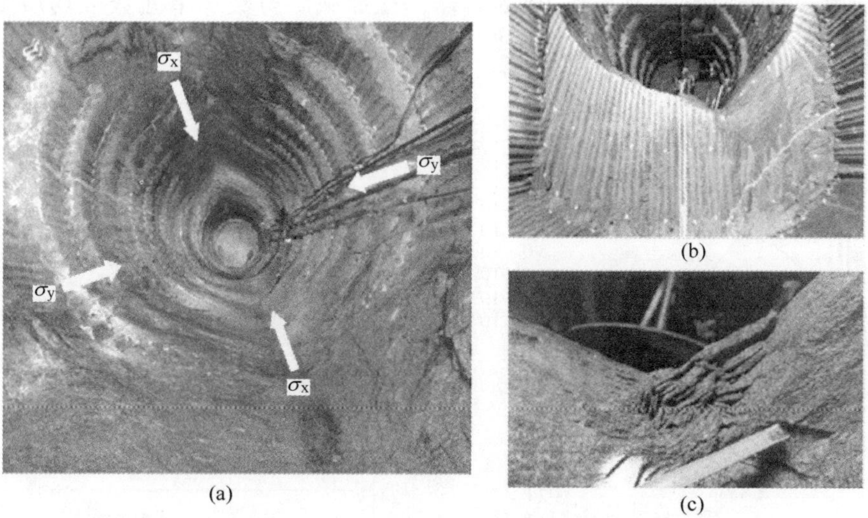

图 8-31 Mine-by 试验隧道

(a) 在拱顶和仰拱处的 V 形槽破坏；(b) 仰拱处 V 形槽处剖面；(c) 仰拱处 V 形槽尖端的层状隆起[62]

数值模拟结果表明，岩体的非均匀性对围岩的破裂模式有重要影响：对于均匀程度较高的硬岩，常见的破裂模式为洞壁附近的以拉伸破坏为主的层状劈裂或剥离以及由剪切破坏导致的 V 形槽破坏；对于非均匀程度较高的岩体，除了在洞内可见的破坏外，可能在隧道周围岩体中发生分区破裂现象。

8.6.2 非均匀性对围岩破裂机制的影响

为研究非均匀性对围岩破裂机制的影响，采用 FLAC^{3D}内置的 fish 语言编程，实现对模型单元弹性模量的 Weibull 分布从而模拟岩石材料的非均匀性，并自动统计模型破坏时发生拉伸破坏和剪切破坏的单元数[327]。采用应变软化的摩尔-库仑本构模型。建立了均质度为 1、3、5、10 和 30 共 5 个不同均质度的岩样，岩样尺寸为 50mm×50mm×100mm，共 16000 单元，见图 8-32。每个模型在顶部施加 5×10^{-9} m/时步

图 8-32 非均匀岩样

的位移荷载。岩样的应力-应变曲线和相应的声发射数如图 8-33 所示。黑色和红色柱体分别代表破坏和剪切破坏事件数。可以看到均质度为 1 和 3 的两个岩样，由于非均匀程度高，在加载后出现了大量的拉伸破坏单元。随着荷载的增加，有少量的剪切破坏单元伴随拉伸破坏同时出现直至发生破坏，破坏时拉破坏单元数急剧增加。对于均质度为 5 和 10 的岩样，在加载后剪破坏单元数较均质度为 1 和 3 的岩样明显增加，对于均质度为 30 的岩样，这一趋势更加明显，可以看到

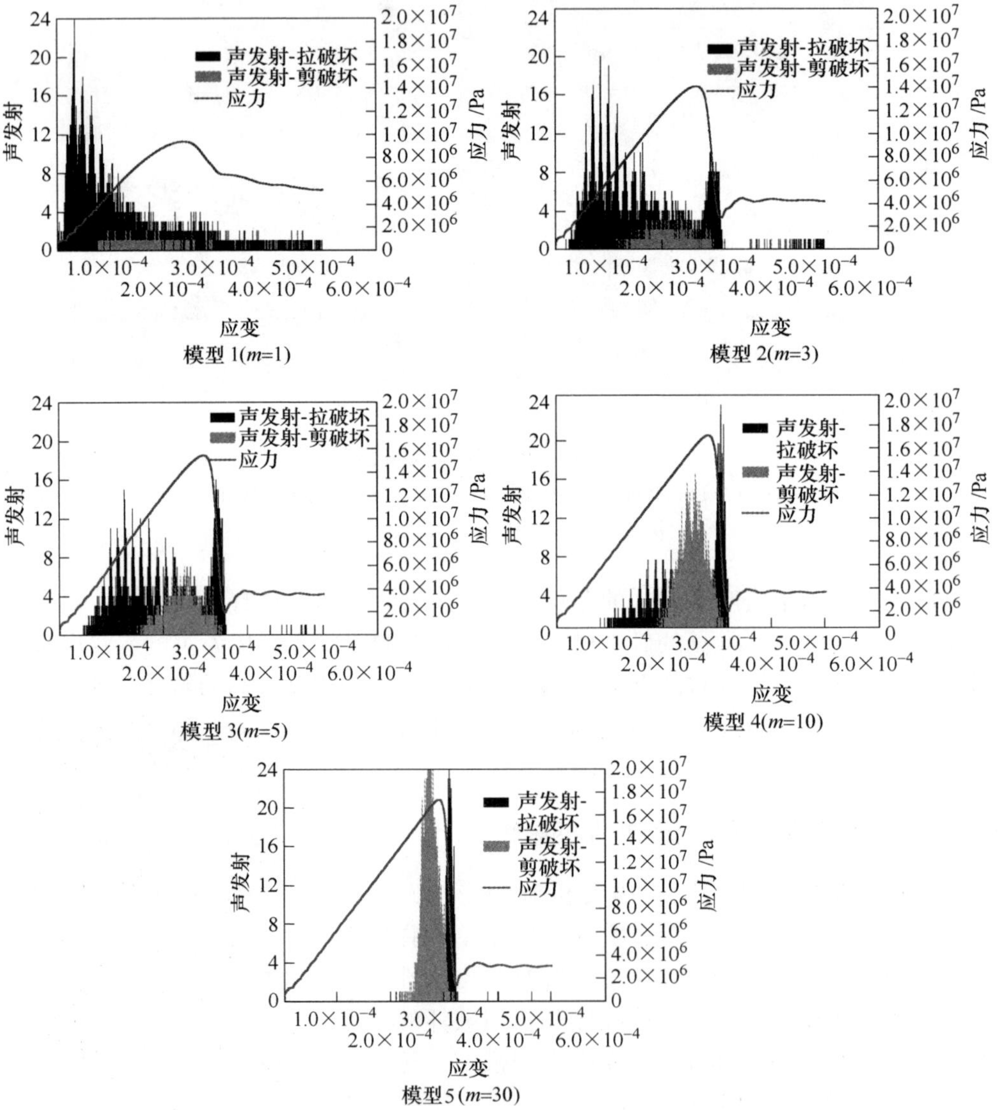

图 8-33　不同均质度岩样在单轴压缩下的拉、剪破坏单元数和应力-应变曲线
（彩图见插页）

随着均质度的增加，剪切破坏逐渐成为主控破坏，例如，当均质度为 1 时，剪切破坏单元数只占总破坏单元数的 1.7%，当均质度 m 为 3 和 5 时，剪切破坏单元数分别占总破坏单元数的 7.4%和 17.2%，而当均质度为 10 和 30 时，则这一比例分别为 50.8%和 75.6%。由此可见，随着围岩均匀程度的提高，剪切破坏将成为主要的破坏模式。这一结论也对 8.6.1 节的模拟结果给予了支持。

参 考 文 献

［1］李志业，曾艳华．地下结构设计原理与方法［M］．成都：西南交通大学出版社，2003.

［2］朱维申，李术才，陈卫忠．节理岩体破坏机理和锚固效应及工程应用［M］．北京：科学出版社，2002.

［3］孙广忠．岩体结构力学［M］．北京：科学出版社，1988：36.

［4］唐春安．岩石破裂过程的灾变［M］．北京：煤炭工业出版社，1993：31-41.

［5］中华人民共和国建设部．GB/T 50218—2014，工程岩体分级标准［S］．北京：中国标准出版社，2015.

［6］凌贤长．岩体力学研究的若干问题［J］．哈尔滨建筑大学学报，1998，31（4）：118-123.

［7］中国科学院地质研究所工程地质与抗震研究室．岩体工程地质力学的原理和方法［J］．中国科学，1972（1）：56-62.

［8］董玉良．我国北方二叠纪煤田充水特征及主要水文地质研究［J］．中国地质科学院水文地质工程地质研究所所刊，1988（5）：95-113.

［9］李明潮，梁生正，赵克镜．煤层气及其勘探开发［M］．北京：地质出版社，1996.

［10］谷德振．岩体结构的分类及其质量系数的确定［J］．水文地质工程地质，1979，2：8-13.

［11］凌贤长，蔡德所．岩体力学［M］．哈尔滨：哈尔滨工业大学出版社，2002：6.

［12］关宝树．隧道力学概论［M］．成都：西南交通大学出版社，1993：39-54.

［13］陈先国．隧道结构失稳及判据研究［D］．成都：西南交通大学，2002.

［14］王思敬，杨志法．地下工程中岩体工程地质力学问题［J］．岩石力学与工程学报，1987，6（4）：301-308.

［15］朱汉华，孙红月，杨建辉．公路隧道围岩稳定与支护技术［M］．北京：科学出版社，2007.

［16］Palmstrom A，Stille H K. Ground behaviour and rock engineering tools for underground excavations［J］. Tunnelling and Underground Space Technology，2007（22）：363-376.

［17］Binham C. Distributions on the sphere and on the projective plan［M］. Yale University，1964：93-95.

［18］Shanley R J，Mathtab MA. Delimeation and analysis of clusters in orientation data［J］. Math. Geol，1976：9-23.

［19］Kulatilake PHSW. Estimating elastic constant and strength of discontinuous rock［J］. Journal of the Geotechnical Engineering Divison，1987：847-863.

［20］Cruden D M. Describing the size of discontinuity［J］. Int. J. Rock Mech. Sci. and Geomech. Abstrcts，1997，14（2）：133-137.

［21］金曲生，王思敬，陈昌彦．估计迹长概率分布函数的新方法及其应用［J］．工程地质学报，1997，5（2）：150-155.

［22］赵文，唐春安．结构面间距和迹长的测量理论［J］．中国矿业，1998，7（3）：36-38.

[23] 李建斌，巨广宏，等．岩体硬性结构面精测及量化处理［J］. 成都理工学院学报，2001，28（2）：144-147.

[24] 于国新，白明洲，许兆义，等．工程岩体结构面间距空间分布的 ARIMA 模型及应用[J]. 工程地质学报，2006，14（6）：819-823.

[25] Xie H P. Fractal sinroekmeehes［M］. AABalkaPress, Nethands, 1992.

[26] Xie H P, Parieau W G. Fractal dimension of joint roughness surface［C］//In：Proc of Int Conf on Fractured and Jointed Rock Masses, Berkeley, 1992：72-86.

[27] 谢和平．岩石节理粗糙系数（JRC）的分形估计［J］. 中国科学（B 辑），1994，24（5）：524-530.

[28] 刘启前，徐光黎．工程岩体质量分级的模糊综合评判［J］. 中国地质大学学报，1989，14（3）：291-296.

[29] 霍润科．神经网络法在地下洞室围岩分类中的应用［J］. 华北水利水电学院学报，1998，19（2）：61-63.

[30] 夏元有，朱瑞赓．关于分形理论在结构岩体的应用研究［J］. 岩土工程学报，1997，16（1）：36-42.

[31] 秦四清，张倬元，王士天，等．节理岩体的分维特征及其工程地质意义［J］. 工程地质学报，1993（2）：14-23.

[32] 冯夏庭．岩石节理力学参数的非线性估计［J］. 岩土工程学报，1999，21（3）：268-272.

[33] 荣冠，周创兵．基于裂隙网络模拟技术的结构面分布分维数计算［J］. 岩石力学与工程学报，2004，23（20）：3465-3469.

[34] 盛建龙，伍佑伦．基于分形几何理论的岩体结构面分布特征研究［J］. 金属矿山，2002（8）：45-47.

[35] 徐光黎．岩石结构面几何特征的分形与分维［J］. 水文地质工程地质，1993（2）：20-22.

[36] 刘艳章，盛建龙，葛修润，等．基于岩体结构面分布分形维的岩体质量评价［J］. 岩土力学，2007，28（5）：971-975.

[37] 王旭．节理岩体结构面连通性研究及其应用［C］//中国岩石力学与工程学会岩石动力学专业委员会，第九届全国岩石动力学学术会议论文集．中国岩石力学与工程学会岩石动力学专业委员会，2005：7.

[38] Kulatilake PHSW, et al. Discontinuity network modeling of the rock mass around a tunnel close to the permanent shiplock area the three gorges dam site in China［C］// Proc 35th U. S. sym rock mech. Baliena, Rotterdam, 1995：807-812.

[39] 潘别桐，井兰如．岩体结构概率模拟和应用［C］//岩石力学新进展．1989：26.

[40] 朱文彬．三维结构面网络模拟在岩体变形特性中的应用［J］. 长沙铁道学院学报，1998，16（1）：18-23.

[41] 陈剑平，肖树芳，王清．随机不连续面三维网络计算机模拟原理［M］. 长春：东北师范

大学出版社，1995.

[42] 王环玲，晏鄂川，等. 运用结构面模拟技术分析岩体质量特征 [J]. 地质灾害与环境保护，2002，13（3）：64-68.

[43] 吴继敏，孙少锐，魏继红. 应用力学机理的网络模拟预测隧洞超挖问题 [J]. 岩土力学，2004，25（8）：1220-1224.

[44] 邬爱清，张奇华. 岩石块体理论中三维随机块体几何搜索 [J]. 水利学报，2005，36（4）：426-432.

[45] 汪斌，唐辉明，简文星，等. 结构面三维网络模拟在岩体质量评价中的应用 [J]. 岩土力学，2006，27（4）：594-596.

[46] Barton N R. Review of a new shear strength criterion for rock joints [J]. Engineering Geology, Elsevier. 1973.

[47] Goodman R E. The mechanical property of joints [C] // In Proc. 3rd Conf. ISRM, Part A, 127-140, Denver, 1974.

[48] Barton N, Choubey V. The shear strength of rock joints in theory and practice c. Rock Mech. 1977, 10（2）：1-54.

[49] Barton N, Bandis S. Review of predictive capabilities of JRC-JCS model in engineering pratice [J]. Rock Joints, 1990.

[50] 何沛田，张秀明. 三向应力状态下工程岩体结构面的力学特性研究 [J]. 岩石力学与工程学报，2001，20（增）：1734-1738.

[51] 杜景灿，汪小刚，陈祖煜. 结构面倾角对节理岩体的连通特性和综合抗剪强度的影响 [J]. 水利学报，2002，5：41-46.

[52] 古德生. 地下金属矿采矿科学技术发展 [J]. 黄金，2004，25（1）：18-22.

[53] 何满潮，谢和平，彭苏萍，等. 深部开采岩体力学研究 [J]. 岩石力学与工程学报，2005（16）：2803-2813.

[54] 徐林生，王兰生，李天斌. 国内外岩爆研究现状综述 [J]. 长江科学院报，1999，16（4）：24-27.

[55] 徐林生，王兰生，李永林. 岩爆形成机制与判据研究 [J]. 岩土力学，2002，23（3）：300-302.

[56] 彭家寿. 二滩水电站地下工程岩爆及其防护 [J]. 水力发电，1998（7）：39-40.

[57] 王湘锋. 锦屏二级水电站深埋特长引水隧洞岩爆模拟及预测研究 [D]. 成都：成都理工大学，2006.

[58] 周宏伟，谢和平，左建平. 深部高地应力下岩石力学行为研究进展 [J]. 力学进展，2005，35（1）：91-99.

[59] 钱七虎，李树忱. 深部岩体工程围岩分区破裂化现象研究综述 [J]. 岩石力学与工程学报，2008，27（6）：1278-1284.

[60] 钱七虎. 非线性岩石力学的新进展——深部岩体力学的若干关键问题 [C]// 第八次全国岩石力学与工程学术会议. 北京：科学出版社，2004. 10-17.

[61] 何满潮．深部的概念体系及工程评价指标［J］．岩石力学与工程学报，2005（16）：2854-2858.

[62] Read R S. 20 years of excavation response studies at AECL's und erground research laboratory［J］. International Journal of Rock Mechanics and Mining Sciences，2004，41（8）：1251-1275.

[63] Read R S，Martin C D. Technical summary of AECL's mine-by exper iment phase 1：excavation response. AECL，1996：169.

[64] Martin C D，Read R S，Martino J B. Observations of brittle failure around a circular test tunnel［J］. International Journal of Rock Mechanics and Mining Sciences，1997，34（7）：1065-1073.

[65] Hsiung S M，Chowdhury A H，Nstsrss M S. Numerical simulation of thermal-mechanical processes observed at the drift-scale heater test at Yucca Mountain，Nevada，USA［J］. International Journal of Rock Mechanics and Mining Sciences，2005 42（5/6）：652-666.

[66] 董方庭，宋宏伟，郭志宏，等．巷道围岩松动圈支护理论［J］．煤炭学报，1994，19（1）：21-31.

[67] 靖洪文，傅国彬，郭志宏．深井巷道围岩松动圈影响因素实测分析及控制技术研究［J］．岩石力学与工程学报，1999，18（1）：70-74.

[68] 周希圣，宋宏伟．国外围岩松动圈支护理论研究概况［J］．建井技术，1994（4）：67-71.

[69] Lai X P，Ren F H，Wu Y P，et al. Comprehensive assessment on dynamic roof instability under fractured rock mass conditions in the excavation disturbed zone［J］. International Journal of Minerals Metallurgy and Materials，2009，16（1）：12-18.

[70] 钱七虎．深部地下空间开发中的关键科学问题［A］．第230次香山科学会议《深部地下空间开发中的基础研究关键技术问题》学术讨论会［C］．北京：2004：6-28.

[71] Prigogine I，Stengers I. 从混沌到有序［M］．曾庆宏，沈小峰译．上海：上海译文出版社，1986.

[72] 钱七虎．分区破裂化研究现状和一些思考［C］//新观点新学说学术沙龙文集：深部岩石工程围岩分区破裂化效应．北京：中国科学技术出版社：3-6.

[73] 陈旭光，张强勇，杨文东，等．深部巷道围岩分区破裂现象的试验与现场监测对比分析研究［J］．岩土工程学报，2011，33（1）：70-76.

[74] 李术才，王汉鹏，钱七虎，等．深部巷道围岩分区破裂化现象现场监测研究［J］．岩石力学与工程学报，2008，27（8）：1545-1553.

[75] 戚承志，钱七虎，王明洋，等．分区破裂化现象的研究进展［J］．解放军理工大学学报（自然科学版），2011，12（5）：472-479.

[76] 戚承志，钱七虎，王明洋．深部巷道围岩变形破坏的时间过程及支护［C］//南京：第一届全国工程安全与防护会，2008.

[77] Qi Chengzhi，Wang Mingyang，Qian Qihu. Evolution of the deformation and fracturing in rock

mass near deep-level tunnels [J]. Journal of Mining Science, 2009, 45 (2): 112-119.
[78] 周小平，钱七虎．深埋巷道分区破裂化机制 [J]．岩石力学与工程学报，2007，26 (5)：877-885.
[79] 戚承志，钱七虎，王明洋，等．深隧道围岩分区破裂的数学模拟 [J]．岩土力学，2012，33 (11)：3439-3446.
[80] 陈昊祥，戚承志，李凯锐，等．深部巷道围岩分区破裂的非线性连续相变模型研究[J]．岩土力学，2017，38 (4)：1032-1040.
[81] 张绪涛，张强勇，向文，等．基于应变梯度理论的分区破裂机制分析研究 [J]．岩石力学与工程学报，2016，35 (4)：724-734.
[82] 顾金才，顾雷雨，陈安敏，等．深部开挖洞室围岩分层断裂破坏机制模型试验研究[J]．岩石力学与工程学报，2008，27 (3)：433-438.
[83] 廖美春，郭志昆，刘峰，等．深部岩体分区破裂化模拟试验模型几何尺寸的确定 [J]．防灾减灾工程学报，2006，26 (1)：58-62.
[84] 张智慧，王学滨，潘一山，等．分区破裂相似材料分层观测试验研究 [J]．水资源与水工程学报，2010，21 (5)：1-5.
[85] 张智慧，潘一山．深部巷道破坏分区破裂规律三维相似材料实验 [J]．煤炭学报，2015，40 (12)：2780-2786.
[86] 宋义敏，潘一山，章梦涛，等．洞室围岩三种破坏形式的试验研究 [J]．岩石力学与工程学报，2010，29 (增 1)：2741-2745.
[87] 张后全，刘红岗，贺永年，等．岩石厚壁圆筒三向压缩下的卸荷试验与岩石强度破坏 [J]．北京科技大学学报，2011，33 (7)：800-804.
[88] 张绪涛，张强勇，向文，等．深部层状节理岩体分区破裂模型试验研究 [J]．岩土力学，2014，35 (8)：2247-2254.
[89] 陈旭光，张强勇．高应力深部洞室模型试验分区破裂现象机制的初步研究 [J]．岩土力学，2011，332 (1)：84-90.
[90] 张强勇，陈旭光，林波，等．高地应力真三维加载模型试验系统的研制及其应用 [J]．岩土工程学报，2010，32 (10)：1588-1593.
[91] 袁亮，顾金才，薛俊华，等．深部围岩分区破裂化模型试验研究 [J]．煤炭学报，2014，39 (6)：987-993.
[92] 张强勇，张绪涛，向文，等．不同洞形与加载方式对深部岩体分区破裂影响的模型试验研究 [J]．岩石力学与工程学报，2013，32 (8)：1564-1571.
[93] 王红英，张强，张玉军，等．深部巷道围岩分区破裂化数值模拟 [J]．煤炭学报，2010 (4)：535-540.
[94] 高富强，康红普，林健．深部巷道围岩分区破裂化数值模拟 [J]．煤炭学报，2010 (1)：21-25.
[95] 李春睿，康立军，齐庆新，等．深部巷道围岩分区破裂与冲击地压关系初探 [J]．煤炭学报，2010 (2)：185-188.

[96] 李树忱，冯现大，李术才，等．深部岩体分区破裂化现象数值模拟［J］．岩石力学与工程学报，2011（7）：1337-1344.

[97] 唐春安，张永彬．岩体间隔破裂机制及演化规律初探［J］．岩石力学与工程学报，2008，27（7）：1362-1369.

[98] M Cai. Influence of intermediate principal stress on rock fracturing and strength near excavation boundaries—Insight from numerical modeling［J］. International Journal of Rock Mechanics & Mining Sciences，2008（45）：763-772.

[99] 李英杰，潘一山，章梦涛．深部岩体分区碎裂化进程的时间效应研究［J］．中国地质灾害与防治学报，2006（17）：199-122.

[100] Qian Q H，Zhou X P，Yang H Q，et al. Zonal disintegration of surrounding rock mass around the diversion tunnels in Jinping II Hydropower Station，Southwestern China［J］. Theoretical and Applied Fracture Mechanics，2009（51）：129-138.

[101] 安瓦尔·恰夫晒夫．深部围岩的塑性变形及分区破裂化现象．深部岩石工程围岩分区破裂化效应（新观点新学说学术沙龙文集 21）［C］．北京：科学出版社，2008：95-103.

[102] Zhou X P，Qian Q H，Zhang B H. Zonal disintegration mechanism of deep crack-weakened rockmasses under dynamic unloading［J］. Acta Mechanica Solida Sinica，2009，22（3）：240-250.

[103] 陈建功，周陶陶，张永兴．深部洞室围岩分区破裂化的冲击破坏机制研究［J］．岩土力学，2011，32（9）：2629-2644.

[104] 左宇军，马春德，朱万成，等．动力扰动下深部开挖洞室围岩分层断裂破坏机制模型试验研究［J］．岩土力学，2011，32（10）：2929-2935.

[105] Wu Hao，Fang Qin，Zhang Yadong，et al. Zonal disintegration phenomenon in enclosing rock mass surrounding deep tunnels— mechanism and discussion of characteristic parameters［J］. Mining Science and Technology，2009，（19）：306-311.

[106] Jia P，Yang T H，Yu Q L. Mechanism of parallel fractures around deep underground excavations［J］. Theoretical and Applied Fracture Mechanics，2012（61）：57-65.

[107] Terzaghi K. Introduction to tunnel geology in rock tunneling with steel supports［M］. Proctor and White，1946.

[108] 孙广忠，周瑞光．岩体变形和破坏的结构效应［J］．地质科学，1980，10：368-376.

[109] Goodman R E. Introduction to rock mechanics［M］. New York：John Wiley and Sons，1980.

[110] Bienlawski Z T. Engineering rock mass classification［M］. Intercience Publication，Viley，New York. 1973.

[111] Bielawski Z T. Engineering classification of jointed rock mass［J］. Trans. S. Africa Inst，Civ. Engrs，1973，15（12）.

[112] Bienlawski Z R. Rock mass classification in rock engineering［C］// Proc. Symposium on Exploration for Rock Engineering，Johan-nesbarg，1976.

[113] Barton N, Lien R&Lunde J. Engineering classification of rock masses for design of the tunnel support [J]. Rock Mechanics, 1974, 6 (4): 189-236.
[114] 王思敬，杨至法，刘竹华．地下工程岩体稳定性分析 [M]. 北京：科学出版社，1984.
[115] 刘佑荣，唐辉明．岩体力学 [M]. 武汉：中国地质大学出版社，1999.
[116] 陈子荫．围岩力学分析中的解析方法 [M]. 北京：煤炭工业出版社，1994.
[117] 于学馥，郑颖仁，刘怀恒，等．地下工程围岩稳定性分析 [M]. 北京：科学出版社，1984.
[118] Gbrady B H, Brown E T. Rock mechanics for underground mining [M]. George Allen & Unwin, 1985.
[119] 孙钧，侯学渊．地下工程结构 [M]. 北京：科学出版社，1987.
[120] 薛琳．直墙拱形隧道围岩粘弹性位移解析解 [J]. 岩土工程学报，1996 (5): 96-101.
[121] 朱大勇，钱七虎，周早生．复杂形状隧道围岩应力弹性解析分析 [J]. 岩石力学与工程学报，1999，18 (4): 402-404.
[122] 蔡美峰．岩石力学与工程 [M]. 北京：科学出版社，2002.
[123] 张良辉，熊厚金，张清．隧道围岩位移的弹塑粘性解析解 [J]. 岩土工程学报，1997，19 (4): 66-72.
[124] 张路青，杨志法，吕爱钟．两平行的任意形状隧道围岩位移场解析法研究及其在位移反分析中的应用 [J]. 岩石力学与工程学报，2000，19 (3): 584-589.
[125] 李德寅，王邦楣，林亚超．结构模型试验 [M]. 北京：科学出版社，1996: 1-12.
[126] 邢建营，邢义川，梁建辉．土工离心模型试验研究的进展与思考 [J]. 水利与建筑工程学报，2005 (3): 27-31.
[127] 周小文，濮家骝，包承钢．砂土中隧洞开挖稳定机理及松动土压力研究 [J]. 长江科学院学报，1999，16 (4): 9-14.
[128] 杨龙才，周顺华，姚燕明．变跨度隧道施工引起的地表沉降 [J]. 同济大学学报，2003 31 (4): 408-412.
[129] 刘宁．可靠度随机有限元法及其应用 [M]. 北京：中国水利水电出版社，2001.
[130] 唐春安．岩石破裂过程中的灾变 [M]. 北京：煤炭工业出版社，1993.
[131] 唐春安，王述红，傅宇方．岩石破裂过程数值试验 [M]. 北京：科学出版社，2003.
[132] 朱合华，陈清军，杨林德．边界元法及其在岩土工程中的应用 [M]. 上海：同济大学出版社，1997.
[133] 李顺才，卓士创，谢卫红．圆形隧道围岩应力场的自然边界元法 [J] 煤炭学报，2004，29 (6): 672-675.
[134] 刘承论．基于解析积分求解影响系数的三维 FSM 边界元法 [J]. 岩石力学与工程学报．2002 (8): 1243-1248.
[135] 王永嘉，邢纪波．离散单元法及拉格朗日元法及其在岩土力学中的应用 [J]. 岩土力学，1995，16 (2): 1-14.
[136] 王贵君．节理裂隙岩体中不同埋深无支护暗挖隧洞稳定性的离散元法数值分析 [J].

岩石力学与工程学报，2003（7）：1154-1154.

[137] 华渊，朱赞成，周太全，等．基于有限差分法的隧道新型支护结构稳定性分析［J］．岩石力学与工程学报，2005，24（15）：2718-2722.

[138] 邱祥波，杨冬梅，徐帮树，等．3-DFLAC 在公路隧道风机洞室稳定性分析中的应用[J]．岩土力学，2003，24（5）：751-754.

[139] 朱赞成，华渊，付小英，等．隧道开挖与支护有限差分法分析［J］．铁道建筑，2005（9）：57-59.

[140] David S Burnett，Richard L Holford. An ellipsoidal acoustic infinite element. Comput. Methods［J］. Appl. Mech. Engrg，1998（64）：49-76.

[141] 黄正加，邬爱清，盛谦．块体理论在三峡工程中的应用［J］．岩石力学与工程学报，2001，20（5）：648-652.

[142] 廖国燕，伍佑伦，徐东升．块体理论在金属矿山关键块体辨识中的应用［J］．金属矿山，2007，5：21-24.

[143] 苏永华，姚爱军，刘晓明．裂隙化硬岩洞室围岩失稳分析方法［J］．岩土力学，2004，25（7）：1086-1088.

[144] 胡夏嵩，赵法锁．块体理论在低地应力区地下洞室围岩稳定性评价中的应用［J］．工程勘察，2005，1：4-6.

[145] 黄正加，周述达，林学峰，等．三峡洞室围岩定位块体稳定性分析［J］．矿山压力与顶板管理，2005，3：76-79.

[146] 谢晔，刘军，李仲奎，等．在大型地下开挖中围岩块体稳定性分析［J］．岩石力学与工程学报，2006，25（2）：306-311.

[147] 程桦，孙钧．软弱围岩复合式隧道衬砌力学机理非线性大变形数值分析［J］．岩石力学与工程学报，1997，16（4）：327-327.

[148] 谭云亮，王泳嘉．隧道围岩塑性状态判定分析方法［J］．工程地质学报，1996，18（2）：63-68.

[149] 刘宁，吴海斌，方军．地下洞室围岩可靠度的敏感性计算［J］．岩石力学与工程学报，2000，19（增）：946-951.

[150] 陈振建，王建华，钟俊彬．隧道围岩塑性区跟踪算法［J］．煤炭学报，1999，24（6）：595-598.

[151] 王春秋，正交各向异性对岩体洞室破坏影响的模拟分析［J］．岩石力学与工程学报，2002，21（2）：2492-2495.

[152] Cundall P A. A Computer Model for Simulationg Progressive Large Scale Movements in Blocky Systems［C］//Proc. Of the Symp. Of the Int. Soc. Rock Mech.，France，1971，2-8.

[153] 孙萍，李忠良，彭建兵，等．公路隧道围岩塌方离散元模拟［J］．公路交通科技，2005，22（9）：122-125.

[154] 乐晓阳，谭国焕，李启光，等．节理岩体圆形洞室岩爆过程的离散元分析与模拟［J］．岩石力学与工程学报，1999，18（6）：676-679.

[155] Trollope D H. The mechanics of discontinuous or elastic mechanics in rock problems, In rock Mechanics in engineering practice [M]. Zienkiewicz O C and Stagg K G (ed.), London: Wiley, 1968, 275-320.

[156] Goodman R E. Methods of geological engineering in discontinuous rock [M]. West Publishing Co., 1976.

[157] 石根华，岩体稳定分析的赤平投影方法 [J]. 中国科学，1977 (3): 269-271.

[158] Shi G H, Goodman R E. Two-dimensional discontinuous deformatioan alysis [J]. Int. J. for Numerical and Analytical Methods iGeomechanics, 1985, 9: 541-556.

[159] Shi G H, Goodman R E. Block Theory and Its Application to Rock Engineering [M]. New York: Prentice Hall, 1985.

[160] 任青文，余天堂．块体单元法的理论和计算模型 [J]. 工程力学，1999，16 (1): 67-77.

[161] 张奇华，邬爱清，石根华．关键块体理论在百色水利枢纽地下厂房岩体稳定性分析中的应用 [J]. 岩石力学与工程学报，2004，23 (15): 2609-2614.

[162] Kim Yong-II, Amadei B, Pan E. Modeling the effect of water, excavation sequence and rock reinforcement with discontinuous deformation analysis [J]. Int. J. of Rock Mech. & Min. Sci., 1999, 36 (7): 949-970.

[163] 邬爱清，丁秀丽，陈胜宏，等．DDA 方法在复杂地质条件下地下厂房围岩变形与破坏特征分析中的应用研究 [J]. 岩石力学与工程学报，2006，25: 1-8.

[164] 邬爱清，任放，董学成．DDA 数值模型及其在岩土工程中的初应用研究 [J]. 岩石力学与工程学报，1997，16 (5): 411-417.

[165] 康红普．回采隧道锚杆支护影响因素的 FLAC 分析 [J]. 岩石力学与工程学报，1999，18 (5): 497-502.

[166] 谢和平，周宏伟，王金安，等．FLAC 在煤矿开采沉陷预测中的应用及对比分析 [J]. 岩石力学与工程学报，1999，18 (4): 397-401.

[167] 杨天鸿，唐春安，郑雨天，等．FLAC 程序在抚顺西露天矿边坡变形治理工程的应用 [J]. 地质灾害与环境保护，1999，10 (3): 6-11.

[168] 刘承论．基于解析积分求解影响系数的三维 FSM 边界元法 [J]. 岩石力学与工程学报，2002，21 (8): 1243-1248.

[169] 徐干成．粘弹性边界元法预测锚喷支护隧道围岩稳定性 [J] 岩土力学，2001，22 (1): 12-15.

[170] 王鲁明，赵坚，万德连．隧道裂隙围岩稳定性影响因素的数值分析 [J] 岩土力学，2005，26 (10): 1565-1569.

[171] 许传华，任青文．地下工程围岩稳定性的模糊综合评判法 [J]. 岩石力学与工程学报，2004，23 (11): 1852-1855.

[172] 王元汉，李卧东，李启光，等．岩爆预测的模糊数学综合评判方法 [J]. 岩石力学与工程学报，1998，17 (5): 493-501.

[173] 王永岩，毕向阳，冯长建．利用改进的灰色模型预测隧道的围岩变形［J］．辽宁工程技术大学学报，1999，6：660.

[174] 施群德．岩石隧道围岩变形的灰色预测［J］．辽宁工程技术大学学报，2000，19（6）：583-586.

[175] 王永岩．软岩隧道开巷初期围岩变形灰色模型预测的研究［J］．应用力学学报，2001，18（2）：41-47.

[176] 黄耀祥．隧道围岩变形的有限元分析及灰色模型预报［J］．辽宁工程技术大学学报，2003，22（5）：632-634.

[177] 刘宁，邵国建，王媛．地应力渗流共同作用下隧道围岩加锚稳定的可靠度计算［J］．岩土工程学报，2000，22（6）：711-715.

[178] 尚新生，余启华，等．用修正 FOSM 方法分析隧洞稳定的可靠性［J］．岩石力学与工程学报，1997，16（4）：327-336.

[179] 景诗庭．地下结构可靠度分析研究之进展［J］．石家庄铁道学院学报，1995，8（2）：13-18.

[180] 徐军．隧道围岩弹塑性随机有限元分析及可靠度计算［J］．岩土力学，2003，24（1）：70-74.

[181] 陈卫忠，朱维申，王宝林，等．节理岩体中洞室围岩大变形数值模拟及模型试验研究［J］．岩石力学与工程学报，1998，17（3）：223-229.

[182] 姚潘，周占魁．模糊属性优选采矿法［J］．黄金，1992，13（4）：18-22.

[183] 唐绍辉．模糊综合评判法及其在岩体分类中的应用［J］．矿业研究与开发，1994，14（2）：4-9.

[184] 刘宁，邵建国，王媛．地应力渗流共同作用下隧道围岩加锚稳定的可靠度计算［J］．岩土工程学报，2000，22（6）：711-715.

[185] 冯夏庭．关于岩石力学智能化的研究思考［J］．岩石力学与工程学报，1994，13（3）：205-208.

[186] 冯夏庭，刁心宏．智能岩石力学导论［J］．岩石力学与工程学报，1994，18（2）：222-226.

[187] 周建春，魏琴，刘光栋．采用 BP 神经网络反演隧道围岩力学参数［J］．岩石力学与工程学报，2004，23（6）：941-945.

[188] 周保生，朱维申．隧道围岩参数的人工神经网络预测［J］．岩土力学，1999，20（1）：22-26.

[189] 郝哲，刘斌．基于差分法及神经网络的隧道围岩力学参数反分析［J］．岩土力学，2003，24（增）：77-80.

[190] 郝吉生，袁崇孚．模糊神经网络技术在煤与瓦斯突出预测中的应用［J］．煤炭学报，1999，24（6）：624-627.

[191] 孙豁然，王述红，宫永军．大型地下隧道开挖过程位移变形智能预测［J］．煤炭学报，2001，26（1）：45-48.

[192] 李文平，赵向军，杨海滨．煤矿延深隧道人工神经网络工程地质分类方法［J］．中国矿业大学学报，1999，28（1）：69-73.

[193] 周保生，朱维申，李术才．综放回采隧道围岩稳定性分类的研究［J］．煤炭学报，2000，25（5）：469-472.

[194] 王来贵，黄润秋，张倬元，岩石工程失稳破坏及其研究思路与方法［J］．岩石力学与工程学报，1998，17（5）：599-601.

[195] 朱维申，李晓静，郭彦双，等．地下大型洞室群稳定性的系统性研究［J］．岩石力学与工程学报，2004，23（10）：1689-1693.

[196] 剑万禧．隧道围岩稳定性的判据及岩石分类［J］．工程地质学报，1999，7（1）：20-24.

[197] 康宁．浅埋洞室围岩稳定性评价及工程措施的探讨［J］．岩土工程学报，1989，11（2）：35-42.

[198] 谢谟文，杨淑清，廖野谰．互层状岩体中群洞开挖稳定性研究和实践［J］．岩石力学与工程学报，1995，14（2）：131-137.

[199] 许传华，任青文，李瑞．地下工程围岩稳定性分析方法研究进展［J］．金属矿山，2003，2：34-37.

[200] Tang C A. Numerical simulation on progressive failure leading to collapse and associated seismicity［J］. International Journal of Rock Mechanics and Mining Science，1997，34（2）：249-261.

[201] 大连力软科技有限公司，真实破裂过程分析 RFPA 用户手册［M］. 2006.

[202] 唐春安，朱万成，李连崇．材料破坏过程中应力分布的数值光弹图［J］．力学与实践，2002，24（5）：47-50.

[203] 唐春安，李连崇，李常文，等．岩土工程稳定性分析 RFPA 强度折减法［J］．岩石力学与工程学报，2006，25（8）：1522-1530.

[204] 唐春安．岩石破裂过程声发射的数值模拟研究［J］．岩石力学与工程学报，1997，16（4）：368-378.

[205] Tang C A. Numerical simulation of rock failure and associated seismicity［J］. Int. J. Rock Mech. Min. Sci.，1997，34（2）：249-262.

[206] 崔维成．复合材料结构破坏过程的计算机模拟［J］．复合材料学报，1996，13（4）：102-111.

[207] Brady B H G，Brown E T. Rock Mechanics for Underground Mining［M］. Second Edition，Chapama & Hall，london，UK，1993，106-108.

[208] 梁正召．三维条件下的岩石破裂过程分析及其数值试验方法研究［D］．沈阳：东北大学，2005.

[209] Mazars J，Pijaudier C G. Continuum damage theory -application to concrete［J］. Journal of Engineering Mechanics（ASCE），1987，115（2）：345-365.

[210] Zienkiewicz O C，Humpheson C，Lewis R W. A associated and non-associated visco-plasticity

and plasticity in soil mechanics [J]. Geotechnique, 1975, 25 (4): 671-689.

[211] 赵尚毅，郑颖人，宋雅坤．有限元强度折减法研究进展 [J]. 后勤工程学院学报，2005，3：1-6.

[212] 赵尚毅，郑颖人，时卫民，等．用有限元强度折减法求边坡稳定安全系数 [J]. 岩土工程学报，2002，24 (3)：343-346.

[213] 刘祚秋，周翠英，董立国，等．边坡稳定及加固分析的有限元强度折减法 [J]. 岩土力学，2005，26 (4)：558-561.

[214] 郑颖人，胡文清，王敬林．强度折减有限元法及其在隧道与地下洞室工程中的应用[J]. 现代隧道技术，2004 (增)：239-243.

[215] 张金泉．洞室围岩稳定性模型试验与有限元分析 [J]. 武汉水利电力学院学报，1989，22 (6)：155-159.

[216] Hobbs D W. Scale model studies of strata movement around mine roadways-Ⅳ. roadway shape and size [J]. Int. J. Rock. Min. Sci. 1968, 6: 365-404.

[217] 孙广忠，张文彬．一种常见的岩体结构-板裂结构 [J]. 地质科学，1985，3：275-282.

[218] Lekhnitskii S G. 湖海昌译．各向异性板 [M]. 北京：科学出版社，1963.

[219] [英] 阿特威尔 P B，法默 L W. 工程地质学原理 [M]. 成都地质学院工程地质教研室译．北京：中国建筑工业出版社，1982.

[220] Abbas Aifan Al-Harthi · effect of planar structures on the Anisotropy of Ranyah Sandstone [J]. Saudi Arabia · Engineering Geology, 1998 (50): 49-57.

[221] 孙广忠，周瑞光．岩体变形和破坏的结构效应 [J]. 地质科学，1980，10：368-376.

[222] 张文彬，孙广忠．大型岩洞的溃屈破坏 [J]. 北京建筑工程学院学报，1987，2：87-96.

[223] 张展弢，李宁．层状岩体中洞室的各向异性数值仿真分析 [C]//中国岩石力学与工程学会第七次学术大会论文集，2002，9：310-314.

[224] 苏永华，姚爱军，欧阳光前．沉积岩中深部隧道围岩层状破坏模型 [J]. 中南公路工程，2006，2：33-36.

[225] 江平，朱大勇．弯曲层状岩体溃屈破坏分析 [J]. 金属矿山，1999，8：18-20.

[226] 张天军，李云鹏．顺层围岩地下洞室的粘弹性稳定 [J]. 长安大学学报，24 (4)：55-58.

[227] 王启耀，杨林德，赵法锁．陡倾角层状岩体中地下洞室围岩的变形 [J]. 长安大学学报 2006，5：69-73.

[228] 张玉军，刘谊平．层状岩体的三维弹塑性有限元分析 [J]. 岩石力学与工程学报，21 (11)：1615-1619.

[229] 贾蓬，唐春安，王述红．隧道层状岩层顶板破坏机理 [J]. 煤炭学报，2006，31 (1)：11-15.

[230] 常士骠．天然洞室围岩稳定性评价 [J]. 岩土工程技术，2004，4，18 (2)：72-73.

[231] 勾攀峰．隧道锚杆支护提高围岩强度和稳定性的研究 [D]. 徐州：中国矿业大

学，1998.
[232] 勾攀峰，侯朝炯．回采隧道锚杆支护顶板稳定性分析 [J]. 煤炭学报，1999，24 (5)：466-470.
[233] 凌贤长，蔡德所．岩体力学 [M]. 哈尔滨：哈尔滨工业大学出版社，2002.
[234] 唐春安．岩石破裂过程声发射规律的数值模拟初探 [J]. 岩石力学与工程学报，1997，16 (4)：368-374.
[235] 奥顿哥特 M. 隧道底臌的防治（中译本）[M]. 北京：煤炭工业出版社，1985.
[236] Jia P, Tang C A. Numerical study on failure mechanism of tunnel in jointed rock mass [J]. Tunnelling and Underground Space Technology, 2008, 23 (5): 500-507.
[237] 任德惠，张平．不同倾角结构面对洞室稳定性的影响 [J]. 煤炭学报，1988，13 (3)：51-53.
[238] 杜时贵，周庆良，孙有法．公路隧道围岩稳定的结构面影响 [J]. 中国公路学报，1997，10 (2)：64-69.
[239] Tang C A, Wang W T, Fu Y F, et al. A new approach to numerical method of modelling geological processes and rock engineering problems-continuum to discontinuum and linearity to nonlinearity [J]. Eng Geol, 1998, 49 (3-4): 207-214.
[240] Fu Y F, Huang M L, Tang C A. Influence of stochastic mesoscopic structure on macroscopic mechanical behavior of brittle material [C]//KEY Eng Mat. 2000. 183-187 pt. 2: 785-790.
[241] Tang C A, Liu H Y, Qin S Q, et al. Influence of heterogeneity on crack propagation modes in brittle rock [J]. Chinese J Geophys-CH, 2000, 43 (1): 116-121.
[242] Zhu W C, Liu J, Tang C A, Zhao X D, Brady B H. Simulation of progressive fracturing processes around underground excavations under biaxial compression [J]. Tunneling and Underground Space Technology, 2005 (20): 231-247.
[243] Tang C A, Tham L G, Lee P K K, et al. Numerical studies of the influence of microstructure on rock failure in uniaxial compression-Part Ⅱ: Constraint, slenderness and size effect [J]. INT Jock Mech Min, 2000, 37 (4): 571-583.
[244] Tang C A, Liu H, Lee P K K, et al. Numerical studies of the influence of microstructure on rock failure in uniaxial compression-Part I: Effect of heterogeneity [J]. INT J Rock Mech Min, 2000, 37 (4): 555-569.
[245] 徐涛，于世海，王述红，等．岩石细观损伤演化与损伤局部化的数值研究 [J]. 东北大学学报，2005，26 (2)：160-163.
[246] 任德惠，张平．不同倾角结构面对洞室稳定性的影响 [J]. 煤炭学报，1988，13 (3)：51-53.
[247] Hao Y H, Azzam R. The plastic zones and displacements around underground openingsin rock masses containing a fault [J]. Tunnelling and Underground Space Technology, 2005, 20: 49-61.
[248] 倪国荣，叶梅新．板裂结构岩体的力学分析法 [J]. 岩土工程学报，1987，1：99-108.

［249］张文彬，孙广忠．大型岩洞的溃屈破坏［J］．北京建筑工程学院学报，1987，2：87-96.

［250］Adhikary D P，Dyskin A V. Modelling the Deformation of Underground Excavations in Layered Rock Masses［J］．International Journal of Rock Mechanics & Mining Sciences，1997，341：714.

［251］Priest Stephen D. Discontinuity analysis for rock engineering［M］．London：Chapman & Hall，1993.

［252］Jaeger J C，Cook N G W. Fundamentals of Rock Mechanics［M］．3rd ed. New York：Halsted Press，1979.

［253］Bai T X，Maerten L，Michael R G，Aydin A. Orhtogonal cross joints：do the imply a regional stress rotation?［J］．Journal of Structural Geology，2002，24：77-88.

［254］Baek S H，Kim C Y，Kim K Y，et al. A numerical study on the effect of heterogeneous/anisotropic natureof rock masses on displacement behavior of tunnel［J］．Tunnelling and Underground Space Technology，2006，21：391.

［255］Kuszmaul J S. Estimating keyblock sizes in underground excavations：accounting for joint set spacing［J］．International Journal of Rock Mechanics and Mining Sciences，1999，36：217-232.

［256］Bhasin R，Heeg K. Numerical Modelling of Block Size Effects and Influence of Joint Properties in Multiply Jointed Rock［J］．Tunnelling and Underground Space Technology，1998（13）：181-188.

［257］Sitharam T G，Latha G M. Simulation of excavations in jointed rock masses using a practical equivalent continuum approach［J］．International Journal of Rock Mechanics & Mining Sciences. 2002，39：517-525.

［258］Tonon F，Amadei B. Stresses in anisotropic rock masses：an engineering perspective building on geological knowledge［J］．International Journal of Rock Mechanics & Mining Sciences. 2003，40：1099-1120.

［259］Zhu W S，Li S C，et al. Systematic numerical simulation of rock tunnel stability considering different rock conditions and construction effects［J］．Tunnelling and Underground Space Technology. 2003，18：531-536.

［260］米勒 L. 岩石力学［M］．李世平，译．北京：煤炭工业出版社，1981.

［261］谭学术，鲜学福．多组节理岩体强度条件的分析和判定［J］．建井技术，1968，1：38-41.

［262］刘东燕，朱可善，范景伟．双向应力作用下 X 型断续节理岩体的强度特性研究［J］．重庆建筑工程学院学报，1991，13（4）：40-46.

［263］范景伟，何江达．含定向闭合断续节理岩体的强度特性［J］．岩石力学与工程学报，1992，11：190-199.

［264］李同录，罗世毅，何剑，等．节理岩体力学参数的选取与应用［J］．岩石力学与工程学报，2004，23（13）：2182-2186.

[265] 汪小刚，陈祖煜．应用蒙特卡洛法确定节理岩体的连通率和综合抗剪强度指标［J］．岩石力学与工程学报，1992，11（4）：345-355.

[266] 高峰，钟卫平，谢和平，等．节理岩体强度的分形统计分析［J］．岩石力学与工程学报，2004，23（21）：3608-3612.

[267] Hoek E，Brown E T，Practical estimates of rock mass strength［J］. Int. J. Rock Meeh. And Mining Sci. 1997，34（8）：1165-1186.

[268] Ramamurthy T，Vron V K. Strength Predictions for Jointed Rocks in Confined and Unconfined States［J］. Int. J. Rock Mech Min. Sei. &Geomeeh. Abstr. 1994，31（1）：9-22.

[269] 建工系．围岩应力分析小组．节理岩体内地下工程围岩应力有限元非线性分析［J］．清华大学学报，1977，2：63-77.

[270] 孙金山，卢文波．霍克-布朗节理岩体中圆形隧洞稳定性分析［C］．隧道、地下工程及岩石破碎理论与应用——隧道、地下工程及岩石破碎学术研讨会论文集，2007：58-66.

[271] 蒋爵光，李嶲蓬，钱惠国，等．不同产状节理岩体隧道围岩稳定性的模型试验研究［J］．水文地质工程地质，1984，5：12-19.

[272] 卢文波，金李，陈明，等．节理岩体爆破开挖过程的动态卸载松动机理研究［J］．岩石力学与工程学报，2005，24（增1）：4653-4657.

[273] 刘君，孔宪京．节理岩体中隧道开挖与地震作用下围岩的稳定性分析［J］．岩石力学与工程学报，2005，24（增1）：4929-4933.

[274] 陈卫忠，朱维申，王宝林，等．节理岩体中洞室围岩大变形数值模拟及模型试验研究．岩石力学与工程学报，1988，17（3）：223-229.

[275] 王贵君．节理裂隙岩体中大断面隧洞围岩与支护结构的施工过程力学状态［J］．岩石力学与工程学报，2005，24（8）：1328-1334.

[276] Wu J H，Ohnishi Y，Nishiyama S. Simulation of the mechanical behavior of inclined jointed rocdk masses during tunnel construction using Discontinuous Deformation［J］. International Journal of Rock Mechanics & Mining Aciences. 2004，41：731-743.

[277] 靖洪文，许国安．地下工程破裂岩体位移规律数值分析［J］．岩石力学与工程学报，2003，22（8）：1281-1286.

[278] Shen B，Barton N. The disturbed zone around tunnels in jointed rock masses［J］. International Journal of Rock Mechanics & Mining Aciences. 1997，34（1）：117-125.

[279] Bhasin R，Hoeg K. Parametric study for a large cavern in jointed rock using a distinct element model（Udec-bb）［J］. International Journal of Rock Mechanics & Mining Aciences. 1998，35（1）：17-29.

[280] Z. T. 宾尼亚维斯基，1981年岩石工程应用的地质分类［J］．隧道译从，第9期．

[281] 肖明，陈俊涛．大型地下洞室复杂地质断层数值模拟分析方法［J］．岩土力学，2006，27（6）：880-884.

[282] 杜炜平，古德生．隧道通过断层区的力学特性与技术对策研究［J］．西部探矿工程，2000，5：1-2.

[283] Brekke T L, Howard T R. Stability problems caused by seams and faults [C]. In: Proceedings of first northern American rapid Excavation and Tunnelling. Illinois, 1972: 25-41.

[284] Brekke T L, Howard T R. Functional classification of gouge materials from seams and faults in relation to stability problems in underground openings [R]. Research report. Department of Civil Engineering, University of California, Berkeley. 1973: 195.

[285] Hoek, E. Support for very weak rock associated with faults and shear zones [M]. In: Villaescusa, Windor, Thompson (Eds.), Rock Support and Reinforcement Practice in Mining. A. A. Balkema, Rotterdam, 1999: 19-31.

[286] Nagelhout, A C G, Roest, J P A. Investigating fault slip in a model for an underground gas storage facility [J]. International Journal of Rock Mechanics and Mining Sciences, 1997, 34 (34/3-4): 97-115.

[287] 昝成忠，熊四华，姚勇，等. 软弱围岩条件下的隧道设计与施工探讨 [J]. 工程勘察，2002 (4): 42-45.

[288] Suleyman D. Tunneling in fault zones, Tuzla tunnel, Turkey [J]. Tunnelling and Underground Space Technology, 2003, 18: 453-465.

[289] Hao Y H, Azzam R. The plastic zones and displacements around underground openings in rock masses containing a fault [J]. Tunnelling and Underground Space Technology, 2005, 20: 49-61.

[290] Shahidi A R, Vafaeian M. Analysis of longitudinal profile of the tunnels in the active faulted zone and designing the flexible lining (for Koohrang-Ⅲ tunnel) [J]. Tunnelling and Underground Space Technology, 2005, 20: 213-221.

[291] Tan C, Sun Y, Wang R. Present day activity of the Shenzhen fault zone and its impact on the safety of a planned diversion tunnel in Shenzhen, China [J]. Engineering Geology, 2000, 57: 73-80.

[292] Goodman R E, Shi G H. Block Theory and its Application to Rock Engineering. Prentice-Hall, Englewood Cliffs, NJp. 338. 1985.

[293] Brady B H G, Brown E T. Rock Mechanics for Underground Mining [M]. second ed. Chapman & Hall, London. 1993.

[294] Galybin N. A modle of ming-induced fault silding [J]. Int. J. Rock Mech. & Min. Sci., 1997, 34: 3-4.

[295] Seokwon Jeona, Jongwoo Kimb, Youngho Seoc, Changwoo Honga. Effect of a fault and weak plane on the stability of a tunnel in rock—a scaled model test and numerical analysis [J]. International Journal of Rock Mechanics & Mining Sciences, 2004 (41): 486-491.

[296] Hao YH, Azzam R. The plastic zones and displacements around underground openings in rock masses containing a fault. Tunnelling and Underground Space Technology 2005 (20): 49-61.

[297] 黄生文，司铁汉，陈文胜，等. 断层对大跨度隧道围岩应力影响的有限元分析 [J]. 岩石力学与工程学报，2006, 25 (增2): 3788-3793.

[298] 李德武，断层破碎带隧道衬砌受力特性研究 [D]. 兰州：兰州大学，2004.
[299] 杨为民，李占强，周治安．岩体结构面对隧道工程稳定性影响的初步研究 [J]. 安徽地质，1994，4：72-79.
[300] Schubert W，Riedmüller G. Influence of faults on tunneling [J]. Felsbau，1997，15 (6)：483~488.
[301] 何满潮，吕晓俭，景海河．深部工程围岩特性及非线性动态力学设计理念 [J]. 岩石力学与工程学报，2002 (8)：1215-1224.
[302] 陶振宇．岩石力学的理论与实践 [M]. 北京：水利出版社，1981.
[303] Sadovsky M A. Natural of lumpiness of rock [J]. Dokl. ANSSSR，247，1979 (4)：437-43.
[304] Oparin V N，Yushkin V F，Akinin A A，et al. On a new scale of structural-hierarchical conceptions asa certificate characteristic of geomedium [J]. Fiz. -Tekh. Probl. objects. Razrab. Polezn. Iskop. 1998，5：578-580.
[305] Kurlenya M V，Oparin V N，Yeryomenko A A. On the ratioof the linear dimensions of rock blocks to the magnitudes of crack opening in the structural hierarchy of a mass [J]. Fiz. -Tekh. Probl. Razrab. Polezn. Iskop. 1993，2：6-33.
[306] Revuzhenko A Ph. Mechanics of Elastoplastic Media and Nonstandard Analysis，Izdatelstvo Novosibirskogo Gosu-darstvennogo Universiteta，Novosibirst，2000.
[307] 贺永年．软岩巷道围岩松动带及其状态分析 [J]. 煤炭学报，1991，16 (2)：63-70.
[308] 方祖烈．软岩隧道维护原理与控制措施 [M]. 徐州：中国矿业大学出版社，1996.
[309] Shemyakin I，Kyrlenya M V，Reva V N，et al. USSR discoveryNo. 400，phenomenon of zonal disintegration of Rocks aroundunde rground workings [J]. Byull. Izobret. 1992. (1)：7-15.
[310] Prigogine I，Stengers I. 从混沌到有序 [M]. 曾庆宏，沈小峰，译．上海：上海译文出版社，1986.
[311] Shemyakln E I，Fisenko G L，Kurlenya M V，et al.. Zonal disintegration of rocks around underground workings，Part I：In situ observation [J]. Fiz. -Tekhn. Probl. Razrob. Polezn. Iskop.，1986，3：19.
[312] Qian Q H，Zhou X P，Yang H Q，et al. Zonal disintegration of surrounding rock mass around the diversion tunnels in Jinping Ⅱ Hydropower Station，Southwestern China. Theoretical and Applied Fracture Mechanics，2009，51：129-138.
[313] Adams G R，Jager A J，Roering C. Investigation of rock fracture around deep-level gold mine stopes [M]. Proceedings of the Twenty-Second United States Symposium on Rock Mechanics，Massachusetts Institute of Technology，1981.
[314] Zuo Y J，Jia P，Zhu W C，et al. Numerical investigation on zonal disintegration mechanism around deep underground openings [J]. Advances in Mechanical Engineering，2013：1-21. http：//dx. doi. org/10. 1155/2013/908028.
[315] 梁正召，唐春安，唐世斌，等．岩石三维破裂分析软件开发及其应用 [J]. 力学与实践，2007 (29)：83-86.

[316] Zhu W C, Bruhns O T. Simulating excavation damaged zone around a circular opening under hydromechanical conditions [J]. International Journal of Rock Mechanics & Mining Sciences, 2008, 45: 815-830.

[317] Jia P. Numerical study on the triaxial stress condition for ring-like fractures around deep underground openings [J]. Journal of Testing and Evaluation, Published Online: 2018. https://doi.org/10.1520/JTE20170202.

[318] Meier T, Rybacki E, Reinicke A, et al. Influence of borehole diameter on the formation of borehole breakouts in black shale [J]. International Journal of Rock Mechanics & Mining Sciences, 2013, 62: 74-85.

[319] 李占海. 深埋隧洞开挖损伤区的演化与形成机制研究 [D]. 沈阳: 东北大学, 2013.

[320] Papamichos E, Tronvoll J, Skjærstein A, et al. Hole stability of Red Wildmoor sandstone under anisotropic stresses and sand production criterion [J]. Journal of Petroleum Science and Engineering, 2010, 72: 78-92.

[321] Zhu W C, Liu J, Tang C A, et al. Simulation of progressive fracturing processes around underground excavations under biaxial compression [J]. Tunnelling and Underground Space Technology, 2005, 20: 231-247.

[322] Report on geological condition and design of diversion tunnels in Jinping Ⅱ Hydropower Station- International consultation meeting on key construction techniques on deep buried long tunnes in Jinping Ⅱ Hydropower Station [R]. [S. l.]: [s. n.], 2009.

[323] Eren K, Ayhan K, Rohala H. In situ horizontal stress effect on plastic zone around circular underground openings excavated in elastic zones [J]. Geomechanics and Engineering, 2015, 8 (6): 783-799.

[324] Martin C D, Kaiser P K, McCreath D R. Hoek-Brown parameters for predicting the depth of brittle failure around tunnels [J]. Canadian. Geotechnical Journal, 1999, 36: 136-151.

[325] 贾蓬, 秦兵, 王良, 等. 高轴向应力下深部隧道围岩环状破裂模式及其影响因素的试验研究 [J]. 东北大学学报. 2018, 39 (4): 564-569.

[326] 侯哲生, 龚秋明, 孙卓恒. 锦屏二级水电站深埋完整大理岩基本破坏方式及其发生机制 [J]. 岩石力学与工程学报, 2011, 30 (4): 727-732.

[327] Jia P, Yang T H, Zhang C M. Discussions on zonal disintegration around tunnel in deep rock mass. Advanced Materials Research Vols. 2012 (594-597): 2285-2289.

[328] Jia P, Zhu W C, Zhang S C. Effect of heterogeneity on occurrence of zonal disintegration around deep underground openings. International Journal of Mining Science and Technology. 2014 (24): 859-864.

[329] Kang S S, Ishiguro Y, Obara Y. Evaluation of core disking rock stress and tensile strength via the compact conical-ended borehole overcoring technique [J]. International Journal of Rock Mechanics & Mining Sciences, 2006 (43): 1226-1240.

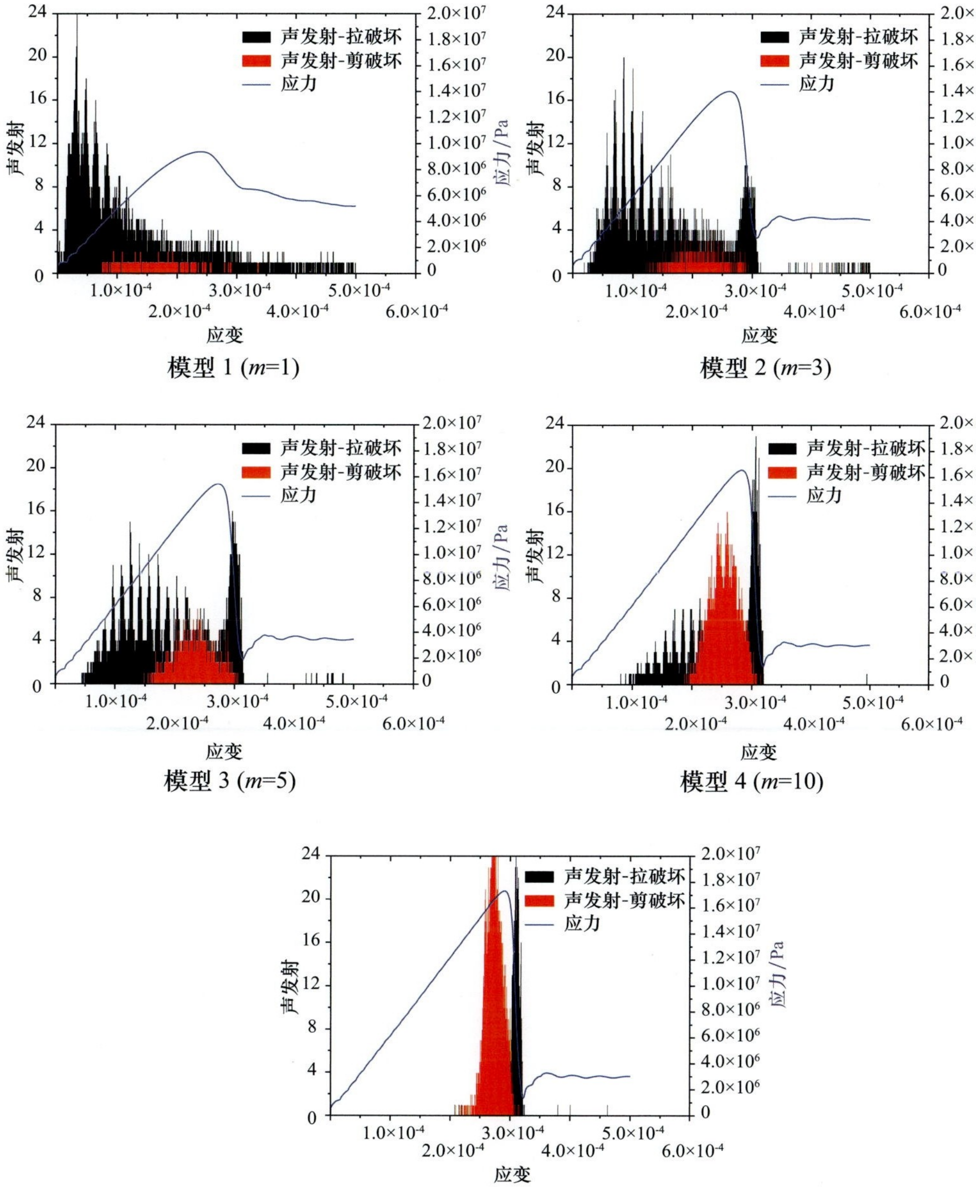

图 8-33　不同均质度岩样在单轴压缩下的拉、剪破坏单元数和应力 - 应变曲线